Le Livre du Tao d'aujourd'hui

ÊTRE • AIMER • DIRIGER • CRÉER

SOLAR

Ouvrage publié sous la direction de Laurence Fritsch
ISBN 0-89334-313-7
© 1992, Éditions Solar

N° d'éditeur 1869
Dépôt légal octobre 1992

Pour vous mettre sur la Voie...

Il était une fois un vieux philosophe qui disait des maximes sur le bord du chemin. En chinois, il se trouve que « vieux philosophe » se dit *Lao Tseu* et « chemin » *Tao*. De là peuvent naître bien des suppositions et des hypothèses. S'il est vrai que l'authenticité de la vie du Lao Tseu n'est pas garantie par les historiens, loin s'en faut, ce détail reste en fait de peu d'importance. Il est en revanche une réalité que nul ne peut ignorer : celle d'un texte, court, vif et poétique qui est l'expression de la vie et qui perdure à travers les âges et les civilisations : le *Tao-tê-King*.

Constitué à l'origine de quatre-vingt-un versets, le *Tao-tê-King* est un itinéraire de sagesse. Fondé sur les aphorismes et les paradoxes, il peut être lu à différents niveaux, de façon que chacun y puise ce qu'il cherche. Ainsi, ses implications sont tout ensemble pratiques, historiques, philosophiques, spirituelles et mystiques. On comprendra alors le rôle fondamental des différents traducteurs de ce texte primordial au fil du temps. Parce qu'il manifeste la tradition orientale et une vision cosmique de la réalité, les mots qu'il contient sont porteurs de messages, lesquels s'avèrent aujourd'hui d'une actualité étonnante.

C'est ce qu'ont cherché, non pas à prouver car le *Tao* ne se prouve pas, mais à valoriser les trois auteurs dont nous publions ci-après les textes. Il s'agit de lectures différentes de la même philosophie appliquée à quatre domaines privilégiés de la vie occidentale en cette fin de XXe siècle.

Dans une société parvenue aujourd'hui au bout de ses rêves et de ses désillusions, le stress dû à l'angoisse du lendemain s'est emparé du cœur des hommes. Ils n'ont plus à la bouche que les mots d'une guerre qu'ils engagent sans trop bien savoir s'ils ont envie de la gagner. Il faut désormais être un « leader », savoir « manager » sa vie, gérer son destin, planifier la réussite. Les rapports entre les hommes, que ce soit dans le couple ou dans le partenariat d'entreprise, sont conçus d'emblée comme rapports de force. Piégés dans leur système, les hommes d'aujourd'hui ne sont satisfaits ni des autres ni d'eux-mêmes. Pour sortir de ce cercle vicieux, certains ont, depuis une vingtaine d'années, ouvert des fenêtres sur d'autres philosophies, d'autres voies rebaptisées « de développement personnel » et qui, selon notre dialectique, ont fait leurs preuves.

Le monde occidental a donc redécouvert le *Tao*.

Le monde occidental a redécouvert le *Zen*.

Issues de la même source chinoise, ces philosophes se prêtent difficilement à une étude théorique. Parfois, malgré les apparences, elles sont concrètes et prennent toute leur signification au fur à et mesure de l'expérience vécue tant il est vrai qu'on ne peut comprendre le sens intrinsèque de notions telles que l'*agir* et le *non-agir* qu'en vivant la réalité de tous les jours.

Dans un livre aussi court que remarquable, *le Zen dans l'art chevaleresque du tir à l'arc*, Eugen Herrigel montre comment vient à l'élève la maîtrise de la flèche. L'accent est mis non pas sur la cible, mais sur le comportement du tireur, lequel fait maints efforts pour tendre au mieux son arc et viser le point de mire. Pourtant, une fois l'arc tendu et la cible fixée, c'est la flèche qui, en quelque sorte, choisit de partir pour rejoindre le point d'impact. « Quelque chose », qui n'est plus du domaine de la volonté du tireur, qui n'est pas non plus de l'ordre du dicible, fait partir le coup qui atteint alors son but. « L'araignée danse sa toile sans savoir que des mouches viendront s'y prendre : la mouche, elle, qui va dansant dans un rayon de soleil, ignore ce qui se trouve devant elle et se prend dans cette toile. Mais, dans l'araignée comme dans la mouche, "quelque chose" danse et, dans cette danse, extérieur et intérieur sont un. Je suis incapable de m'expliquer mieux, c'est ainsi que l'archer atteint la cible sans avoir extérieurement visé. » C'est ainsi que l'archer agit dans le non-agir.

Le non-agir, c'est encore du domaine de ce que l'on appelle la pratique de l'instant. Il s'agit là d'expérimenter la réalité de façon immédiate, sans la fuir en se réfugiant dans des artifices ou dans des projections telles que les fantasmes. Vivre ici et maintenant, c'est « coller » au quotidien, régler les problèmes les uns après les autres, par ordre de priorité, faire face à la réalité tangible. Cette lucidité n'exclut pas l'espoir mais la panique. Elle comprend ensemble l'un et le multiple. Comme le *Tao*, elle transcende l'alternance du *yin* et du *yang*, ces deux aspects complémentaires et opposés présents dans tout l'Univers, le féminin et le masculin, le froid et le chaud, l'obscurité et la clarté, le non-agir et l'agir.

Ainsi, tout homme pratiquant le *Tao*, la voie du milieu, vit l'instant présent qui le trouvera toujours stable et solide, quelles que soient les circonstances. Parce qu'il maîtrise le *hara*, point de jonction entre le mental et le physique, il est prêt à faire face, en toute conscience et en parfait équilibre. On enseigne cette démarche de vie dans des séminaires, comme on enseigne les arts martiaux dans le *dojo*.

De nombreux cadres sont aujourd'hui conviés par les sociétés qui les emploient à des séances où leur sont enseignées des stratégies très proches, par exemple, de l'*aï ki do*. Si l'on en croit son étymologie, la *voie de l'union avec la force de vie*, c'est être à la fois le rocher et l'eau : le rocher que l'eau entoure, et l'eau qui cherche la moindre résistance. Les concepts de lutte, de victoire, de défaite n'ont alors plus lieu d'être. Pour utiliser au mieux l'énergie créatrice, il ne s'agit pas de contrer son partenaire mais de l'accepter, pleinement et consciemment, afin de suivre son mouvement, c'est-à-dire en l'occurrence de suivre les mouvements de son humeur ou les fluctuations de son entreprise. Ainsi, comme pendant une rencontre d'*aï ki do*, le partenariat devient un ballet où chaque acteur épouse le mouvement de l'autre pour mieux le com-prendre et mieux le déséquilibrer. Plus l'attaque est agressive, plus dure est la chute. Le *Tao* ne propose pas autre chose, qui dit au verset 36 :

> Ce qui est à fermer
> Il faut d'abord l'ouvrir
> D'abord consolider
> Ce qui est à fléchir
> D'abord favoriser
> Ce qui est à détruire
> Et d'abord dispenser
> Ce qui est à saisir
> Le souple vainc le dur, le faible vainc le fort
> Mieux vaut que le poisson demeure en eau profonde
> Les armes d'un État dans l'ombre

Créer sans posséder, travailler sans retenir, produire sans dominer sont les trois grands principes du *Tao*. Nous autres Occidentaux avons souvent des difficultés à les accepter parce que nous ne sommes pas toujours en mesure de les comprendre, c'est-à-dire de les « prendre ensemble », de les embrasser dans une vision globale. Cette perception holistique de l'Univers, et donc de la société, ne nous est pas familière alors qu'elle est intime aux Orientaux ; on pourrait même dire qu'elle est l'essentiel de leur être.

Dans cette perspective, le *Tao de l'Être* (chapitre *Être*), tel qu'il est interprété par Ray Grigg, est une merveille d'adaptation à notre mode de pensée. Reprenant point par point les grands thèmes de l'esprit du *Tao*, il s'écarte de la poésie pour entrer dans un discours très simple — sans jamais être simpliste — construit sur la paraphrase afin de nous permettre en suivant la logique de la pensée occidentale de pénétrer dans le *Tao*. Il nous livre de nouveaux aphorismes dont on peut alors com-prendre l'essence (les sens) avec un sourire qui n'est plus moqueur mais averti.

« Gardez-vous d'arriver à des certitudes en matière d'incertitudes. »

« Comprendre, c'est évoluer sous le règne de la loi du *Tao*, dans la plénitude du vide créé par sa présence. »

« L'absence de tentative entraîne l'absence d'efforts.

L'absence de trouble entraîne l'absence de lutte. Tel est le sens de l'action par la douceur. »

Le monde du *Tao* n'a pas d'angles. Le monde du *Tao* est rond comme celui des Indiens. Rond comme la terre, le disque solaire, le cercle de famille, la base du tipi, ou l'anneau qui scelle l'union. De nos maisons parallélépipédiques aux « cadres » de nos entreprises, la société occidentale, elle, n'a que des arêtes. Pointues sont nos expressions quotidiennes. Il faut « quadriller » le terrain, revaloriser le « cadre » de vie, être à la « pointe » du progrès ou trouver un palliatif aux embouteillages des heures de « pointe ». Que choisirons-nous du carré ou du cercle ?

Dans le *Tao du Management* (chapitre *Créer*) et dans le *Tao du Leader* (chapitre *Diriger*), Bob Messing et John Heider nous ouvrent d'autres portes sur la rondeur et la spirale de l'évolution. La pensée chinoise associe dans l'idéogramme ci-dessous la notion de mouvement et de chance à saisir.

Cet idéogramme signifie « chance à saisir ».

Cette association, la première qu'on enseigne à nos cadres dans les séminaires dits *new age* (nouvel âge), est fondamentale. Elle implique la confiance en soi et la maîtrise de son intuition qui est l'intelligence du cœur. Elle implique aussi l'observation, l'acceptation et la gestion du mouvement du partenaire comme nous avons eu plus haut l'occasion de le montrer pour l'*aï ki do*. Réussir, c'est alors réussir sa vie, réussir son être, avant de réussir une carrière. Comme le regard change sur le comportement des partenaires, change, au fil des pas sur le *Tao* (la voie), le regard que l'on porte sur soi-même et sur son projet de vie.

Ainsi, bien des mots anodins de notre langage quotidien prendront à la lecture des pages qui suivent une autre dimension, voire une autre nature. Élégance, retour, progrès, séparation, voyage, accomplissement ou discipline n'en sont que des bribes. Chacun de ces deux chapitres est un tout faisant partie d'un tout, exactement comme le sont le *Tao-tê-King* ou le *Yi-King*. *King* signifie « trame d'étoffe ». Ainsi, selon Liou Tse Houa, comme la trame d'une étoffe, les livres contenant une vérité ne peuvent varier. Seule varie la chaîne. *Yi* est généralement figuré par un caméléon. Le *Yi-King* est donc le *Livre des mutations*. Ouvrage tant philosophique que divinatoire, il constitue un chemin initiatique que, très récemment, Greg Whincup a dépoussiéré pour donner aux Occidentaux une traduction où ils reconnaissent les situations de leur vie quotidienne. On peut dire dans cet esprit que Ray Grigg, Bob Messing et John Heider sont trois chaînes d'une même trame. Dans son adaptation, le *Tao du Management* en particulier reprend des images du *Yi-King* : ainsi « la prépondérance du petit est l'aliment de ce qui est grand ».

« Quand le *Tao* est présent entre un homme et une femme, il est l'image du soleil qui se lève spontanément le matin, sans que l'aide de quiconque soit nécessaire. » Quelle plus belle expression de ce qu'est l'Amour qui aimante les êtres pourrait-on donner ? Le *Tao des Affinités* (chapitre *Aimer*) aurait pu s'appeler le *Tao du Lien* : celui qui unit et désunit les êtres, qui engage et désengage la parole, serre la paille et cimente les pierres de taille participant à l'édification de la maison. Mais pour une pensée occidentale, le lien est immobile. Alors qu'en fait le lien est invisible, intangible et — justement — in*alién*able. On ne saurait ni le fixer ni le tenir en dépendance. Le verset 27 du texte original du *Tao-tê-King* dit : « Qui lie bien n'use point de cordes et personne ne déliera. » Dans le *Tao des Affinités*, on peut lire que « les nuages ne s'acquittent pas d'une dette envers les plantes quand ils se transforment en pluie. Les arbres eux non plus ne contractent aucune dette envers le soleil quand celui-ci leur apporte chaleur et abondance. [...] Il en est de même pour l'homme et pour la femme ». Le *Tao* redéfinit pour nous la nature du don. Une de mes amies a employé récemment une superbe expression en parlant de la naissance de sa fille. Elle m'a dit en effet : « Elle est née en mai, mais je l'ai reçue en septembre. » Donner la vie, c'est la recevoir d'abord et l'accepter dans toutes ses dimensions. Donner l'Amour, c'est le recevoir d'abord et l'accepter dans toutes ses dimensions.

Le *Tao* — et ses décrypteurs — est un guide sûr et discret. Par la suggestion, il agit dans le non-agir. A nos esprits occidentaux de changer de regard, de reconnaître les empreintes de l'invisible dans notre vie quotidienne et d'apprendre, grâce aux livres appelés *King,* à vivre l'unité et l'instant de toute éternité.

> Plus loin tu vas
> Moins tu connais
> Le sage connaît sans bouger
> Comprend sans voir
> Œuvre sans faire
> (verset 47 du *Tao-tê-King)*

Petite bibliographie à l'usage de ceux qui aimeraient aller plus loin sur le *Tao*

Pour connaître le texte original :
Lao Tseu, *La Voie et sa vertu, Tao-tê-King*, texte chinois présenté et traduit par François Houang et Pierre Leyris, Points Sagesse, Le Seuil.

Pour découvrir le *Yi-King* :
Yi-King, le livre des transformations, traduction de Richard Wilhelm et Étienne Perrot.
Damian-Knight Guy, *Le Yi-King des managers*, Éditions de la librairie de Médicis.
Whincup Greg, *Le Yi-King de la vie quotidienne*, l'Age d'Être, Presses-Pocket.

Pour associer physique et sagesse orientale :
Capra Fritjof, *Le Tao de la physique*, Tchou.

Pour découvrir le *Zen* :
Deshimaru Taisen, *Zen et vie quotidienne*, Spiritualités vivantes, Albin Michel.
Herrigel Eugen, *Le Zen dans l'art chevaleresque du tir à l'arc*, Dervy-Livres.
Joko-Beck Charlotte, *Soyez zen*, l'Age d'Être, Presses-Pocket.
Van de Wetering Janvillem, *Un éclair d'éternité*, l'Age d'Être, Presses-Pocket.

Pour découvrir l'*aï ki do* :
Brunon Georges et Molinari Pierre, *Le Geste créateur et l'aï ki do*, Le Rocher.
Tokitsu Kenji, *Méthode des arts martiaux*, Éditions Robert Laffont.

**Pour se faire une idée
des techniques de développement personnel :**
Borrel Marie et Ronald Mary, *L'Age d'Être et ses techniques*, Presses-Pocket.

Petit lexique de concepts chinois

(d'après Ray Grigg)

Les mots légués par notre culture personnelle limitent notre pensée et, du même coup, notre action. Par-delà le seuil de pénétration de notre conscient se trouvent des pensées propres à des êtres appartenant à des lieux différents du nôtre et qui font donc usage d'un langage différent. Nous familiariser avec ce dernier c'est nous libérer des limites imparties par notre propre système de pensée et par notre propre langage.

L'exploration de quelques mots chinois est à même de nous induire intérieurement et extérieurement vers un état de conscience plus vaste et plus profond. Ceux qui sont présentés ci-après peuvent nous être utiles pour combler quelques espaces vides à l'intérieur de nous-mêmes qui sont autant de lacunes difficilement perceptibles pour être pressenties autrement. Il faut considérer ces mots comme des définitions destinées à élargir notre propre langage et à affiner notre perception consciente jusqu'au moment où les mots cesseront d'être utiles. Car les mots ne sont pas tout.

Le langage est un moyen au service de la pensée, mais il n'est nullement la pensée totale. Quiconque, d'où qu'il soit, veut échapper à l'usage des mots, découvre un profond silence. Ce silence est le lieu qui dépasse le langage et les mots et qui contient toutes leurs significations.

Qui peut savoir quelle est la réalité du *yin* et du *yang*, du *hsiang sheng* ou du *wu-wei* ? Il s'agit de concepts sur ce qui peut être, ce qui pourrait être, sur ce qui paraît être la réalité du *yin* et du *yang*, du *hsiang sheng* ou du *wu-wei*.

Si l'emploi de ces mots peut être utile, n'hésitez pas à en faire usage. C'est à vous de les conserver, mais n'en soyez pas l'esclave. Allez vers le mystère qui les sous-tend.

Quand les mots cessent d'être une nécessité, libérez-vous de leur emprise.

Hsiang sheng : Rien ne fonctionne isolément ; toute chose fonctionne en relation avec toutes les autres choses. *Hsiang sheng* signifie *croissance par l'échange*. C'est le principe de liaison servant à relier chaque chose avec toutes les autres. C'est l'équivalent chinois du Collier d'Indra dans la tradition hindoue et de la notion de complémentarité dans la physique quantique. L'anticipation du résultat de chacune de nos pensées et de chacun de nos actes nécessite une vision — voire une intuition — holistique de son interrelation avec l'ensemble des choses.

En raison de ce principe *hsiang sheng*, il n'est pas possible d'imprimer une action quelconque à une chose quelconque. Toute action est finalement faite *avec* l'ensemble des autres choses. *Pour* est une expression provenant de l'illusion de l'indépendance des choses. Il serait plus pertinent de dire que toute chose fonctionne *avec* toutes les autres choses. Le mot *avec* est l'essence de *hsiang sheng* ; c'est aussi la clef de la pensée et de l'action en harmonie avec la règle du *Tao*.

Hsuan : Ce principe permet de remonter à la source, de quelque nature qu'elle soit, et de donner toutes les explications. C'est l'obscurité et le vide du chaos qui a précédé l'ordre et les distinctions. *Hsuan* précède le commencement.

Le commencement est accessible à la connaissance parce qu'il relève de la perception. Il relève de la compréhension parce qu'il a forme et substance. *Hsuan* a pu être la source du commencement, sans forme et dépourvue de substance. C'était à l'origine une énergie potentielle, analogue à une *étincelle* originale, ou une fonction maîtresse d'onde quantique qui n'avait pu encore faire irruption dans la réalité. C'était le silence précédant ce qu'on appelle communément le « Big Bang ». Toutes les questions sont des tentatives de réponse quand on a pénétré l'obscurité du vide contenu en *hsuan*.

T'ai chi : *T'ai chi* est l'art de vivre en harmonie avec le rythme des choses, l'art de vivre *avec* au lieu de *contre*. Le sens du rythme est primordial. Au lieu de lutter contre les choses, *t'ai chi* fait découvrir l'ouverture nécessaire pour les pénétrer intimement. En s'adaptant au rythme des choses, l'énergie circule librement. C'est pourquoi la pensée et l'action ont une apparence de facilité et d'harmonie.

De même que le sens traditionnel de *t'ai chi*, il existe un *t'ai chi* de l'action quotidienne. Il s'agit dans ce cas d'avancer avec grâce dans les diverses circonstances de la vie, à travers le « comment » et le « quand » des choses les plus simples. On commence pas à pas, jusqu'à ce que chaque pas soit assuré, libre, dénué de tout effort d'attention. Quand le rythme est satisfaisant, l'ouverture se produit et les grandes choses peuvent advenir avec aisance et facilité. Même le plus grand périple peut être mené à terme.

Il existe également le *t'ai chi* de la pensée. L'énergie émanant de la curiosité est aussi utile au penseur que l'énergie corporelle au danseur. La pensée est génératrice de questions, points de départ de l'apprentissage des mouvements rythmiques que constitue l'alternance des questions et des découvertes.

Les êtres qui manquent de souplesse dans l'art de l'apprentissage, qui vivent la recherche sur le mode de la frustration, pour qui les questions sont synonymes d'humiliation et la soumission de défaite, livrent un combat perpétuel avec le cours ordinaire des choses. Ils deviennent victimes d'eux-mêmes. Dépassés par les obstacles habituels, ils sont incapables de parvenir à un état d'équilibre, même fugace, ni à un état de liberté qui leur permettrait d'avancer aisément à travers les vicissitudes de notre monde.

Le *t'ai chi* de la pensée et de l'action s'apprend d'abord par nous-mêmes plus que par les autres. Chacun ne parvient à le maîtriser réellement qu'à partir du moment où il a su dépasser ses propres limites.

Tao : On parle fréquemment du *Tao* comme d'une Voie capable de donner une définition des choses, ou du mode de fonctionnement de l'Univers. Toutes les définitions qu'on a pu en donner restent incomplètes, tout simplement parce qu'il nous est impossible de nous libérer du *Tao* pour donner une définition de sa nature.

La première signification du *Tao* nous est donnée par Lao Tseu et Chuang Tseu. Or, la première ligne du *Tao-tê-King* nous rappelle que « le *Tao* qui peut s'exprimer par des mots n'est pas le *Tao* éternel ». Le *Tao* est énigmatique, fuyant, paradoxal ; il est quelque chose, bien qu'il ne soit jamais ni *une chose* ni *une quelconque chose*, c'est-à-dire une chose mal cernée et difficilement cernable. Elle dépasse les limites de sa définition simplement parce que rien ne peut échapper à sa présence ni à sa règle.

La situation ne peut être différente de ce qu'elle est. Il nous est impossible de nous détacher de sa règle pour expliquer sa nature ; la physique quantique le dit clairement. L'appréciation objective d'un vécu dans lequel nous sommes profondément impliqués est impossible. Le détachement n'existe pas. Le *Tao* est nous-mêmes. L'usage intellectuel et académique de « on » pour exprimer « je » ne doit laisser subsister aucun doute. Par-delà tout signe de détachement apparent, nous sommes limités par notre propre système de pensée. La Voie qui nous permet de transcender notre propre nature est à l'intérieur de nous-mêmes.

Si nous acceptons une sensibilisation consciente dans notre existence quotidienne, en apprenant à comprendre facilement les choses à partir de l'intérieur plutôt que d'après leur apparence extérieure, on peut arriver par ce moyen à comprendre le mode de fonctionnement du *Tao*. Le *Tao* n'est pas une chose, c'est un moyen. Découvrir ce moyen, c'est aussi découvrir la manière dont on peut jouer avec lui. C'est un processus qu'il faut pénétrer. La conscience du *Tao* ne peut se manifester qu'à condition que notre évolution personnelle soit conforme à sa loi. Prendre conscience de cet état signifie que nous l'avons intégré. L'intégration signifie que la Voie a été découverte.

Le jeu subjectivité/objectivité maintient nos distinctions et nous éloigne de la nature profonde des choses. Cette Voie intérieure ne prend jamais naissance dans l'environnement extérieur. Aussi longtemps que nous persisterons à ne considérer que l'aspect extérieur des choses, nous continuerons à ignorer leur nature profonde et du même coup, à ignorer le *Tao*. La Voie intérieure advient spontanément avec la disparition de ce qui est extérieur. Lorsque l'intérieur seul existe, le *Tao* est présent — mais sans rien de précis permettant d'en donner une définition. Notre but est ici de cultiver l'art d'être *immergés* dans cette nature intérieure des choses.

Tê : Le concept chinois de *tê* signifie à la fois *vertu* et *pouvoir*. Son sens est vertu/pouvoir. La vertu à elle seule a une connotation de bien ou de jugement moral qui ôte toute limitation du *Tao*. Le pouvoir seul suggère le caractère intentionnel ou l'affirmation, ou l'autorité réfléchie (pesée, mûrie...).

En agissant conformément à la loi du *Tao*, nous entrons dans un état de synchronicité avec l'ensemble des choses. A partir d'un point de vue égoïste, la synchronicité peut être considérée comme un pouvoir. Cependant, elle ne peut s'acquérir autrement que par une attitude désintéressée. Elle ne constitue pas un pouvoir dans le sens occidental traditionnel. Elle ne signifie nullement : assujettir l'Univers à notre volonté personnelle. Puisque le *tê* agit sans intervention de la volonté, il reste fidèle à la vertu essentielle et illimitée des choses. Une fois encore, il ne s'agit pas de la vertu dans l'étroitesse de notre moi ou d'une vertu qui exprime un intérêt spécifique, mais de la vertu prise dans un sens général : celle de la sagesse de la nature.

Tzu-jan : *Tzu-jan* évoque ce qui se produit spontanément, c'est-à-dire le fonctionnement individuel et collectif des choses quand elles évoluent en harmonie avec les lois de leur nature propre. Il est impossible que les choses n'évoluent pas conformément à leurs lois, c'est pourquoi il y a dans *tzu-jan* une connotation de spontanéité et de naturel, très proche de celle implicitement contenue dans l'expression « naturellement ». Laissées à elles-mêmes, les choses trouvent spontanément leur équilibre qui découle de leur nature en corrélation avec la nature spécifique de toutes les autres choses présentes dans l'Univers. Mettre le principe *tzu-jan* en pratique signifie savoir reconnaître ce qui relève ou non de nos compétences.

Tzu-jan imprègne nos pensées et nos actes de facilité, comme si nous progressions inconsciemment vers le lieu où nous désirons aller. Il suggère un sentiment de plénitude indéfinissable. Avec *tzu-jan*, chacun peut comprendre la raison d'être inhérente au présent immédiat. *Tzu-jan* unit la pensée et les actes. *Tzu-jan* reconnaît que chaque chose a une voie d'évolution et une sagesse qui lui appartiennent en propre. C'est la manifestation spontanée qui jaillit du plus intime de l'être.

Wu-wei et **Wei-wu-wei** : Dans la tradition taoïste, l'équilibre des contrastes apparents des choses est primordial pour avancer selon la loi du *Tao*. C'est pourquoi l'action exige une contrepartie de non-action, une absence de pression sur les choses, une attente patiente. *Wu-Wei* ou *le non-agir* et *wei-wu-wei* ou *l'action sans action* sont des processus de passivité active, le principe féminin d'attente.

Wu-wei est un mode d'action subtil et discret, qui agit en sourdine pour ne pas gêner l'évolution naturelle des choses. Son action ne se manifeste pas par un combat contre les choses, mais par un mouvement harmonique avec leur rythme. Ce mouvement obéit plus qu'il ne dirige. Il est plus marqué par l'attente que par l'initiative. Il est des jours où la décision s'impose, mais d'autres moments exigeront une action intérieure marquée par la décision, quelque chose comme une vivacité passive ou une soumission dynamique, semblable à un arbre courbé sous un lourd tas de neige.

Plus nous nous rapprochons du *Tao*, plus nous avons l'impression d'être soumis à l'influence du principe *wu-wei*, ce principe qui nous fait avancer avec facilité, sans effort, comme poussés par les circonstances qui nous imprègnent en créant un état de plénitude intérieure.

Toute chose présente dans l'Univers évolue en accord avec ce rythme universel. Toute chose que nous faisons, ou ne faisons pas, advient en accord avec la loi du *Tao*. Le *Tao* est incontournable. Nous avançons *à l'unisson* davantage qu'*à l'encontre* de la nature des choses. Nos attitudes gagnent en ampleur et en profondeur jusqu'au moment où nous sommes face à l'adversité ; c'est alors que nous cernons celle-ci et l'absorbons avec douceur, avec rondeur. L'intérêt personnel prend place dans la voie qui conduit à la Voie.

Quand nous avançons sans penser à nous-mêmes, nous le faisons avec grâce, avec aisance et harmonie, même en présence d'un climat hostile. C'est pourquoi l'homme sage semble évoluer dans le monde presque à l'insu de tous. Dans cette perspective, les actions de *hsiang-sheng* et de *wu-wei* se conjuguent.

Yin* et *Yang : Ces deux termes taoïstes sont la représentation du principe traditionnel de polarité. Lao Tseu comme Chuang Tseu n'en ont fait qu'un usage restreint, mais ils existent implicitement dans la philosophie taoïste. En termes modernes, ils expriment le paradigme cerveau droit/cerveau gauche. Il ne s'agit ni d'une compétition ni d'un conflit entre deux forces mais d'une complémentarité. *Yin* et *yang* sont chaque moitié d'un même esprit, la nature de l'un étant l'opposée de l'autre. On peut considérer qu'un *yin* et un *yang* sont l'équilibre plus communément appelé le *Tao*.

Notons qu'il s'agit de la réalisation active d'un équilibre et non d'un équilibre statique. Le *Tao* est un processus, l'état dynamique d'un mouvement rythmé répondant à un équilibre. Ce qui signifie donc qu'il s'agit d'un processus rythmique et non linéaire, cyclique et non pas progressif. Nous n'arrivons nulle part ailleurs que là où nous sommes. Pensée et action ne revêtent pas, comme en Occident, la signification de destinée, ou un sens eschatologique. Le *Tao* insiste sur la nécessité de maintenir un équilibre fondé sur le dynamisme et l'harmonie au présent. Puisque le présent est l'expression de la Voie du *Tao*, savoir adapter son rythme au moment présent est la première exigence requise pour avancer selon la loi du *Tao*. C'est la réalisation d'un équilibre entre les instants successifs au gré de la mouvance d'un présent qui s'écoule comme un cours d'eau. Puisque le présent est animé, nous devons nous adapter à son mouvement et, par là même, parvenir à réaliser un équilibre avec ce présent ici et maintenant. C'est pourquoi l'homme sage a réalisé un équilibre parfait sans avoir atteint la perfection.

Trois cents notions de *Advaita* à *Zen* sont définies à l'usage du public occidental dans : *Le Petit Retz de la spiritualité orientale*, P. Crepon, Éd. Retz, 1986.

ÊTRE

LE TAO DE L'ÊTRE

Ray Grigg : En tant que professeur diplômé de l'Université de Colombie-Britannique, Ray Grigg a enseigné à tour de rôle l'anglais, l'histoire de la littérature et les beaux-arts. Il a lui-même fondé un cours sur les religions du monde. Après avoir voyagé dans plus de quarante pays, il s'adonne désormais à l'écriture dans sa maison de l'île de Quadra, qu'il a construite de ses propres mains et où il s'est retiré avec son épouse.

Tant manuel de réflexion que guide d'action, le *Tao de l'Être* s'adresse à tous ceux qui ont conscience de ce qu'ils ne savent pas. Cet ouvrage de travail ne peut être plus complet. A la différence de l'enseignement dispensé pendant les premières années de la scolarité, sur la manière de réfléchir et d'agir, on ne peut répondre aux questions contenues dans ce livre simplement parce que les réponses n'existent pas. La réponse adéquate à chacune des questions reste personnelle et individuelle.

Inspiré du *Tao-tê-King*, le *Tao de l'Être* en a conservé le nombre de versets, 81.

Il s'est par ailleurs attaché à garder un ton d'humilité en hommage à l'autorité du grand maître Lao Tseu. Sa durée a consacré la qualité de cet authentique chef-d'œuvre ; depuis deux mille cinq cents ans, le *Tao-Tê-King* est resté, en quelque sorte, le maître à penser dans l'art et de la philosophie, de même qu'il est un guide dans les diverses circonstances de la vie quotidienne.

La nature énigmatique de cet ouvrage tient avant tout à l'idée maîtresse de Lao Tseu : on ne peut comprendre le sens profond de l'existence autrement que par une participation directe. Se limiter à une attitude de spectateur rend incompréhensible le sens de l'existence. Nous n'avons aucune possibilité d'échapper à nous-mêmes et à notre nature profonde. Pour employer une métaphore zen, l'épée ne peut se couper elle-même. Nos constructions mentales sont des obstacles à la compréhension du sens de l'existence. La vie est infiniment plus vaste et insaisissable que tous les systèmes inventés par l'Homme pour lui donner une explication. C'est pourquoi nous ne comprenons jamais totalement ni nous-mêmes ni l'univers dans lequel nous vivons. Le *Tao* est la liberté qui provient de l'absence de compréhension logique.

Nous ne pouvons comprendre le *Tao* parce que nous sommes le *Tao*. Ce même principe deviendra ultérieurement une pensée fondamentale du *Zen*.

Le Taoïsme et le *Zen* sont deux doctrines unies par un lien historique et évolutionniste fondamental qui les rapproche. Si le style de ce livre se veut avant tout taoïste, ces deux « voies » sont interchangeables, comme c'est déjà le cas dans le *Ch'an*, forme première du *Zen* en Chine. On identifie actuellement le Zen au Japon et au Bouddhisme, mais les débuts de la doctrine zen en Chine – le *Ch'an* – contenaient trois éléments fondamentaux du Taoïsme : les caractères intuitif et non-verbal évitant tout dogmatisme, le profond respect de la nature considérée comme un maître à penser et comme l'expression du processus fondamental qui conduit à la connaissance des choses, le principe du non-agir.

Quand le Bouddhisme *Ch'an* se manifeste au Japon à la fin du XIIe siècle, sa doctrine est un amalgame de principes taoïstes de base. Pour en faire la doctrine japonaise du *Zen*, *Ch'an* lui incorpore des notions de la tradition originale du *Shinto*. C'est ainsi que cette doctrine commence à laisser apparaître ce sens aigu de la nature que l'on trouve dans les idées du *Shinto* sur les choses (*kami*) ; le *Ch'an* contient également une incitation à établir un contact sensoriel direct avec la nature. En outre, le *Shinto* insistait dans la doctrine zen sur l'avertissement original de Lao Tseu : notre mode de penser et notre mode d'action ne doivent pas être limités par l'usage des mots qui ne sont que des concepts de notre mental.

Notre mode de connaissance et notre mode d'action, tels qu'ils apparaissent dans le langage écrit et oral, ne se réduit pas à des prises de conscience successives de la diversité des choses ; c'est une expérience multidimensionnelle. Cette expérience ne peut par exemple se réduire à discourir sur les pommes mais elle conduit *à se rendre dans le verger et à croquer les pommes* sur place.

Le langage ne reproduit pas l'expérience vécue, bien qu'il puisse reproduire la pensée qui a présidé au vécu, ce qui est tout à fait différent. Le seul pouvoir des mots est un pouvoir de délégation. Le but de ce manuel est de faire l'apprentissage du vide contenu à l'intérieur des mots et non pas du contenu même des mots. Il veut chercher à nous apprendre une manière d'avancer à partir de certitudes apparentes qui seront parvenues au stade de la conscience claire. Ces certitudes apparentes nous permettront d'aller explorer en profondeur cet état de réceptivité et d'incertitude. Notre approche occidentale du *Tao* se fait donc à travers le détachement des concepts inhérents au langage, par la découverte d'une orientation émanant directement de l'expérience vécue.

Plus on avance dans la lecture du *Tao*, plus il paraît évident qu'il faut chercher les idées fondamentales entre les mots, dans les espaces vides qui les séparent les uns des autres. Ces idées paraissent d'abord simples, mais le fait de les relier entre elles ou de les juxtaposer fait apparaître les contradictions inhérentes à notre manière de vivre. Les paradoxes sont naturels. Lao Tseu explique moins comment les choses agissent qu'il ne s'attache à recréer leur signification pour notre usage personnel, en confondant nos modes de pensée avant de les vider de toutes les constructions mentales qui nous empêchent d'accéder à la véritable nature des choses.

Dans la représentation anglaise, les idéogrammes chinois *Tao*, *Tê* et *King* expriment littéralement le mode de fonctionnement de l'univers, vertu/pouvoir et classique/livresque. Ce style d'écriture télégraphique pose de très importants problèmes d'interprétation et de transposition de la pensée chinoise en pensée anglaise. On retrouve cette même difficulté dans la presque totalité des cinq mille idéogrammes qui constituent le *Tao-tê-King* ; d'où les différences importantes de traductions.

L'éditeur français a choisi de reproduire partiellement ce style afin de laisser au lecteur ces jets de perception spontanée qui feront de sa lecture une œuvre personnelle. L'enchaînement des versets n'obéit à aucun ordre particulier : les pensées s'y enchaînent sans obéir à une continuité linéaire. Le style particulier de l'écriture de Lao Tseu a été respecté dans le but de reproduire l'effet particulier de son style de pensée. Des idées n'ayant aucun lien entre elles deviennent soudainement très proches des images des *haiku*. (Il s'agit de ces poèmes japonais composés de trois lignes — respectivement de cinq, sept et cinq syllabes — très populaires au Japon et particulièrement prisés par les moines zen pour s'exprimer.) Très souvent, la signification d'un verset ne se trouve pas dans les idées mais dans les espaces vides qui font office de liaison entre les idées. L'importance de la liaison prime l'importance des idées elles-mêmes.

Dans la magie des mots écrits, dans ce langage « qui parle au regard », le lecteur devient l'élément créatif et décisif ; c'est à lui qu'il revient de reconstituer et d'établir la liaison entre les mots et les pensées dans chacune des pages afin de leur donner un sens. Ce travail lui incombe exclusivement. Il s'agit d'une démarche personnelle, intime.

Toute l'expérience du vécu, tout le savoir acquis, toute la pensée, tous les actes sont orientés vers la prise de conscience mystique. On peut atteindre *l'uni-versel* (ou le verset unique) en recherchant simplement une nouvelle manière d'assembler entre eux les différents versets. Acquérir un savoir signifie atteindre une plénitude, à travers le morcellement des différentes parties destinées à s'unir. Oublier le savoir acquis signifie créer un état de vide et, du même coup, lever les obstacles qui empêchent les différentes parties d'arriver à l'unification. Les parties et le tout finissent par fusionner en intégrant cette signification mystique, tout comme les polarités opposées *yin* et *yang* finissent par se rejoindre en aboutissant à cet équilibre dynamique qui est l'essence même du *Tao*. Le résultat n'est en aucun cas la science universelle ou la toute-puissance, mais une capacité intuitive permettant d'évoluer dans une totale harmonie avec l'univers.

Au cœur de la nature fondamentale des choses existe un profond équilibre et une harmonie non moins profonde. Le Taoïsme se fonde sur ces caractéristiques fondamentales. Il n'y a rien de mystérieux ni de métaphysique. Chacun de nous respire, aime, joue, travaille et meurt. Nous avons nos saisons, les fleurs et les années ont les leurs. L'évolution des choses est inéluctable. Les conséquences de nos actes sont tout à fait prévisibles. Chacun de nous possède des critères de valeur personnels pour discipliner son propre comportement, autant que des limitations extérieures pour définir son moi intime. Si les choses adviennent librement, c'est parce que ce sont des choses ; ce qui nous advient, à nous, répond à l'influence de forces de nature différente parce que nous sommes différents. En dernière analyse, tout est parfaitement conforme à une règle ; chaque chose est un processus compatible avec sa nature individuelle. Il en est de même pour la discorde et le désordre. Chaque moment nous offre l'occasion de réaliser l'état d'équilibre et d'harmonie, de le préserver et de le rétablir, à condition que nous soyons capables d'évoluer et de nous adapter convenablement à la dynamique du processus. L'équilibre peut se rétablir d'un instant à l'autre si l'homme est capable de découvrir, à la faveur de la succession des divers instants, la manière de lâcher prise pour laisser librement les conditions normales d'évolution retrouver la voie qui leur est propre.

Garder l'équilibre dans un monde rempli de complications et de contradictions est difficile. Mais ces dernières sont le propre de la nature des choses. Toutes les choses ne témoignent pas d'une cohérence parfaite. Le *Tao* est assez vaste pour laisser place à des contradictions, c'est pourquoi notre système de pensée et d'action est prévu pour les intégrer. On ne peut comprendre ces contradictions que par un éventail de sensations assez vaste pour les contenir. La présence d'une gamme de sensations étendue à l'intérieur de nous-mêmes est confirmée par l'histoire de l'humanité.

Cet ouvrage n'est pas un recueil de préceptes semblables aux enseignements d'un contemporain de Lao Tseu, Kung Futzu (Confucius). C'est un manuel qui traite de l'idée de la pensée et de l'action. Son contenu est exempt de forme. On n'y trouvera aucun conseil à mettre en pratique mais des indications sur l'usage à faire de notre sensibilité. Il est difficile de cultiver une forme de sensibilité fluide à cause de la prédisposition courante à codifier et à concrétiser. Plus grande est la finesse de l'enseignement du maître, plus il est facile pour les disciples de la falsifier. En Chine, c'est le cas du Taoïsme *Hien*, assemblage barbare de rituels ésotériques et pseudo-magiques au moyen desquels les adeptes essayaient de gagner l'immortalité et de développer des pouvoirs supra-humains par des processus de purification. « Le

Tao qu'on peut exprimer n'est pas le *Tao* éternel. » Il est impossible de ranger le *Tao* dans les catégories de la connaissance et de la non-connaissance.

Le *Tao* n'a aucune existence passée ou future. Au présent, il reste insaisissable. Quand nous croyons l'avoir atteint, nous sommes dans l'erreur ; et quand nous avons oublié jusqu'à son existence, il est très possible que nous le possédions. Mais qui donc peut le savoir ? Nous ne pouvons nous voir dans un miroir si nous cessons de nous regarder nous-mêmes. Obéir à la loi du *Tao* est un processus heuristique de pensée et d'action qui accompagne l'état réceptif et mouvant propre à la nature des choses, mais qui, paradoxalement, ne peut être un état conscient. Chaque concept crée une définition que le *Tao* s'empresse de dépasser, tout comme l'infini ne cesse de déborder toute dimension mesurable. De la même manière, si l'on se réfère à la mythologie, il est impossible d'être dans le Jardin d'Éden et, en même temps, d'acquérir la connaissance. La simplicité primordiale et un état de conscience personnelle s'excluent ainsi mutuellement.

« Vertu » dans la signification taoïste a également une connotation de « pouvoir ». Il ne s'agit pas d'un pouvoir qui devient source de conflit entre l'univers et les exigences individuelles, mais du pouvoir qui est donné par l'univers à ceux qui ont renoncé à l'égoïsme parce qu'ils ont choisi d'avancer en accord avec le rythme de l'Univers. Cet état est la conséquence d'un état d'union avec l'unité totale et indifférenciée des choses, un état de profonde synchronicité où disparaît toute distinction entre intérieur et extérieur. Cette vertu ne consiste pas à corriger ce qui est faux ni à résister à ce qui est mal. C'est un lâcher-prise de tout contrôle, afin d'harmoniser son propre rythme sur le pouvoir bénéfique des choses. Le pouvoir s'accroît quand il existe en accord avec la vertu fondamentale qui, elle, est omniprésente. Dans cet état de vertu/pouvoir (*tê*), un être ne progresse pas par l'effet de sa volonté propre.

Dans sa signification la plus profonde, le mot pouvoir ne vise pas un but utilitaire, pas plus qu'il ne contribue à réaliser l'équilibre recherché. L'action de ce pouvoir se manifeste sur cet équilibre en lui permettant de trouver en lui-même la source de sa renaissance et de sa permanence. L'équilibre est le penchant naturel des choses. Loin d'être un équilibre statique ou entropique, il s'agit d'un équilibre dynamique et inhérent à la nature des choses, en permanente reconstitution. La vertu est le guide du pouvoir et le pouvoir est le ferment de la vertu. Le pouvoir qui n'agit pas dans le sens de la réalisation d'un équilibre est un pouvoir dont la vertu est absente ; la vertu qui n'agit pas dans le sens de la réalisation d'un équilibre n'a rien de la vertu/pouvoir. L'hiver s'achemine vers le printemps pour parvenir à un état d'équilibre avant d'arriver à l'été ; la naissance est le chemin qui conduit à la vie pour réaliser un équilibre dans la mort. Chaque chose évolue selon un rythme qui lui est propre vers un équilibre et une harmonie plus amples.

L'équilibre n'est pas un état statique mais un processus évolutif. Ainsi, dans le comportement relationnel humain, chaque partenaire progresse en s'adaptant par sa capacité de changement sans se départir d'un état d'équilibre ; chaque être exerce le pouvoir dont il est investi sans se départir de la vertu. Parfois il s'agit d'un état directif, parfois d'un état de subordination ; parfois l'accord existe et parfois le désaccord. Ce qui est fondamentalement important est qu'un équilibre empreint d'harmonie existe entre ces deux êtres, que chacun soit animé d'un profond respect pour l'autre. Toutes les composantes masculines et féminines sont sollicitées parce que toutes sont nécessaires pour réaliser cet état d'équilibre dynamique. Chaque circonstance est un défi qui compromet l'équilibre, génère un déséquilibre transitoire qui se ré-équilibre en un état d'équilibre plus ample. Ces transformations créent une harmonie plus profonde. Au moment où chaque être devient un centre d'équilibre, l'harmonie renaît tout naturellement et sa profondeur s'intensifie.

La pierre est aussi un centre d'équilibre. Tout comme un arbre, une rivière, la lune et une grenouille. La relation qui s'établit entre deux êtres n'est pas limitée à ces deux seuls êtres, c'est aussi une relation à l'universel. Que chacun soit pénétré de l'importance de la grenouille. Restez dans un état d'équilibre avec l'arbre et la rivière. Qu'une pierre vous permette de trouver l'équilibre.

1. La connaissance primordiale

Comme toute connaissance qui traite des origines les plus profondes de l'être humain et du monde, la connaissance primordiale ne relève pas d'une démarche de l'intellect. Les mots du langage ne sont qu'une évocation sonore et conventionnelle. Toute démarche de la pensée, fût-elle la plus subtile, ne suffit pas pour appréhender cette origine première de toute présence dans le cosmos. Ce début n'est qu'un obscur chaos, un Tout indivisible et sans nom, qui contient le noyau de la connaissance et en garde le secret. Cette connaissance précède la pensée logique autant que les distinctions qu'elle introduit dans l'ordre cosmique.

Ce premier commencement, celui auquel on a attribué un nom et une forme, a été appelé La Grande Mère. La Grande Mère est présente dans tous les éléments du cosmos et chaque élément procède de sa nature profonde. On lui a donné le nom de *Tao*, mais ce nom en soi importe peu ; n'importe quel autre conviendrait pour désigner son essence.

Le *Tao* est inexprimable par les mots du langage car il dépasse la pensée logique. On apprend le *Tao* par l'étude et la réflexion personnelle. Vivez en symbiose avec chaque élément du cosmos, puis pénétrez-vous de la plénitude de chacun avant de passer aussitôt à l'oubli le plus total. Cette alternance de connaissance et d'oubli permettra au *Tao* de manifester sa présence. Si celle-ci reste obstinément cachée, la recherche, quant à elle, doit rester constante.

Il faut pénétrer au cœur de chaque chose perçue par les sens, quand bien même son aspect extérieur semble une évidence. Qu'elles relèvent ou non d'une connaissance consciente, toutes les choses proviennent d'une source unique et leur essence profonde est identique.

Le commencement est ténèbres. L'origine première du commencement est un point obscur dans l'immensité des ténèbres. Si la lumière est pour vous l'occasion de la découverte par la réflexion, c'est le cœur des ténèbres qui vous dévoilera le principe premier de toute pensée et de toute chose.

2. Fuir les extrêmes

La beauté est indéfinissable ; vouloir l'enfermer dans des formules rigides la transforme en laideur. Tenter de définir le bien engendre le mal. La présence d'un vainqueur rend nécessaire la présence d'un vaincu. Le haut engendre le bas, le jeu engendre le travail, la facilité génère la difficulté, le doute est l'aliment de la foi, le trop-peu dérive du trop-plein.

Prisonniers de leur croissance réciproque, toutes nos pensées et tous nos actes sont soumis à cette loi d'alternance. Le besoin crée l'insuffisance. La victoire génère l'échec. L'ignorance suit la connaissance.

Le *Tao* est le guide qui établit la liaison entre ces états contradictoires. Avancez lentement et patiemment dans la Voie qu'il vous propose. Si une résistance se fait sentir, c'est le signe d'un effort excessif ; cette voie n'est pas la Voie du *Tao*. Orientez vos recherches vers la voie qui conduit au mystère. Sans vous départir d'une attitude d'humilité, poursuivez vos recherches jusqu'au moment où vous sentirez la présence d'un lien entre ces états opposés. Restez prudent dans vos tentatives si vous voulez qu'elles soient fructueuses, sinon vous ne parviendrez qu'à créer un état de malaise ; une réflexion trop prolongée ne fera que créer des pensées confuses. Laissez l'ordre naturel des choses s'installer spontanément, selon sa propre loi.

C'est pourquoi l'homme sage s'attache autant à l'action qu'au non-agir, autant à réfléchir qu'à s'abstenir de toute réflexion. La succession silencieuse des moments de plénitude et de vide est une source de dynamisme qui favorise l'émergence de chaque événement et son évolution ultérieure ; mais le processus d'évolution naturel n'en est pas altéré. Si rien n'est donné, rien n'est refusé. L'ordre doit régner, non la contrainte, l'équilibre mais non la division. Votre œuvre achevée, ne cherchez pas à en tirer gloire. Agir et non-agir ont une égale importance. Le vide de l'esprit est le réceptacle de la pensée.

3. L'harmonie universelle et l'harmonie intérieure

Les hommes puissants et honorés s'attirent des ennemis. La présence de richesses attise la convoitise des voleurs. Lorsque l'esprit est la proie des tentations, il ignore la paix. Susciter de multiples désirs chez un homme n'aboutit qu'à un état de malaise.

Les désirs suscités par l'homme sage ne sont pas une source de trouble intérieur. Toutes les pensées qu'il crée, toutes les ambitions qu'il fait naître sont une source d'évolution spirituelle, jamais une cause de conflit avec autrui. L'esprit s'ouvre, la volonté s'affermit, l'homme découvre qu'il est capable d'être autonome. Son savoir et ses désirs cessent d'être des motifs de conflit. Cette puissance intérieure anéantit ses préoccupations pour sauvegarder les apparences.

La compétition est l'opposé de la coopération, chacune contient le ferment de son contraire. La compétition crée la dissension, la coopération crée la dépendance. L'homme sage se tient à l'écart de l'une et de l'autre.

Entre ces deux pôles contradictoires inhérents à toute situation, chaque être possède une force intérieure source de puissance et de vertu. Cette force n'apparaît qu'à la seule condition que rien n'altère le déroulement normal des événements de la vie courante. Les relations avec ses proches ne doivent pas porter le sceau du mensonge ni celui de la ruse, les déshérités ne doivent pas être oubliés ni méprisés. C'est à ce prix que l'harmonie intérieure naîtra en reflétant l'harmonie extérieure des choses et du monde tout entier.

L'homme qui a pu parvenir à cette paix intérieure sait que tout événement, le plus banal soit-il, se charge d'une autre dimension, dont le sens va en profondeur. Si l'harmonie extérieure est seule présente, tout événement et tout ce qui constitue la plénitude cosmique est réduit à la banalité.

4. L'éternel présent

Le *Tao* est intemporel, il existe de toute éternité et personne n'est à même de fixer son point d'origine. Présence éternelle, sans commencement ni fin, il reste invisible aux regards des humains. Qui donc pourrait nier sa présence puisque le *Tao* est l'architecte de l'ordre universel ?

Le *Tao* est une source de lumière sur les mystères de la Vie. Il élève ce qui est bas, abaisse ce qui est élevé. Les hommes doués sont humbles face à ce qu'ils ignorent ; ceux qui n'ont que des aptitudes limitées s'enorgueillissent de leur savoir et l'étalent. Le *Tao* est la force universelle qui crée l'équilibre en emplissant ce qui est vide et en créant le vide dans ce qui est plein.

Ce vide est inépuisable, il est aussi une source d'action. Sa présence est constante mais personne ne possède la connaissance qui permet de comprendre son rôle véritable ni l'usage qui doit en être fait. Identique ou différent, collectif ou individuel, un *Tao* identique est toujours présent et adapté à chaque être.

Comment différencier deux êtres si aucun d'eux ne comprend la loi du *Tao* ou si cette loi ne sert pas de fondement à ses actes ? L'élève acquiert son savoir au prix d'une lutte, le maître transmet le sien également au prix d'une lutte. Où est donc la différence entre maître et élève si tous deux doivent lutter de la naissance à la mort pour découvrir la Voie du *Tao* ? N'y a-t-il personne pour comprendre qu'ils sont deux à livrer combat pour un but commun ?

Le *Tao* est une quête incessante. Il faut d'abord l'apprendre puis le transmettre. Si nul ne le possède entièrement, personne n'en est exempt. Si vous êtes un maître qui doit dispenser son savoir, sachez créer dans l'esprit de votre élève ce sentiment de vide. Si vous êtes élève, sachez suciter chez votre maître un sentiment de plénitude. Ces deux faces apparemment opposées se réalisent simultanément ; il ne faut jamais perdre de vue que cet enchaînement est simple malgré son apparente complexité.

5. La profondeur de la pensée

Les forces qui animent l'Univers sont impitoyables ; elles s'expriment avec tous les êtres sans distinction par un langage identique. L'homme sage est à l'image des forces de l'Univers, il s'adresse à chacun en ignorant les différences individuelles.

L'insuffisance ou le rêve masquent la réalité profonde des choses. L'homme sage doit faire un choix : soit il décide de s'opposer aux forces universelles, soit il accepte de conformer ses actes à leurs lois.

Entre toutes les choses présentes dans l'Univers se trouve un espace qui les relie entre elles en conférant à chacune une structure propre sans modifier sa substance profonde. Cet espace a pour rôle d'insuffler à chaque chose une énergie de vie inépuisable. Plus ce souffle est intense, plus il favorise le cours naturel des choses et le déroulement des événements.

Ce processus naturel n'admet pas une explication logique, qui ne pourrait qu'altérer sa simplicité. Par-delà les mots du langage, dans les profondeurs de l'esprit, quelque chose permet de comprendre ce souffle vivant qui s'exhale de l'état de vide.

Ce souffle est aussi puissant que naturel... C'est le souffle qui émane des profondeurs de l'esprit.

6. La sagesse féminine

Le mystère de la Vallée est subtil et infini. C'est la Voie de La Grande Mère.

Quiconque accède à la connaissance de cette voie peut franchir le seuil qui mène à la Vallée ; c'est là que chaque être est pénétré du mystère de la présence des choses dans l'univers. Si le seuil d'accès à la Vallée est nécessairement le fruit d'un enseignement, seule la solitude est favorable à la découverte du sentier qui mène à la révélation du mystère.

Poursuivez votre quête jusqu'au moment où vous vous sentirez pénétré par la sagesse féminine inhérente à toute chose. Cette sagesse est durable, c'est l'aliment de la pensée. Faites-lui confiance, elle ne vous trahira point.

Apprendre la loi du *Tao*, c'est s'adonner à une recherche permanente en se pénétrant lentement et progressivement du mystère universel. La sagesse est la soumission qui permet la découverte ; mais nul ne peut expliquer par quels moyens la découverte advient.

7. L'inutilité des questions

Puisqu'il n'est pas né, il ne peut mourir. Puisqu'il n'a pas de forme propre, il ne subit pas le déclin imposé par le temps. La présence d'un début implique la présence d'une fin. Si vous enfermez une idée dans une forme précise, vous donnez du même coup à votre idée l'origine de sa fin.

Ne vous enfermez pas dans une pensée formelle ou dans une connaissance qui relève de votre seul *ego*. N'enfermez pas cet *ego* dans les pensées. Refusez de vous limiter aux questions qui comportent une réponse. Si vous consentez à rester dans un rôle de second ordre, vous resterez en tête. Dans l'incertitude, découvrez la sécurité. Renoncez à votre *ego* si vous voulez découvrir la voie qui vous permettra de vous réaliser vous-même.

Le dilemme est là. Toute action est absence d'action. Toute pensée est incomplète, toute vérité est erronée. Énoncez une vérité, elle sera entachée d'erreur. Le silence est insuffisant. Le nom n'est pas la chose. La pensée n'est pas la connaissance.

Le savoir acquis allège le fardeau de l'ignorance et donne l'illusion de la connaissance. L'élève aveugle s'en tient à l'enseignement du maître lui aussi aveugle ; la sagesse enseignée à l'élève ne résultera alors que des seuls coups de baguette.

Éliminer les réponses, c'est aussi éliminer les questions. En l'absence de ces dernières, le maître peut être honnête avec ceux qui obéissent à ses préceptes.

8. La voie descendante

Notre bien le plus noble est à l'image de l'eau. C'est un ferment de vie et un aliment pour toutes les choses qui agit sans effort. Tout comme le *Tao*, il se dirige du point le plus haut vers le point le plus bas.

Vivez en restant proche des valeurs de la Terre, restez rivé à son sol. Par la pensée, explorez les profondeurs. Avec autrui, soyez aimable et bienveillant. Dans vos propos, restez vigilant. Au travail, soyez efficace. Si un règlement est nécessaire, qu'il soit juste et équitable. Dans l'action, le contrôle est essentiel.

Si vous vous querellez avec les autres, vous encourrez le blâme. Vos préjugés seront source de confusion. Essayez d'arrêter le cours de la rivière, vous vous heurterez à un échec.

Vivez en harmonie avec la voie descendante et mouvante qui vous conduit vers l'humilité. De la naissance à la mort, l'orientation est claire. Soumettez-vous au changement, soyez l'image de l'eau. Toute chose ne peut qu'accepter d'obéir à cette voie descendante, c'est pourquoi aucune chose n'est différente d'une autre.

9. Subir l'attente avec patience

Mieux vaut marquer une pause avant l'heure prévue plutôt que laisser le trop-plein déborder. Une pointe trop effilée émousse la résistance des bords. Si vous amassez de grandes richesses, elles ne seront pas un gage de protection. Si vous êtes trop loquace, la confusion s'ensuivra. Prétendre tout connaître est une provocation. Les certitudes en seront ébranlées. La réputation contient le germe du discrédit.

Mieux vaut ne pas chercher à redresser ce qui s'est tordu, ne pas vouloir recoller les morceaux brisés, ne pas emplir le vide. Si les réponses sèment la confusion, les questions n'en seront que plus nombreuses. S'ingérer dans des problèmes qui ne relèvent pas de notre compétence génère le trouble.

Les solutions créent des problèmes. Mettez le monde à l'épreuve, il se limitera à vous sembler pire qu'il n'est en réalité.

Subissez patiemment l'attente inéluctable. Soyez sincère et attentif. Vouloir donner des ordres ne fera qu'obscurcir la voie qui est la vôtre. Dispensez votre savoir sans chercher à imposer des réformes. Prenez du repos quand le travail quotidien est achevé.

10. La plus profonde des vertus

Faites en sorte d'unir en un tout unique l'esprit et le corps qui, par nature, sont distincts. En pleine connaissance de cause, gardez la souplesse de l'enfant qui vient de naître. Voyez clairement en vous-même. Aimez, sans rien attendre en retour. Usez de votre influence mais n'exercez aucun contrôle. Soyez vigilant mais non rusé. Soyez à la fois ferme et soumis.

Pendant que vous concentrez votre attention, pendant que vous accédez à la connaissance, ayez la force de refréner votre désir d'action.

Suscitez le souffle de l'inspiration, dispensez ce ferment de vie mais ne cherchez pas à posséder. Apprenez, mais ne tentez pas de tirer profit des connaissances acquises. Soyez un guide comme vous seriez un serviteur. La plus profonde des vertus reste masquée.

11. Savoir faire usage de ce qui n'a pas d'existence propre

Un vaisseau est construit en argile ; il devient utile grâce à l'espace vide qu'il contient. L'espace vide du moyeu permet à la roue de tourner. Fenêtres et portes sont les espaces vides contenus à l'intérieur des murs. Le vide à l'intérieur d'une pièce est la source de son utilité.

Une valeur ne peut être attribuée qu'à ce qui est ; l'utilité provient de ce qui n'a pas d'existence propre.

C'est pourquoi vous devez être aussi attentif au non-connu qu'au connu. Si le connu peut être évalué en fonction de critères de valeur, le non-connu s'évalue en termes d'utilité. Le non-connu est un début, le connu un aboutissement. Le non-connu est l'incertitude favorable au mouvement. Si le connu seul existait, aucun de nous ne pourrait progresser vers la certitude. Partez du non-connu pour aller vers un autre non-connu. Si la certitude est contraignante, l'incertitude est libératrice.

Soyez aussi attentif à l'incertitude qu'aux certitudes. Acceptez la mouvance des questions tout en vous méfiant des réponses. Si vous n'acceptez qu'une seule certitude, elle sera votre perte. Trouvez une réponse, elle ne sera pas adaptée. Les réponses font obstruction, les questions créent l'ouverture. Découvrez l'espace entre les pensées, l'incertitude entre les certitudes.

Partez à la découverte de ce qui est, mais aussi de ce qui n'est pas. Emplissez-vous sans jamais oublier que vous devez créer le vide en vous-même. Tout commencement ne peut advenir qu'en présence du vide. Seul le vide permet l'essor des commencements. Partez à la recherche du vide en intégrant le changement. Si le vide n'existe pas, rien ne peut être reçu, c'est pourquoi aucun enseignement ne sera profitable. C'est ainsi que l'homme sage emplit tous les êtres sans combler le vide de chacun.

12. La profondeur intérieure

Les couleurs éblouissent le regard ; les sons assourdissent l'ouïe ; les saveurs s'émoussent si le goût est sollicité à l'excès. L'esprit cesse d'être sensible à la valeur des choses. Si le seul but de nos pensées est de trouver quelque chose, la confusion s'installe. L'action dans la précipitation est dénuée de tout sens.

C'est pourquoi vous devez être attentif aux richesses intérieures, non aux richesses extérieures ; à la subtilité des nuances, non à la seule apparence extérieure. Que vos valeurs intérieures soient vos seuls guides, refusez les apparences extérieures. Ne restez sensible qu'aux seules valeurs dictées par votre propre sensibilité, non aux valeurs apparentes. Quiconque se préoccupe uniquement des seules valeurs extérieures empêche sa profondeur intérieure d'apparaître.

Diffusez votre savoir, n'attendez rien en retour, ne craignez pas d'encourir les blâmes. Soyez aussi insensible aux ovations qu'aux critiques. Enrichissez vos connaissances sans chercher à en tirer un quelconque profit. Modérez l'ambition de vos désirs.

Recherchez la simplicité au cœur de la complexité, l'ordinaire dans l'extraordinaire, le calme dans l'agitation, le vide dans la plénitude, la grandeur au cœur des plus humbles choses de l'Univers.

13. L'absence de certitude

La condition humaine est marquée du sceau de l'ignorance. Chacun est libre d'accepter cette loi. Que nul d'entre nous ne soit effrayé par une apparente confusion. S'obstiner à faire des choix entre des valeurs contradictoires – bon ou mauvais, positif ou négatif, vrai ou faux – génère le trouble intérieur. La certitude est le masque de la folie.

Affichez des certitudes... Affichez la confiance... Le monde entier prendra soin de les démonter en vous prouvant que vos pensées sont dépourvues de fondement réel. Si vous consentez à vous couper de vos certitudes, le monde entier deviendra plus clément, il sera prêt à vous accueillir. Quand les certitudes ont disparu, la douceur universelle apparaît. C'est alors un état propice pour entrevoir et découvrir l'émergence d'une voie nouvelle à travers la perpétuelle mouvance de l'Univers.

Si vous voulez accéder à la connaissance du *Tao*, refusez les certitudes. Faites du *Tao* votre maître, celui qui vous apprendra la sagesse et l'ouverture.

Si vous voulez comprendre les lois de ce monde, quittez-le. Si vous le fuyez, il vous échappera. Si vous savez attendre en vous montrant profondément calme et réceptif, il se révélera spontanément.

Gardez-vous d'arriver à des certitudes en matière d'incertitudes.

14. Avec le vide de la plénitude de l'esprit

Regardez, mais le *Tao* est invisible... il ne se laisse enfermer dans aucune forme. Écoutez, mais le *Tao* est inaudible... il n'émet aucun son. Prenez possession du vide... le *Tao* reste insaisissable. Ces trois caractères sont la marque d'une unité qui n'accepte aucune définition.

Le *Tao* est un fil ininterrompu qui part du néant et y revient. Essayez de voir son point d'aboutissement ; il n'a ni commencement ni fin. Essayez de découvrir sa présence ; il est au-delà de toute forme, au-delà de toute définition, au-delà de toute imagination. L'esprit qui part à la découverte du *Tao* se limite à s'épuiser vainement.

Tout savoir acquis ne fait qu'accroître le mystère du *Tao*. Qui peut découvrir l'unité dans des fragments épars ? D'une certaine façon, toute connaissance de l'esprit, quelle que soit sa forme, ne peut que donner au *Tao* une tonalité plus profonde et plus fuyante.

Avec la plénitude d'un esprit envahi par le vide, avec une conscience claire, restez proche de l'ordinaire. Sans commencement ni fin, emplissez-vous du vide jusqu'à atteindre la plénitude.

15. Être la source cachée

Observez ce qui est évident. Recherchez ce qui est subtil. Pénétrez chaque chose en profondeur. Soyez le mystère dont le nom est soi.

Quand le soi profond reste à soi-même incompréhensible, comment est-il possible de comprendre d'autres choses ? Les grandes idées essaient de décrire mais n'expliquent pas.

Comment découvrir sa propre voie dans cette masse de choses qui restent inexpliquées ? En faisant preuve de la même prudence que si vous étiez dans des eaux turbulentes ; en agissant avec la même promptitude que si vous étiez au cœur du danger ; en usant de la même courtoisie que si vous étiez un hôte ; en acceptant de vous soumettre aussi totalement qu'un bloc de glace au moment où il fond ; en restant dans une attitude aussi primaire qu'un rocher non ciselé ; en étant aussi réceptif que la Vallée.

Quand le calme intérieur règne, attendez que la boue du mental se fixe. Dans cet état de sérénité, oubliez le calme pour épouser le mouvement. Cherchez calmement sans trouver. Attendez que l'heure soit propice. Acceptez de rester dans un état de vide.

Attendez d'avoir atteint la plénitude, cette plénitude qui exclut toute chose terrestre. Ne gardez qu'une seule certitude et le mouvement du cours naturel des choses cessera du même coup.

Soyez la source cachée, cachée même à elle-même.

Prenez le temps nécessaire pour être à l'heure de chaque événement. La maturité advient à une heure précise. Semblable au flux de la rivière, vivez au rythme des choses, qu'il soit lent ou rapide.

16. La pérennité dans le changement

A l'intérieur des oscillations rythmiques de chaque chose existe une constante qui ne participe pas au changement. C'est la constance dans l'inconstance ; le changement ne change pas, seule change la manière de changer.

Le monde environnant paraît agité de bouleversements si profonds qu'il semble osciller. Mais le cœur de ces bouleversements et de ses mouvements successifs recèle une chose indéfinissable, envahie par le vide, lieu de calme, de sérénité et de silence.

Toute chose contient cet espace calme, silencieux et serein. Qui peut connaître la nature de ce lieu ? C'est notre bien propre, mais néanmoins, il se dérobe devant nos recherches.

Comment l'agitation perpétuelle de nos pensées qui pénètrent l'Univers tout entier peut-elle laisser une impression de vide et de calme ? Le calme du vide de nos pensées est semblable au calme du vide du *Tao*.

Découvrez la pérennité dans le changement, le calme dans la mouvance, le vide dans la plénitude. Découvrez la source d'où jaillit toute chose.

Si le calme intérieur cesse, le désastre s'installe. Si ce calme est présent, il diffuse une douceur capable de pénétrer toutes les choses. Cette douceur s'unit au calme pour que l'évolution se déroule dans l'harmonie en laissant le chaos à ses lois propres.

17. En l'absence de toute action

Essayez donc de diriger par la force ; vous vous heurterez d'abord à des résistances, puis à la rébellion. Soyez juste et bienveillant ; vous vous attirerez le respect et gagnerez la confiance.

Mais ce calme empreint de noblesse est une vertu invisible, une paix indéfinissable qui se refuse à toute manifestation extérieure. Quand ce calme dirige nos actes, l'unité universelle reste inaltérée. Les êtres cessent d'être divisés, effort et facilité se confondent de même que travail et jeu. Personne ne doit diriger, personne n'est contraint à l'obéissance. Toute intention est anéantie et cependant l'harmonie règne.

Quant à l'homme sage, il reste volontairement humble et peu loquace, il avance sans être remarqué par les regards d'autrui. Mais d'une certaine façon, chacun en tire profit. La croissance s'installe, le profit s'ensuit dans la joie et la satisfaction. Au lieu de dire : « Voici ce qu'on a fait pour nous », chacun dit : « Voilà ce que nous avons fait. » Au lieu de dire : « On nous a appris que... », chacun dit : « Nous avons pu apprendre que... » Quand chacun s'assume, le rejet d'autrui disparaît. Si ce rejet n'existe plus, la rébellion n'a plus raison d'être. En l'absence de rébellion, c'est le règne de la paix qui donne à chacun l'aliment qu'il recherche.

Depuis l'origine des temps, à aucun moment, les choses n'ont cessé de chercher à atteindre un état de plénitude. L'homme sage ne cherche pas à s'opposer à un état de fait qui existe de toute éternité. C'est ainsi qu'en l'absence de toute action, les hommes sont comblés.

18. La vertu primordiale

Abandonnez le *Tao*, le sens de la propriété et la moralité apparaissent. La prétention et l'hypocrisie naissent du savoir acquis et de la complexité de l'esprit. Quand l'accord ne règne pas, on fait appel à la droiture et à la vertu.

La moralité, la propriété, le savoir acquis, la complexité de l'esprit, la droiture – voilà ce qui crée les problèmes de ce monde. S'il devient nécessaire de prêcher la vertu, si le bien et le néant doivent être évoqués avec insistance, le mal s'installe spontanément.

La tradition de la sagesse antique prétend que l'échec a donné naissance à la pensée et que le savoir acquis est l'arme du combat.

Bien avant le règne de la pensée et de la connaissance, bien avant le règne du bien et du mal, une vertu primordiale existe ; c'est une source d'harmonie et de simplicité. Elle est si simple que l'esprit avec ses seuls moyens ne parvient pas à la connaître ; cette source d'harmonie et de simplicité donne la pulsation de vie à l'existence de chaque être. Que l'on se détourne du *Tao* et l'artifice règne en maître. Que l'on s'écarte de cette voie simple et harmonieuse et le *Tao* est perdu. Sans aucune recherche, découvrez la vertu primordiale.

19. Entre les contraires

Cessez d'être en quête de la perfection. Cessez de vouloir rendre les hommes meilleurs qu'ils ne sont par nature, chacun en sera récompensé au centuple. Faites fi de votre idéal. Oubliez toute idée de morale. L'attirance des interdits ne cesse de croître. Cessez de prêcher l'esprit de propriété, laissez vos désirs libres de s'exprimer librement et spontanément.

Action et réaction s'enchaînent. C'est ainsi que l'Univers manifeste sa tendance perverse. En découvrant un début, vous faites apparaître une fin. Formulez une opinion, vous susciterez des critiques. Une action intentée, quelle qu'elle soit, fait naître une opposition comme par magie.

Entre ces deux aspects contradictoires, une voie médiane existe. Réglez vos actes sur quelques principes essentiels – retour à la simplicité, modération de vos ambitions, atténuation de votre égoïsme – pour vous attacher d'abord à connaître l'essence de la nature des choses.

Cette voie médiane n'est qu'un fragile équilibre entre l'action et le non-agir, entre le connu et l'absence de connaissance, entre l'instant de la découverte et l'instant où l'on croit perdre, entre les instants de plénitude et les instants de vide intérieur.

20. La certitude est parade

L'homme sage n'a aucune certitude sur le savoir qu'il possède. Quand on sait que la certitude n'est qu'une parade, le monde retrouve son unité et sa solitude, ce lieu où chacun doit venir se perdre dans l'émerveillement. Comment l'homme sage pourrait-il s'aligner sur les croyances communes, comment pourrait-il vénérer l'apparence, se limiter aveuglément à la quête du commun des mortels ?

Mais les hommes de ce monde se complaisent dans leurs illusions. Autour de l'homme sage, le monde grouille et s'affaire, mais l'homme sage, lui, sait jusqu'au plus profond de son être qu'il ne sait rien. Quand les autres se parent de leur savoir, l'homme sage n'a aucune prétention sur ses connaissances. Quand les autres s'expriment clairement, avec confiance et certitude, l'homme sage accepte la confusion, accepte de n'avoir aucun but, comme un insensé perdu dans ses pensées au milieu de ce monde.

D'autres assument avec fermeté leurs responsabilités, pourvoient à leurs besoins personnels et essentiels. Mais l'homme sage vit dans l'ombre, loin des regards, libre dans son détachement, d'une manière différente des autres. Les autres trouvent l'aliment de leur vie dans les apparences mais l'homme sage se nourrit du *Tao*.

En l'absence de ces certitudes apparentes, la compassion devient plus facile. C'est pourquoi l'homme sage dispense un enseignement à double face. Ceux qui ont acquis des connaissances s'imaginent avoir appris des notions courantes, assimilables par l'esprit, alors qu'au plus profond d'eux-mêmes, ce savoir qu'ils ont acquis est réellement extraordinaire parce qu'il dépasse infiniment leur capacité de compréhension.

21. Son nom est *Tao*

Insaisissable et impalpable, le *Tao* est vague et ombreux. Quand l'esprit cherche les mots pour lui donner un nom, il parle de force, d'essence, de vitalité. Qui peut faire confiance aux mots puisqu'ils ne sont que les tâtonnements de la pensée en acte ? Cependant, depuis l'origine des temps, quelque chose d'obscur a persisté, une pensée indéfinissable qui défie la pensée.

Donnons-lui le nom de *Tao*. Déjà, il était présent quand notre monde a émergé de l'obscurité première du chaos. Le *Tao* est une présence au plus profond de chaque chose, qui la fait se mouvoir dans la voie qui lui est propre. Insaisissable et insondable, le *Tao* est la pensée sans pensée, il se dérobe quand notre pensée veut s'en emparer, c'est la source la plus profonde de la connaissance et de la foi.

Le *Tao* est omniprésent mais nul ne peut le découvrir nulle part. Si vous le cherchez, il sera à jamais perdu pour vous. Le *Tao* n'explique rien, il *est* l'explication ; il n'est pas une réponse, il est une question. Simple, omniprésent, il est le cœur de toute chose ; il est caché parce que sa présence est inéluctable.

Découvrez-le, comme vous découvririez l'absence de pierre à l'intérieur de la pierre, l'absence d'arbre à l'intérieur de l'arbre, l'absence de pensée à l'intérieur de la pensée. Dans la pensée du penseur, on reconnaît la présence du *Tao* par la seule existence de la pensée elle-même.

22. Pour le connaître, pratiquer la douceur

Si vous savez pratiquer la douceur, vous parviendrez à la connaissance du *Tao*. Inclinez-vous pour le comprendre. Créez le vide avant que la plénitude n'advienne. L'idéal est source de confusion. Plus grande est la certitude, moindre est la connaissance.

Quand ceux qui pensent en arrivent à se croire investis du devoir de transmettre leur savoir, ils rompent la plénitude du silence ; ils enferment dans une forme ce qui n'en accepte aucune tout en s'acheminant vers le durcissement tenace si long à adoucir. Étouffé au milieu des notions de bien et de mal, de oui et de non, d'idéal et de réalité, le *Tao* a disparu. Un esprit divisé est en lutte avec lui-même ; les hommes qui sont divisés par l'esprit se livrent combat.

En pratiquant la douceur, l'homme sage s'intègre à l'Univers tout entier ; ce qu'il donne, il le garde ; en créant le vide, la plénitude lui est donnée ; en acceptant de perdre, il accède à la découverte.

Sans orgueil, l'honneur est concédé spontanément. Sans parade, on s'attire le respect. En l'absence de fatuité, la valeur est reconnue. En l'absence de conflits, on découvre aisément la Voie. En l'absence de querelles, nul ne songe à les susciter. L'absence de challenge fait perdre son sens à la compétition.

Avancez dans ce monde avec douceur pour laisser chaque chose évoluer selon sa loi propre. Avec tous, montrez-vous bienveillant pour ne pas perturber l'évolution intérieure de chacun.

Quand l'homme sage consent à s'incliner devant toute chose, toute chose s'incline devant lui. C'est ainsi qu'advient la rencontre profonde et l'unité.

23. Le calme intérieur

Les orages sont éphémères ; l'inhabituel seul peut rompre le rythme des habitudes, seuls les extrêmes altèrent la banalité de toute chose. Ce qui s'épuise n'est pas la source essentielle de croissance. Une nourriture qui s'adresse aux profondeurs de l'être permet à chacun de se réaliser dans la simplicité et l'harmonie.

Ce qui est profond et durable arrive sans ostentation. C'est pourquoi vous devez vous montrer aussi banal que riche de possibilités, aussi bienveillant que porteur d'espoir. Pénétrez jusqu'au cœur des choses. Le calme intérieur est une force plus grande que les manifestations extérieures de force. Faites confiance à l'unité intérieure, non à l'apparence extérieure. Exprimez-vous avec calme et simplicité. Croyez en tous pour que chacun croie en vous. Ceux qui ont trouvé la simplicité primordiale transmettent leur plénitude au monde entier, sans exiger un profit en retour.

Intégrez votre moi avant de le vider de tout sens. Quand vous aurez réalisé le vide en vous-même – ni souhaits, ni attente, ni désirs, ni attachements – la plénitude apparaîtra spontanément. Faites-lui confiance. Elle est infaillible. C'est l'expression de la simplicité. Depuis l'origine des commencements, elle préside à l'évolution de l'Univers en son entier.

Obéissez à la loi du *Tao*, ne faites qu'un avec elle. Pratiquez la vertu primordiale en l'intégrant jusqu'au plus intime de votre être.

24. Garder l'équilibre dans la chute

Quiconque acquiert un savoir est à l'image d'un homme debout : au-delà des orteils, l'équilibre fait défaut ; avant d'y parvenir, aucune position n'est ferme ni stable. Restez vigilant, les deux pieds ancrés sur le sol de la terre, le corps prêt à l'action. Saisissez le monde en vous servant des deux faces de l'esprit, puis ouvrez-vous à la profondeur de l'être. Si vous manifestez trop d'empressement, la confusion naîtra.

Quiconque simule la connaissance ne la possède pas. Quiconque se vante ne cherche qu'à masquer son incertitude profonde. Les hâbleurs ignorent la sécurité intérieure.

Quand une pensée vous pèse, pensez-y sans relâche, jusqu'à lui ôter sa pesanteur. Pour progresser en obéissant à la loi du *Tao*, ne vous chargez d'aucun poids, cernez l'essentiel. Faites confiance à la recherche que vous menez, non à la découverte que vous ferez. Soyez humble face à tout ce que vous ignorez.

Pour acquérir un savoir et le transmettre, soyez réceptif et ouvert. Il ne vous reste rien à apprendre que vous ne connaissiez déjà.

Le présent doit être votre seule source de connaissances. Ce que vous aurez à connaître au-delà du présent se présentera à vous spontanément.

Vis-à-vis de vos connaissances, faites preuve de patience. Ne manifestez aucun empressement pour acquérir des connaissances plus larges relatives au futur. Cherchez, mais n'anticipez pas ; soyez réceptifs aux événements présents. Restez un simple spectateur devant votre acquis, comme si vous étiez sur le bord d'un lac en admirant ses eaux calmes.

Vous parviendrez à vous immerger dans les connaissances futures, sans porter atteinte à votre équilibre.

25. La voie universelle

On a donné au commencement le nom de Grande Mère. En lui donnant ce nom, la pensée est partie en quête du commencement du commencement jusqu'au jour où elle s'est heurtée au silence et au vide. Puis, déroutée, la pensée a marqué une pause. Elle est impuissante à connaître ce qui est étranger à sa propre nature.

Tout l'univers de la pensée est hanté par le silence et le vide, ce lieu où les pensées reposent dans le calme et la quiétude. Toute pensée digne de ce nom est immergée dans la profondeur du silence. Le commencement du commencement soulage les affres de la recherche.

Ceux qui n'ont pas la prétention de posséder la connaissance sont plus proches du commencement du commencement que ceux qui croient la posséder. Qui peut savoir ce qui a précédé la pensée, à l'exception de ceux qui se sont emplis du vide et du vide des pensées ? Aucun nom ne convient pour nommer ce qui a précédé les noms ; toute pensée est marquée par l'erreur quand elle veut rechercher ce qui a précédé les pensées.

Par-delà les noms et les pensées, il y a la résonance du silence et le vide dénué de forme qui échappe aux servitudes des noms, de la pensée ou des actes. Le silence n'est pas l'action, son aspect n'est semblable à rien, mais, pour cette même raison, toute chose est semblable au silence. Son nom est *Tao*. Quand chaque chose suit la voie que lui dicte sa nature propre, elle se conforme à la loi universelle d'évolution.

26. Le vide et la vivacité

Comme l'ombre est source de la lumière, comme le calme est le point de départ du mouvement, la sérénité est le début de l'agitation. Même si vous possédez un certain savoir, restez très proche de ce que vous ignorez ; même si vous avez acquis des certitudes, soyez attentif et pénétrant, vide et réceptif.

Que votre recherche soit visible par tous, cette lumière fera oublier les ténèbres de la source originelle. Si vous êtes dans un état perpétuel d'agitation, vous oublierez que le point de départ de votre recherche est un lieu où règne le calme. Si la plénitude vous satisfait, vous cesserez d'accorder une quelconque attention à ce point d'origine qui génère le calme en vous-même. La connaissance brise tout lien avec le mystère des profondeurs.

Quand l'intensité excessive de la pensée rend la compréhension impossible, créez le vide pour retrouver la pensée. Commencez par le vide à l'intérieur de vos propres pensées. Revenez à l'état de vide qui est la source de la vivacité. Au commencement, le vide en attente a permis à chaque chose de surgir. Soyez à l'image du *Tao* jailli des profondeurs du vide, soyez présent au commencement. De même que toute chose jaillit en même temps que la Voie qui lui est impartie, de même penseur et pensée jaillissent simultanément à l'heure où l'on acquiert la connaissance.

27. Avancer incognito

Il existe dans ce monde une voie où chacun progresse incognito : pas d'empreintes, pas d'erreurs, chaque chose est adaptée et trouve son accomplissement. Quand on obéit à la loi du *Tao*, sans qu'aucune action soit nécessaire, les choses s'épanouissent librement. C'est pourquoi l'homme sage renonce à l'effort, refuse la négligence et n'abandonne personne.

Un certain mode de pensée et d'action est en accord avec le libre déroulement des événements. Partout et en tout, ce qui est profond, subtil et intime exprime l'essence du *Tao*. Le *Tao* intérieur et le *Tao* extérieur sont identiques. Si un être parvient à l'harmonie intérieure, l'harmonie extérieure en découlera spontanément.

Commencez par vous-même. Soumettez-vous à une discipline avant d'inculquer une discipline à autrui ; apprenez à être d'abord maître de vous avant de vouloir être le maître des autres. Découvrez la profondeur intérieure. Au lieu de vous attacher à changer l'extérieur, commencez par changer l'intérieur et le changement s'ensuivra normalement, pour toute chose qui participe de la vie universelle.

C'est ainsi que l'homme sage dispense un enseignement sans enseigner ; que chacun apprend sans nécessairement acquérir un savoir. La métamorphose des choses ne requiert pas d'effort. La bienveillance contient son propre ferment d'évolution tout comme l'intelligence et la discrétion. Puis, dans l'anonymat le plus total, s'instaure le règne du respect et de l'honneur dans l'harmonie née librement.

28. La voie descendante est une voie facile

Il faut avoir connaissance de la force masculine mais constamment rester proche de la douceur féminine. Soyez à l'image du cours d'eau qui sillonne la vallée sans contrainte apparente tout en demeurant dans les limites qui lui sont imparties. Puisez constamment l'inspiration dans ce parcours descendant, qui ignore les obstacles dans sa marche vers sa source originelle.

Gardez présente à l'esprit la lumière de vos connaissances sans jamais ignorer l'inconnu enfoui au fond des ténèbres. Sans risque de commettre la moindre erreur, dans un maintien humble, soyez l'exemple de l'Univers tout entier.

Respectez les valeurs nobles en restant fidèle à ce qui est le plus humble et le plus bas dans l'échelle des valeurs. Rendez hommage à la pensée, mais n'oubliez jamais ce commencement d'où la pensée est absente.

Soyez ferme, en lâchant prise. Sachez vous emplir tout en créant le vide en vous-même. Joignez la fierté à l'humilité, la résolution à la soumission. Gardez vos propres certitudes sans jamais vous départir de vos incertitudes intérieures.

Partez du connu pour évoluer vers le non-connu. Si votre esprit tour à tour s'emplit puis se vide, ne faites plus qu'un avec le mystère des ténèbres. Quand votre esprit est vide, étreignez la plénitude. Quand le vide sera réalisé, vide de plénitude, songez au repos.

29. Au cœur de l'action

La pensée est impuissante à créer un ordre universel. La pensée relève de la connaissance mais la connaissance n'obéit pas aux seules pensées. Le tout ne peut être simplifié. Le *Tao* se dérobe à toute explication. Essayez de l'analyser en réduisant son unité en fragments ; vous l'aurez perdu irrémédiablement. Les réponses sont inadéquates car au cœur de toute chose, *il y a* toute chose.

Aller au cœur de la connaissance ne signifie rien d'autre que parvenir à la connaissance de « ces choses ». Le cœur de l'action obéit aux mêmes règles que le cœur des choses. Le cœur des choses possède sa sagesse propre. L'homme sage lui rend hommage en refusant l'excès des extrêmes et la vanité.

Qu'est-ce donc que le cœur des choses ? Ce cœur bat à un rythme parfois rapide, parfois lent. Parfois c'est un maître, parfois un serviteur. S'il lui arrive d'être ferme, il lui arrive aussi de se soumettre aux désirs d'autrui. Parfois il est manifeste, parfois il est humble. Il traverse des heures de gloire et des heures de désespoir. Le cœur de l'action est au cœur de chacun de nos actes.

Quand le soi, oubliant tout égoïsme, vient pénétrer le cœur des choses, il devient le cœur de l'action.

30. L'obéissance est la source de la connaissance

Dans l'univers des pensées, la force est inopérante. Si vos pensées se bousculent, elles trébucheront avant de perdre tout sens. Essayez encore, la confusion s'installe. Cherchez encore, luttez pour connaître... cette recherche stagnera, elle restera au stade du combat vers la découverte. Si vous vous conformez à la loi du *Tao*, la connaissance s'imposera spontanément à vous.

La préparation pour obtenir ce qui vient spontanément s'appelle l'acquisition du savoir. Concentrez-vous sur ce que vous voulez apprendre, le succès s'ensuivra.

La soumission est indispensable pour acquérir un savoir. Apprenez doucement, attentivement, pour ne pas altérer la soumission. Si vous êtes impatient, la crainte vous envahira ; or, la crainte ne peut conduire qu'à l'impatience.

Si vous voulez comprendre ce que vous apprenez, apprenez, puis oubliez ce que vous avez appris. Lâchez prise et soyez confiant. La connaissance ne nécessite pas d'efforts. Elle se réalise mais n'est jamais un acquis.

Ayez soif de connaissances, c'est pourquoi vous devez rester réceptif et savoir accueillir tout savoir. Laissez-vous guider par ce que vous apprenez. Croyez au lâcher-prise et suivez-le dans la voie qu'il vous dicte. C'est la connaissance par l'obéissance. Lâchez prise doucement, attentivement, pour que la suite ne soit pas perturbée.

Le soi est incapable de contrôler la connaissance. Apprenez à comprendre en apprenant à dépasser votre soi.

Comprendre, c'est penser en faisant abstraction de son soi. C'est évoluer sous le règne de la loi du *Tao*, dans la plénitude du vide créé par sa présence.

31. L'acuité mentale

Telle une belle épée, un esprit tranchant peut susciter l'émerveillement ou la crainte. Gardez-vous d'en faire votre arme. L'harmonie et la sérénité sont plus importantes que la victoire et la ruse. Qui dit victoire dit aussi défaite. La défaite n'est jamais un motif de réjouissance.

Quel que soit son tranchant, une épée n'agit que sur autrui, jamais sur soi-même. Quelle est donc la valeur de l'esprit le plus pénétrant s'il ne peut avoir conscience de son pouvoir ? Quel genre de victoire peut-il remporter si toutes ses subtilités ne révèlent finalement qu'un esprit sans substance ?

L'esprit ne parvient jamais à une vision objective de lui-même car toute pensée individuelle ignore l'objectivité. Dans son effort pour s'atteindre elle-même, la pensée se donne le nom d'esprit. Mais les mots ne sont que duperies. Quand les pensées veulent remonter à l'origine de la pensée, elles ne trouvent que des pensées en quête d'autres pensées.

Pendant la gestation, l'enfant qui va naître s'engage déjà vers la mort. Dans l'esprit, l'émergence d'une pensée porte déjà le sceau de l'éphémère ; une idée qui germe porte déjà la marque de ses imperfections. Telle est l'image de l'acuité mentale quand elle est l'auteur de sa propre défaite.

Si vous en restez à l'acuité d'esprit, l'esprit ne cessera d'être en butte avec lui-même. Si votre esprit est souple, s'il sait se montrer conciliant et soumis, il pourra connaître sa véritable nature sans préjuger de l'effet produit par sa découverte ; de même qu'il pourra s'infliger à lui-même des blessures qui resteront indolores.

32. Nourrir ses pensées d'humilité

Son nom est *Tao*, mais depuis toujours il se dérobe à toute dénomination. La pensée est contrainte de faire appel aux mots pour s'exprimer, l'esprit ne s'exprime qu'à travers les pensées. Mais la nature du *Tao* est différente. Le *Tao* est l'expression d'une vérité primordiale dans un langage qui n'est ni celui des mots ni celui des pensées. Qui peut connaître la nature véritable du *Tao* ? Il est présent dans la partie la plus humble de toute chose tout autant que dans l'immense univers de toutes les choses.

Quand ce tout est arrivé à perdre le sens de sa vraie nature après avoir été divisé en fragments épars, chacun de ses fragments fut doté d'un nom précis. Quand on oublie les noms et l'existence même de cette fragmentation, c'est le retour du tout unique.

Ce tout divisé en fragments est à l'image des rivières dans le parcours qui les conduit à la mer. Orientez vos pensées vers ce point d'origine. Dépassez les mots et les pensées pour vivre au rythme de la rivière qui va rejoindre en bondissant la source universelle.

Qu'il s'agisse du tout ou d'une somme de fragments, le *Tao* n'est que l'expression du flux descendant des choses. Intégrez cette voie et ce rythme pour intégrer le rythme universel.

33. Que les pensées soient le reflet de l'universel

On appelle connaissance l'aptitude à connaître autrui. Se connaître soi-même s'appelle la sagesse. On peut dompter autrui par la violence, mais la vraie force est nécessaire pour se dompter soi-même.

Pour pénétrer les profondeurs d'autrui, fouillez les profondeurs de vous-même. Ce qui est au plus profond de soi l'est aussi chez autrui. La connaissance d'autrui passe par la connaissance de soi. La voie qui conduit à soi est la même que celle qui mène à autrui.

Quand la voie intérieure devient la voie universelle, cette voie est celle du *Tao*. Si vous refusez de la suivre, c'est le règne de la séparation. Si vous acceptez de vous conformer à sa loi, vous intégrez l'essence du *Tao*.

Que vos pensées soient dirigées vers l'universel ; que votre sensibilité s'adresse à l'unité totale ; évoluez en harmonie avec le tout. Quand vous pensez, laissez vos pensées être le reflet de l'universel. Quand vous agissez, que vos actes soient en harmonie avec l'universel. Quand vous aurez su adapter votre propre rythme au rythme universel, vous aurez trouvé l'accord parfait qui est la source de l'harmonie à l'intérieur du changement.

Commencez par trouver la force pour vous connaître vous-même ; puis cette autre force qui vous fera lâcher prise.

34. L'exploit

Le *Tao* est présent partout. L'Univers entier des choses est soumis à sa règle. Il n'interdit rien, pas plus qu'il ne revendique quoi que ce soit. Le *Tao* agit sans but, il professe l'humilité, il n'exerce aucun pouvoir. Il n'a aucune exigence mais sa grandeur est telle qu'il est le ferment de vie de toute chose dans l'Univers. Son humilité accroît sa grandeur. Sa présence est la cause de tous les changements autant que de la permanence à l'intérieur des changements.

Des pensées de moindre envergure s'acharnent à vouloir changer le monde par des actes de moindre envergure. C'est pourquoi le monde oppose une résistance à ces actes. Les pensées de moindre envergure sont des tentatives et des plans d'action, elles insistent et refusent de s'incliner. Malgré ces efforts multiples et répétés, rien ne s'améliore ; malgré leurs intentions louables, tout s'aggrave.

Celui qui veut accomplir un exploit laisse le monde évoluer selon sa loi propre. Comme le *Tao*, il se refuse à altérer l'ordre universel. Quand rien ne cherche à être vrai, rien ne peut être faux ; quand rien n'est sollicité, tout est acquis.

Nul ne remarque la présence d'un exploit. Par nature, un exploit est humble et sans but, c'est pourquoi tout obéit à sa loi. Il ne prétend pas détenir la sagesse, c'est pourquoi il devient un guide universel ; il ne s'oppose à rien, c'est pourquoi l'évolution de toutes les choses est soumise à sa loi.

35. Tout perdre, pour tout gagner

Nourrissez-vous, écoutez, savourez vos sensations. Aimez, glorifiez l'amour dans la métamorphose permanente de l'Univers.

Au cœur de l'éphémère qui régit le monde entier, qu'y a-t-il pour nous inciter à croire que quelque chose reste immuable ? Le règne de l'éphémère qui est la loi universelle. Qu'y a-t-il pour nous inciter à croire que quelque chose reste inchangé ? La mouvance de chaque chose. Parmi ces états éphémères et transitoires, quelque chose semble perdurer. Au cœur de ce changement universel et permanent, comment donc découvrir ce qui se dérobe au changement ?

La multiplicité des choses laisse une impression d'unicité. Puisque tout élément a une existence propre, l'impression de néant prévaut. En partant de l'unique et de la multiplicité, comment parvenir à découvrir le néant ?

Qui peut dire si le *Tao* existe vraiment ou non ? Qui peut savoir s'il est quelque chose ou s'il n'est rien ? Même en lui ôtant toute substance, il semble être quelque chose qui porte ce même nom. Qui donc peut connaître sa véritable nature ou même être assuré de son existence ? Quand bien même chacun agit comme si le *Tao* était doté d'une existence propre, qui peut en avoir la certitude ? S'il est une chose, elle reste insaisissable. S'il n'est rien, il est inépuisable. Parmi le changement universel, chacun trouve en lui la paix et le repos. La profonde confusion est-elle seule à produire les certitudes profondes ?

Honneur à celui qui sait découvrir la permanence dans le changement, l'unique dans la multiplicité, le néant dans l'universalité.

Intégrez le devenir perpétuel. Restez fidèle à vous-même à l'intérieur du changement. Affichez vos certitudes en formulant vos questions. Embrassez le tout unique. Ne gardez rien pour garder tout.

36. Un commencement riche de promesses

Le principe est simple : chaque chose provient d'une autre. Il en est ainsi pour que les erreurs apparaissent avant que la domination n'advienne ; l'ignorance est nécessairement l'état qui précède la connaissance ; la confusion précède nécessairement la compréhension par l'esprit ; la folie précède nécessairement la sagesse.

C'est pourquoi l'homme sage ne redoute pas les erreurs qu'il peut commettre ; il sait qu'elles sont le chemin du progrès et que cette voie lui assurera la maîtrise du monde sensible. Il ne craint pas de manifester son ignorance ; il sait que c'est la voie de la connaissance. Il ne craint pas d'affronter la confusion ; il sait que c'est la voie qui mène à la compréhension ; il accepte la folie puisqu'elle est la voie de la sagesse.

Pour l'homme sage, toute perte est un acquis, vers le vide ou la plénitude. Il reste ouvert à la folie autant qu'à la confusion. Les erreurs ou l'ignorance rendent le commencement riche de promesses futures.

37. Une voie pour chaque chose

Quiconque croit posséder une habileté suffisante pour améliorer l'état des choses existant est un fauteur de trouble. Le début est la phase des tentatives. Si des résistances se manifestent, l'homme répond par l'insistance. Celle-ci enfle jusqu'à ce que luttes et discordes ôtent tout sens à ses intentions premières. Ruses et manœuvres astucieuses ne font qu'aggraver la situation existante.

Dans ce monde, avancez d'un pas lent. Confrontez l'humilité du connu face à l'immensité de ce qui se dérobe à la connaissance. Que votre approche de la connaissance se fasse en toute humilité. Rendez hommage à ce qui est accessible par la connaissance sensible. Rendez un plus grand hommage encore à ce que la connaissance pure ne peut connaître.

Croyez à la voie naturelle de toute chose. Humilité et simplicité ne peuvent induire en erreur.

Que chacun découvre la voie qui lui est impartie. Soyez réservé quand vous dispensez un enseignement. Chacun perçoit différemment un secret identique. Avec tous, restez silencieux, mais ne gardez aucun secret pour vous seul.

La vie humaine est limitée ; le mystère de la vie humaine est sans limites. C'est pure folie que tenter de saisir l'illimité à l'intérieur de ce qui est contenu dans des limites. Quelle présomption que prétendre l'avoir compris ! C'est pourquoi la compréhension ne peut admettre une voie autre que celle qui est propre à chaque chose.

38. Avant toute différence

Quand la connaissance est profonde, la pensée et l'action conscientes disparaissent. Quand la connaissance est assortie d'efforts, son profit reste nul.

La connaissance la plus profitable ne requiert aucun effort ; c'est pourtant la connaissance la plus complète. Élève, maître et thème d'étude ne font plus qu'un. Dans le pire des cas, celui où les efforts proviennent du maître et de l'élève, l'élève ne tire aucun profit de cet enseignement, pas plus que le maître ne réussit à dispenser un enseignement authentique.

Quand un grand maître dispense ses préceptes, chaque être prend conscience de sa propre unicité, dans le silence des profondeurs de son moi intime. Si le maître n'a qu'une moindre valeur, il ne parvient pas à trouver les mots justes pour traduire sa pensée et toucher son public. Les seuls mots ne suffisant pas pour transmettre le message, ce maître est donc contraint de recourir à la force et à la discipline.

La pensée est née d'un échec. Le savoir acquis résulte d'efforts soutenus. Quand la règle du *Tao* est absente, le maître et l'élève restent distincts, éloignés l'un de l'autre ; celui qui sait s'oppose à celui qui ignore, l'enseignement est fondé sur la dialectique du bien et du mal ; on prêche la morale, le bien et le mal sont deux notions contradictoires ; le monde est divisé en fragments hétérogènes.

L'homme sage, quant à lui, revient à son origine première, à ce commencement qui précède toute différence. Quand la conscience des différences a cessé d'exister, c'est le signe de la présence du *Tao*, où chacun, à son insu, obéit à sa loi.

39. L'humilité est source d'émerveillement

Quand la sensation d'unicité est présente, l'air apparaît dans toute sa fluidité, la terre dans toute sa solidité ; les vallées sont ouvertes à toute influence extérieure, les rivières suivent leur cours normal, toute chose est une unité vivante.

Fluidité et fermeté, réceptivité et adaptation au changement, évolution dans l'unité, telles sont les vertus de l'unicité.

Toute chose tire ses propriétés de son origine première ; le plus élevé provient du plus humble. C'est pourquoi il importe avant tout de percer le mystère de l'évident en explorant les profondeurs de l'ordinaire et celles de l'inexplicable enfoui dans la simplicité.

La connaissance devient source d'émerveillement dès l'instant où l'on découvre sa présence dans ce qui est profondément simple et profondément humble. Si l'émerveillement est absent, le savoir acquis n'est pas vivant. S'il n'est pas vivant, il ne peut atteindre les profondeurs de l'être ; c'est un savoir réfléchi et pensé, sans compréhension réelle.

Pour comprendre, il faut arriver à la sensation de confusion, d'accablement, d'absence de point de repère. La compréhension véritable est l'humilité qui accompagne l'émerveillement.

C'est pourquoi il faut rendre hommage et révérer ce qui est simple et ordinaire. L'orgueil, la vanité, l'ostentation de quelques-uns sont l'apparence de la folie qui fait ombrage à la loi du *Tao* et obstacle au retour vers l'émerveillement.

40. Une vision objective du monde

Où est le *Tao* ? Il précède la pensée, la vertu, les distinctions, la naissance et la mort. Présence inaccessible, le *Tao* est universel et intemporel.

La connaissance, sous toutes ses formes, n'est qu'une soumission progressive à la loi du *Tao*. La première phase de cette soumission est marquée par les questions et les réponses. A toutes ces questions, la réponse est identique : aucune réponse n'existe. Aucune question n'a sa raison d'être. Se battre avec des questions dépourvues de fondements ne permettra jamais de donner à chacune d'elles une réponse adéquate. Si l'on parvient néanmoins à en trouver, c'est le signe qu'on s'est éloigné de la vérité du *Tao*.

En pleine conscience, que vos pensées soient vides de toutes pensées, que votre attente soit vide de toute attente. Soyez émerveillé mais ne soyez pas surpris. Intégrez en profondeur la forme de chaque chose. C'est la voie qui vous permettra de penser le monde avec objectivité.

Mais si, dans votre for intérieur, vous choisissez de mener un difficile combat, sachez préserver votre équilibre, prenez appui tant sur le pied qui avance que sur celui qui reste en retrait. Ce que vous devez comprendre, c'est que celui qui reste en retrait n'est pas le signe d'une défaite, pas plus que celui qui avance n'est le signe d'une victoire. La Voie du *Tao* sera d'autant plus proche que le moi et le combat qu'il livre seront marqués par la douceur des moyens.

41. La dérision de la folie

Quand l'homme sage entend parler du *Tao*, il sait reconnaître les signes de sa présence. Quand le commun des mortels entend parler du *Tao*, ils restent pensifs. Quand le Fou entend parler du *Tao*, il répond par des moqueries. Sans la présence du Fou, le *Tao* ne serait pas le *Tao*.

Tout comme le *Tao*, le savoir est toujours contradictoire. Il trouve sa lumière dans les ténèbres, il devient facile quand on l'a atteint en traversant des difficultés ; l'absence d'idéal lui donne sa pureté, sa clarté reste invisible. Il ne peut connaître sa vraie nature. Même quand il est découvert, il reste dépourvu de toute forme, de tout nom, de tout aspect extérieur. L'atteindre, c'est aussi le perdre. Quand on oublie sa présence, c'est un ferment d'évolution et de plénitude.

Le savoir n'est jamais qu'un pur savoir. Il se dérobe constamment à lui-même. La connaissance et l'ignorance ont une apparence identique. Découvrir l'un ou l'autre, c'est aussi perdre l'un ou l'autre. C'est encore pénétrer le sens profond de la dérision du Fou.

42. Une pensée pour chaque chose

Au commencement du commencement, le néant seul existait. Au commencement, le néant devint unité. Puis l'unité devint deux, deux devint trois, et trois devint toutes les choses. L'existence du *Tao* remonte à l'origine du commencement.

Dès son apparition, la pensée a créé les distinctions. Quelle est aujourd'hui la forme de pensée qui peut anéantir cette pensée originelle ? Que faire avec toutes ces choses distinctes dont les fragments, par nature, s'opposent : bien et mal, haut et bas, de temps à autre, bon et mauvais, ici et là ? Déjouez le dilemme. Oubliez ces distinctions. Revenez au *Tao*. Gagnez la plénitude en perdant, enrichissez-vous en créant le vide en vous-même.

Si, pour comprendre ce qui s'est passé depuis les origines jusqu'à la fin, vous partez de la fin en remontant jusqu'à l'origine, vous aboutirez à la confusion. Le *Tao*, à lui seul, est le commencement et la fin. Créez le vide en vous-même pour revenir au *Tao*. Partez du néant. Puis devenez un, puis deux, puis trois.

Commencez par faire retour aux origines, puis continuez selon la loi du *Tao*. Elle contient la pensée universelle.

43. Penser en douceur... Agir par la douceur...

La douceur aplanit les problèmes les plus épineux. Ce qui peut prendre la forme de chaque chose est seul capable de comprendre chacune de ces choses. Ce qui est exempt de forme est seul capable de prendre toutes les formes.

Exprimez-vous par des mots... Ils sèmeront la confusion. Multipliez vos tentatives... la lutte commencera.

Quand la pensée est cernée par des mots, refusez ceux-ci. Servez-vous des mots comme moyen d'expression mais pensez en silence ; ne vous perdez pas en tentatives, que vos actes soient dénués d'intentions.

Affrontez le changement universel en changeant vous-même. C'est ainsi qu'on nomme la rencontre par la douceur. Cette douceur sera pour vous un moyen d'exercer facilement un contrôle ; l'intérieur et l'extérieur naissent d'une influence réciproque, ce qui vous est familier devient riche de surprise.

Dans la rencontre par la douceur, toute distinction est abolie entre ceci et cela, entre ici et là, entre moi et les autres, entre l'effort et la facilité. L'absence de tentative entraîne l'absence d'efforts. L'absence de trouble entraîne l'absence de lutte. Tel est le sens de l'action par la douceur.

44. Le jeu et la facilité

Est-ce la réputation ou la sagesse dont la valeur est la plus grande ? De l'apparence ou de la substance, laquelle est la plus digne de confiance ? Faites votre choix entre la certitude et l'incertitude, entre la cohérence des choses et la connaissance de ces mêmes choses.

Si vous vous reposez sur des certitudes, sur un souci de réputation et de logique des choses, le tribut sera très lourd. Refusez de renoncer à vos propres valeurs, vous allez au désastre. Que vous fassiez choix d'un idéal, que vous inventiez le noble et le sacré et l'état de trouble sera perpétuel.

L'ampleur du *Tao* est assez vaste pour laisser place aux contradictions, assez riche pour admettre quelques inconvénients, assez profond pour laisser place à l'infime.

Soyez ouvert à tout, ne vous attachez à rien. Sans aucune préparation, soyez prêt pour tout accueillir. Lâchez prise et changez comme les choses changent. Cette libération fera naître une profonde harmonie.

Tout changement contient quelque chose d'immuable. Comment le changement et le non-changement peuvent-ils coexister ? Le jeu et la facilité sont la voie vers la solution de l'énigme.

45. Celui qui connaît, le connu, le non-connu

La perfection est l'imperfection dont le fondement éternel est l'utilité. La plus rigide des pensées est une pensée vagabonde. L'intelligence la plus aiguisée est proche de l'absurde. La beauté des mots les vide de toute signification. Le savoir même est un vide dont les ressources sont inépuisables.

Le non-connu triomphe du connu. La simplicité triomphe de la confusion. Le calme et le silence instaurent un ordre parmi la perpétuelle mouvance de l'Univers.

Croyez au changement dans le changement. Croyez à la puissance de ce qui est imparfait pour animer ce qui est parfait. Croyez à la plénitude du vide, à l'ambiguïté de la franchise, à la sagesse de la folie, à la cohérence de l'insensé.

Croyez à ce qui est inaccessible à la seule connaissance. Si vous refusez d'y croire, vous ne croirez ni au connu ni au maître qui vous a transmis ces connaissances.

Le non-connu, le connu et celui qui détient la connaissance sont par nature identiques. Chaque être est l'expression vivante de la connaissance incapable de prendre conscience d'elle-même du fait qu'elle est distincte du non-connu. Celui qui détient la connaissance et ce qui n'est pas connu sont un mystère identique. Que votre approche du connu soit aussi aisée que celle du non-connu.

46. La voie naturelle

Quand la loi du *Tao* devient la règle de vie, chaque être reçoit son ferment de croissance, la pensée progresse sans que quiconque ait conscience de sa progression. Le quotidien est révéré, la banalité du quotidien prend une dimension nouvelle, ce qui est simple se pare de profondeur.

Quand la loi du *Tao* n'est pas la règle de vie, on rend hommage aux penseurs, un climat de suspicion règne. La simplicité perd toute valeur, on se sert de la pensée pour se livrer à des manœuvres illicites ou destructrices. C'est pourquoi l'extraordinaire est à l'honneur, c'est le règne de la loi des extrêmes, le gaspillage est de mise.

S'écarter de la loi du *Tao*, c'est faire des penseurs les instruments et les victimes de leur entourage. On cultive le sensationnel. Le monde devient grave et sévère. Les pensées prennent plus d'importance que le changement des saisons.

L'ignorance est un malheur, la sottise une malédiction. Mais le plus grand désastre consiste à utiliser la pensée comme instrument de pouvoir. Ayez quelques bribes de connaissances et tirez-en profit. Puis élargissez ces connaissances, vous gagnerez la confiance d'autrui. Élargissez-les suffisamment pour lâcher prise et laisser chaque chose évoluer selon sa loi propre.

47. Le commencement intérieur

Pour entreprendre le voyage qui conduit à la découverte du *Tao*, explorez les contrées lointaines, mais depuis le commencement des temps, le *Tao* n'a été qu'une règle intérieure. Cette recherche est propre à chacun. Concentrez-y toutes vos pensées, ressentez avec toutes les fibres de votre sensibilité. Ouvrez-vous en profondeur ; découvrez en douceur la réalité du non-moi. Videz l'*ego* de sa substance initiale pour le rendre capable d'assimiler la loi du *Tao*. Si vous suivez fidèlement cet enseignement, le regard sera superflu pour arriver à la vision, la pensée sera inutile pour parvenir à la compréhension, l'action ne nécessitera pas d'effort.

Pour comprendre, devenez l'ordinaire en oubliant que votre moi existe. L'ordinaire est une source très riche de connaissances. Puisez vos connaissances dans ce qui est simple. Le désir d'acquérir un savoir ne vous conduira qu'à la confusion. Avancez sans franchir les limites de la banalité. Tirez votre savoir du sol, de la terre, de l'air, des arbres, du rythme du cours d'eau.

Choisissez de vivre dans la banalité, dans la simplicité, dans l'ordinaire. Assurez-vous la maîtrise de tous ces mondes en lâchant prise pour laisser à chacun d'eux la puissance qui n'appartient qu'à lui. Abandonnez les hauts lieux du savoir à ceux qui ne sont pas animés du désir de découvrir la voie naturelle de chacun. Le mieux que les hauts lieux de la connaissance puissent apporter à chacun, c'est la perte de soi.

Quand tout vous paraîtra confus, faites retour au commencement. Se perdre est l'une des voies qui conduit au retour dans les profondeurs originelles de soi.

48. Le vide de toute question

Acquérir un savoir consiste à s'emplir d'une somme de connaissances. Découvrir le *Tao* consiste à créer un état de vide. Chaque jour de découverte vous éloigne un peu plus du *Tao*. Chaque jour de pente apparente vous en rapproche.

Au lieu de vous emplir de réponses, commencez à créer le vide en formulant des questions. Persévérez dans cette voie. Les questions limitent les réponses qu'on leur apporte. Quand on cesse de formuler des questions, les réponses cessent d'être limitées.

Pour s'assurer un contrôle sur toutes les choses, laissez chacune d'elles suivre sa propre voie. Le contrôle ne peut que faire obstacle à l'évolution. La présence d'un seul désir égoïste entraîne la confusion ; la présence d'une seule de vos propres pensées aboutit à l'ignorance. Pour comprendre toutes les choses, soyez vous-même vide de toute chose.

49. L'homme sage

L'action de l'homme sage n'est pas le fruit de son savoir acquis. Il est un guide désintéressé qui néglige de contrôler les conséquences des préceptes qu'il enseigne. Ce guide ignore les certitudes, il dispense son enseignement sans prétendre détenir la vérité, il accepte de s'aligner sur les opinions d'autrui parce que, pour lui, il s'agit d'une chose de moindre importance.

En l'absence de jugement, ceux qui ignorent connaissent la plénitude, les perdants retrouvent leur voie, les insensés reçoivent aide.

L'homme sage croit à la vertu intérieure de toute chose, il croit à la sagesse qui épanche son trop-plein par un flux en créant un état de vide. Pour ceux qui désirent acquérir la plénitude, l'homme sage leur apporte ce dont ils ont besoin pour les préparer à ce vide ; pour ceux qui ont déjà atteint cette plénitude, l'homme sage les incite à s'ouvrir largement pour qu'ils commencent à créer en eux-mêmes le vide qui s'impose.

Aux yeux du monde, l'homme sage est humble et timide, déroutant, anonyme. Quand bien même personne ne connaît la réponse aux questions qu'il pose, ces réponses leur sont données.

50. La mort est un enseignement

A des époques très lointaines, la rumeur prétendait que l'homme sage peut avancer sans craindre d'être agressé à coups de corne par les rhinocéros, ni par les griffes des tigres, simplement parce qu'il n'y avait pas de place pour quelqu'un de cette sorte au royaume des défunts.

L'homme sage des premiers temps n'était pas le seul à avoir gagné l'immortalité. La mort est la suite normale de la vie. Mais entre la vie et la mort se trouve une voie facile et mouvante dont le guide de parcours est la règle du *Tao*.

Si le *Tao* pouvait s'adapter à la forme des mots, seuls ceux qui savent écouter les mots pourraient comprendre sa substance. Puisque le *Tao* est inexprimable, seuls ceux qui savent écouter le silence sont en mesure de le découvrir. La sonorité du silence n'est perceptible qu'à ceux qui ont oublié ce qu'ils ont appris.

Pour que cet oubli soit possible, il faut avoir dépassé la crainte de l'erreur, la crainte de perdre son acquis, la crainte de la mort. Quand toutes ces craintes sont dépassées et anéanties, une nouvelle forme de connaissance devient possible.

La naissance nous apprend que le corps seul est admis à participer à la vie du monde ; la mort nous apprend que le corps n'est pas seul à franchir les limites du monde. Mourir avant l'heure de la mort est un compromis particulier entre le début et la fin. C'est pourquoi il est dit : « Créez le vide si vous voulez arriver à la plénitude, acceptez de perdre pour gagner, acceptez de mourir pour vivre. »

51. L'origine première

Depuis l'origine des commencements, depuis la plus lointaine émergence de toute la création, toutes les choses possédaient déjà leurs caractères propres. Chacune d'elles arrive dans l'Univers avec les marques de son individualité. En cela, elle possède ses origines propres et individuelles.

Mais chacun de nous s'obstine à oublier qu'elle doit être à la place qui lui est dévolue de par son appartenance première.

Qui dit origine dit souvenir. Ce souvenir porte la marque de l'éternité. Quiconque se rappelle ses origines premières garde le plus profond souvenir de La Grande Mère.

Toute chose existante est l'expression du souvenir de La Grande Mère. Elle a enfanté tout ce qui existe, lui donnant forme et ferment de vie avant que la présence de ce qui l'entoure ne lui fasse découvrir son individualité. En toute chose, la profondeur du commencement est un hommage autant qu'un souvenir de cette appartenance originelle.

52. La facilité de l'harmonie

Toutes choses ont une origine commune. On a donné le nom de Grande Mère à ce commencement. Son souvenir vous permettra de comprendre vos enfants. Puis revenez à elle.

Des voyages perpétuels ne changeront rien à ce commencement. Ressasser sans cesse vos pensées ne changeront pas celles que La Grande Mère vous a inculquées. La lutte est inutile. Avec votre corps, faites confiance à son corps ; par vos pensées, croyez aux pensées qu'elle vous a données. La crainte de la mort est sans fondement.

Plutôt que la lutte, choisissez la foi. Plutôt que des mots, faites le choix du silence. Votre accomplissement personnel adviendra spontanément. Pensez et agissez à bon escient. Il est facile de cultiver son malheur.

Comme l'infime permet de comprendre ce qui est élevé, le début permet de comprendre la fin. Ayez foi dans le souvenir de vos origines premières. Vivez en pleine et totale harmonie avec La Grande Mère.

53. La source est simplicité

Le *Tao* est l'évidence, c'est pourquoi sa présence est imperceptible par les seuls sens ; le *Tao* est la simplicité, c'est pourquoi il est difficile de le découvrir. Il est une source si pleine de simplicité que les penseurs qui ont médité sur sa nature n'ont pu l'exprimer autrement que par des moyens sinueux.

L'être humain est si fasciné par les détours et les méandres de la pensée qu'il est finalement aveuglé par cette apparence difficile. La simplicité du réel lui échappe. Beaucoup trop d'hommes se perdent dans des pensées complexes qui aboutissent à des luttes excessives.

Que la lutte précède ou suive la pensée réfléchie, nul ne le sait, mais l'aboutissement est le même. La ruse et l'astuce font loi. Les savants jouissent d'une gloire si grande que chacun en arrive à penser qu'un quelconque savoir acquis dans un certain domaine devient un savoir universel. Il s'ensuit un engrenage de problèmes les plus divers. Le nombre de solutions proposées est si vaste que le poids et la complexité en deviennent accablants.

Les seuls souvenirs que les hommes en gardent, ce sont les détours de l'argumentation, l'ingéniosité des moyens et la gloire finale. Chacun est tenté de s'aligner sur l'avis des experts qui, eux, ont perdu la notion de leur voie véritable. Les caisses sont vides, la banalité est négligée, les valeurs nobles — l'eau, la terre, le ciel — sont méconnues et reniées.

Le *Tao* est assez vaste pour accueillir ceux qui pensent et ceux qui agissent. Mais la voie qui mène au *Tao* peut être aussi large qu'étroite, aussi évidente que masquée, aussi impitoyable que facile si l'on accepte de s'y soumettre. La Voie du *Tao* n'est pas une voie commune, elle exige un choix. Gardez-vous d'oublier le souvenir de La Grande Mère, rendez-lui hommage. Que chacune de vos pensées soit empreinte d'humilité.

54. Vivre dans le monde

Des racines profondes sont un gage de longévité. Soyez habité pour toujours par la connaissance intérieure. Cette connaissance peut faire bouger le monde.

Allez au cœur des choses et saisissez-le. Captez la profondeur de leur dimension intérieure jusqu'à ce que votre moi profond l'ait intégrée et assimilée à la mesure de sa véritable importance. Créez en vous-même l'ouverture et la réceptivité qui vous permettront de percevoir et de capter ce cœur des choses. Avancez en profondeur par la profondeur. Laissez-vous guider le long de la voie qui vous conduit vers La Grande Mère. Acceptez de vous soumettre à sa loi si vous désirez que cette loi devienne votre loi.

Limitez-vous à ne dispenser qu'un savoir pleinement assimilé par votre moi profond. Quand vous transmettrez ce savoir, le monde sera changé.

Si vous restez distinct du monde, le monde vous paraîtra une suite de fragments. Pénétrez au cœur du monde, participez pleinement à sa vie, soyez celui qui perçoit les liens cachés capables de relier les fragments en un tout unique. Ne faites plus qu'un avec la réalité profonde de La Grande Mère.

55. La constance de la pensée

Découvrez la pensée constante qui donne constance à vos pensées et vous permet de comprendre la signification du *Tao*.

Si l'harmonie règne, vous maîtrisez les différences ; si la constance règne, vous maîtrisez les contradictions. C'est ainsi que l'homme sage découvre la facilité dans l'effort, la fermeté dans la soumission, la sagesse dans la folie, l'unité dans le morcellement, la chance dans l'adversité.

Le voyageur connaît son lieu de destination, le chercheur connaît le but de sa quête, l'homme qui erre croit à son errance.

Même en l'absence de but, l'homme qui avance pas à pas sait que chacun de ses pas marque un progrès vers son but.

C'est pourquoi l'homme sage a foi en La Grande Mère, il sait que le *Tao* est la Voie qui conduit jusqu'à elle. La Grande Mère est l'unique but auquel nul ne peut se dérober, le *Tao* est la Voie obligée pour l'atteindre.

56. Se conformer par la douceur à la voie naturelle des choses

Ce que les mots sont impropres à exprimer reste intransmissible. La parole ôte leur signification aux mots, mais le silence est source de confusion. Comment transmettre l'inexprimable ? En créant le vide, ce vide qui permettra de redonner aux mots tout leur impact.

Aucune réponse n'est adaptée ; aucune question n'est déplacée. Tout enseignement n'est qu'une réponse. Seules les questions ont raison d'être. Nulle certitude n'est assortie de garanties.

La certitude garantit l'erreur. Le non-agir est un témoignage d'intelligence. Le savoir est affectation. L'ignorance ne fait qu'avilir autrui, c'est la folie qui brise l'unité individuelle dans le mystère universel.

Aucune certitude n'existe. C'est pourquoi chacun doit fuir les certitudes pour laisser place à l'humilité. Modérez l'ingéniosité. Limitez la parade. Simplifiez ce qui est complexe. Nivelez le plus humble et le plus élevé. Prenez soin de votre unicité pour que la connaissance vous soit concédée spontanément. Exprimez-vous sans faire usage de mots. Que cette révélation soit dénuée d'ostentation.

Quand vous aurez compris ces nuances, toute distinction sera abolie entre l'élève et son maître, entre la connaissance et l'ignorance, entre le sérieux et la badinerie, entre l'effort et la facilité, entre la sagesse et la folie. Suivez en douceur la voie naturelle des choses jusqu'à vous pénétrer de leur mystère.

57. Le grand savoir

La force est un instrument de domination, la puissance un instrument de silence, la violence un instrument de conquête. Mais nul ne peut dominer les hommes autrement qu'en lâchant prise pour qu'ils se découvrent eux-mêmes.

Plus nombreuses sont les règles, plus grande est la résistance. Plus astreignantes sont les lois, plus ingénieux est le défi. Plus la rigueur s'intensifie, plus l'étrange régit le cours des événements. Quand l'inutile est imposé, les hommes font l'apprentissage de la folie ; en proie à des luttes perpétuelles, ils oublient ce qui est important.

La voie de l'homme sage n'emprunte pas la voie de l'inutilité. Ce qui est éternel reçoit son ferment de vie. Un climat de paix règne car les hommes sont comblés en se limitant à s'occuper d'eux-mêmes. Ils ont conscience de l'importance de ce qu'ils ont appris. C'est le règne de l'harmonie car les hommes ne sont pas détournés de leurs devoirs. Quand la lutte est absente, le grand savoir règne.

58. La grandeur est la simplicité

En se conformant à la loi du *Tao*, la simplicité est une source de satisfaction pour les hommes. La grandeur émerge de la simplicité. Les racines de la sagesse sont ancrées en elle. La pratique du *Tao* ne peut admettre d'autre loi que celle de la simplicité.

Les problèmes naissent de l'inhabituel. Si vous êtes astucieux, les hommes répondront par la ruse. On commence à bannir la contrainte, puis les possessions et l'équilibre tout entier. Viennent enfin la discrétion et le contrôle de soi. On aboutit à la déception et le malheur est inévitable.

Puisqu'on ne peut connaître la bienveillance sans qu'elle soit assortie de cruauté, le bien sans le mal, la franchise sans la duperie, l'homme sage s'attache à comprendre l'origine du commencement, il fait retour à l'origine primordiale qui ignore l'existence des contraires.

L'apparence de l'homme sage est à la fois ferme et douce, il est à la fois fort et soumis, tranchant et contrôlé. Mais l'homme sage est aussi quelqu'un d'autre, quelqu'un qui témoigne d'une profonde simplicité.

Avec un esprit clair et pénétrant, découvrez la voie naturelle des choses, d'une manière désintéressée. Revenez à la simplicité.

Progressez dans le souci du juste équilibre, et les hommes vous obéiront en suivant la même règle de conduite. La grandeur de la simplicité sera reconnue.

59. Donner pour recevoir

Les hommes peuvent-ils comprendre les mobiles d'action du ciel et de la terre ? Peuvent-ils comprendre comment chaque chose peut naître et survivre ? Pour connaître ce qui ignore toute limite, ignorez vous-même celles-ci. L'humilité est le commencement de la sagesse. Pour être en mesure de comprendre, commencez par vous libérer de vos certitudes.

Oubliez d'abord tout idéal. Si vous apportez une aide à autrui, soyez parcimonieux. La prétention de connaître ce qu'il convient ou non de faire, ce qui est vrai ou faux, ce qui est bon ou mauvais, ce qui est juste ou injuste ne relève que d'appréciations personnelles. La vertu n'est pas vertu tant qu'elle reste entachée d'un désir de vertu.

La maîtrise de soi engendre l'absence d'intérêt. Le désintéressement favorise l'équilibre. L'équilibre permet la sensation d'unicité. La sensation d'unicité génère la profondeur des préoccupations.

Devenez La Grande Mère, celle qui détient toute chose et qui l'honore. Limitez-vous à n'étreindre qu'une moitié tant de l'infime que du plus élevé. Puis laissez-vous enfermer dans l'immensité du Tout, soyez à sa merci par l'effet de votre désir d'arriver à un don total.

60. La profondeur de la plénitude et la profondeur du vide

Le plus grand des maux de ce monde advient quand les hommes cherchent à se nuire. Quand ce désir démoniaque provient d'un état d'ignorance, chacun attribue aux autres les idées préconçues. Chacun y va de sa propre petite idée. On condamne la folie et tous croient à une sagesse future.

Attribuer telle ou telle idée aux individus ne favorise pas un climat de compréhension ; encourager la pensée ne crée pas la sagesse. La pensée se défait elle-même. Il est faux de croire que le savoir ne peut qu'avoir un effet bénéfique. Combien d'hommes élargissent leur savoir sans faire davantage que créer des troubles ? Si leur ignorance est moindre, leur folie n'en est que plus grave. C'est pourquoi l'homme sage dispense son savoir avec discrétion.

Puisque toute chose se définit par une autre, l'enseignement de l'homme sage repose sur la sagesse autant que sur la folie. L'ignorance est aussi riche de sens que la connaissance. Elle est incitation à apprendre et la folie incitation à la sagesse. C'est ainsi que l'homme sage est le vivant exemple de ce qui doit être comme de tout ce qui ne doit pas être. Mais alors, quelle est la différence entre l'homme qui a trouvé la sagesse et le Fou ?

La pensée le comprend difficilement. Mais comment cette différence est-elle compréhensible en l'absence de pensée ? Par l'effet du vide du *Tao*. Comme le *Tao* lui aussi provient du vide, il est infaillible. La sagesse pure provient de la plénitude du *Tao* ; comme telle, elle est infaillible. Quelque part dans les profondeurs du vide et de la plénitude, la compréhension et la sagesse se terrent.

61. Du vide à la compréhension

La connaissance ne s'élève pas jusqu'aux sommets et aux pics montagneux mais va s'abreuver dans l'immensité accueillante des fonds marins. Le cours de toutes les rivières de la connaissance ne peut être qu'un cours descendant. C'est la voie de la sagesse, c'est aussi la voie de La Grande Mère.

Par la sérénité, le féminin triomphe du masculin. Sans la sérénité, toute recherche est vaine, car seule la sérénité permet de recevoir la connaissance. Sans la sérénité, toute pensée est vaine, car seule la sérénité permet la compréhension. La recherche et la pensée sont masculins, la connaissance et la compréhension sont féminins. De même que la recherche crée le vide pour se muer en connaissance, la pensée se fait vide pour se muer en compréhension.

La recherche et la pensée sont des tentatives masculines ; la connaissance et la compréhension sont l'expression de la réceptivité féminine. Laissez les pensées vous emplir mais transformez le vide en compréhension. Cultivez le masculin en rendant hommage au féminin.

Les montagnes sont propices à la recherche, les rivières sont propices à la connaissance ; que vos pensées s'inspirent de la rivière, mais puisez la compréhension dans la mer.

62. La prison sans limites

Le *Tao* est la voie universelle. Pour l'homme sage, le *Tao* est un trésor, pour le Fou, c'est un refuge.

Quand l'heure est aux présents et aux festivités, choisissez d'offrir la sérénité du *Tao* plutôt que des témoignages de richesses.

Pourquoi le *Tao* est-il plus précieux que tout autre don ? Parce que la pensée est le guide qui conduit au vide, le vide conduit à la plénitude, la plénitude conduit à la découverte. Au Fou, elle apporte la compassion, à l'ignorant une aide, au chercheur une source d'informations, à l'homme sage un hommage. Parce que la liberté contenue dans le *Tao* est une prison sans limites.

63. Simplicité n'est pas facilité

Réflexion ne signifie pas concentration. Comprenez sans effort. Explorez les commencements. Rendez hommage à la simplicité. Découvrez la parfaite adaptation de toute chose. Si le monde est dur, répondez par la bienveillance, la bonté et la compassion.

Découvrez la simplicité au cœur du complexe. Avec un esprit quelque peu pénétrant, vous parviendrez à une grande sagesse.

Vous comprendrez la difficulté en commençant par comprendre ce qui est facile. On résout les grands problèmes en les prenant à leurs débuts. C'est ainsi que l'homme sage les maîtrise par l'attention qu'il porte aux détails : il comprend le complexe en se concentrant sur ce qui est simple.

Mais ce qui est simple n'est pas facile, ce qui est facile n'est pas simple. Si vous pensez que tout est facile, tout sera difficile ; si vous pensez que tout est difficile, tout sera facile.

64. Ce qui précède la pensée

Un but atteint marque le début d'un commencement. La confusion naît des certitudes. Les réponses ne sont que des incitations aux questions.

On ne peut apporter une ultime réponse à une première question. Toute réponse, quelle qu'elle soit, n'est pas celle qui convient. Toute fin n'est qu'un commencement. Trouvez la réponse qui a précédé la question première ; essayez de comprendre ce qui a précédé la pensée première.

Les pensées sont le propre de l'intellect, qui ne peut conduire qu'à la confusion. Si la compréhension précède la réflexion, la clarté fait défaut. Vos pensées ne sont utiles que pour vous donner l'assurance que la compréhension existe.

Pensez attentivement avant de réfléchir, puis pensez sans que la compréhension soit altérée.

L'intellect doit être vide de toute pensée avant de revenir au commencement qui précède la pensée première. Puisque le vide provient de la plénitude et la plénitude du vide, laissez le vide pénétrer en vous et vous emplir.

L'homme sage ne cherche pas à rassembler des vérités, il n'est pas accroché à des idées, il n'a pas le désir de comprendre. L'homme sage ne pense à rien mais reste sans cesse vigilant, il n'a aucun savoir tout en étant capable de tout comprendre ; il ne porte aucun jugement mais son discernement est sans faille.

65. Respirer facilement

Au commencement des temps, quand les hommes vivaient dans la simplicité imprégnés par la présence de La Grande Mère, ils ignoraient le *Tao* parce qu'ils ne faisaient qu'un avec lui. Ils pratiquaient la vertu sans se servir de l'intellect, ils pratiquaient la sagesse sans connaître sa nature. Mais il est difficile de préserver la présence de la simplicité et de la vertu.

Le savoir est plus facile à découvrir que la sagesse. L'intelligence se découvre plus facilement que la vertu. La connaissance sans sagesse et l'intelligence sans vertu sont le commencement du malheur.

Partir en quête de ce qu'on a perdu est dangereux ; l'intelligence ne peut enseigner que l'intelligence, le savoir contient son ferment de croissance. En l'absence de l'humilité exigée par la loi du *Tao*, l'équilibre élémentaire est compromis par le savoir et l'intellect. Les hommes méconnaissent les vertus intimes des choses, ils se livrent à des querelles mutuelles et partent en guerre contre la sagesse de La Grande Mère.

L'équilibre est une vertu, c'est aussi un retour vers l'harmonie originelle. A quels signes peut-on reconnaître la présence de cet équilibre ? Quand les fermiers possèdent un sol fertile, quand la terre est généreuse ; quand oiseaux et poissons savent la pureté de l'air et de l'eau en acceptant d'y vivre ; quand le bûcheron fait des plantations à l'intention des générations futures, quand le charpentier découvre les longs fûts de bois ; quand les hommes naissent et vieillissent en acceptant l'idée de la mort ; quand l'extraordinaire est banni et les hommes satisfaits. La vertu est présente quand le plus humble comme le plus noble sont l'objet d'un même respect ; quand un hommage est rendu à la voie naturelle des choses, quand toute chose est ordinaire ; quand chacun a l'impression que La Grande Mère exhale son souffle avec facilité.

66. Avant les cent rivières

La mer domine les cent rivières parce qu'elle est à une moindre altitude. C'est pourquoi l'homme sage se contente de servir en restant inférieur, il reste un guide masqué, il dirige en restant dans un rôle de second.

Quand l'homme sage fait preuve d'humilité, les hommes ignorent l'oppression. N'étant pas opprimés, ils l'honorent de leur confiance. S'ils ne sont pas dirigés, ils sont des serviteurs.

Quand l'homme sage renonce à toute lutte avec quiconque de ses semblables, aucun d'eux n'aura l'occasion d'engager un combat en retour contre lui.

67. Les trois trésors

Le *Tao* est différent. S'il n'avait pas été tel, il n'aurait pu exister depuis l'origine des temps. On ne peut le concevoir par la pensée, c'est pourquoi sa grandeur même assure sa pérennité.

Le *Tao* nous confie la garde de trois trésors : la compassion, la modération, l'humilité. La compassion génère la force, la modération la générosité, l'humilité la capacité à diriger.

Si vous désirez être fort, commencez par savoir vous soumettre ; sinon, la force restera pour vous inaccessible. Pour donner, sachez d'abord découvrir ; si les ressources intérieures vous manquent, tout don vous sera impossible. Pour diriger, commencez par comprendre le sens de l'obéissance ; seule cette voie vous l'enseignera.

Si vous ne possédez pas ces trois trésors, l'existence des autres s'anéantit. Faites ainsi retour au commencement, faites vôtres ces trois trésors et vous serez récompensé au centuple.

68. La quête de chaque être

La violence rompt l'équilibre ; la colère anéantit l'intelligence ; la puissance altère l'unité. Que votre attitude envers autrui soit celle que vous auriez si vous étiez seul face à La Grande Mère. Soyez calme, refusez l'orgueil.

Le moyen le plus adapté pour diriger les hommes est la soumission. Le meilleur enseignement consiste à savoir servir autrui. C'est la vertu du non-effort, c'est une manière d'agir par la douceur en faisant siennes les convictions d'autrui, en guidant les hommes par la rondeur.

On ne peut conduire les hommes vers la pensée, c'est pourquoi celle-ci leur est donnée. Ne cherchez pas à influencer les pensées d'autrui, sachez au contraire les accueillir, faites qu'elles soient pour les hommes comme une offrande pleine de douceur afin de ne pas jeter le trouble dans la quête que chacun d'eux poursuit.

69. Un mystère dans un mystère

Chacun de nos pas ne nous conduit nulle part. Avancer ne signifie pas progresser vers un but. Toute retraite est impossible. Tout savoir acquis ne laisse qu'une impression d'inutilité. La pensée est en attente, suspendue dans le vide.

Toute chose est une surprise dont l'origine est nulle part. Même si la prudence est la règle, les événements défient toute attente. Clairvoyance et acuité mentale ne suffisent pas pour découvrir la Voie du *Tao*.

Chacune de nos pensées n'est qu'une préparation ; cette pensée favorise la compréhension en refusant de donner la moindre certitude, cette pensée est mouvance sans être changement.

Qui peut connaître les moyens d'action du *Tao* ? Le *Tao* est un mystère à l'intérieur d'un autre mystère.

70. Que l'esprit soit ouvert à l'universel

Les mots expriment un principe général : le monde où nous vivons est régi par un système. Mais nul ne semble comprendre ses lois.

Qui peut connaître la Voie du *Tao* ? Peut-être son commencement remonte-t-il à une époque trop lointaine. Sa règle exige peut-être une discipline excessive. Qui peut expliquer la nature ou l'action du *Tao* ? Pourquoi serait-ce trop difficile puisque le *Tao* se limite à exprimer la nature des choses ? L'évidence est-elle trop difficile ?

La présence du *Tao* est un facteur d'harmonie entre l'unité et la multiplicité, entre ce qui est identique et ce qui est différent. Chacune des faces de cette harmonie est un signe et un enseignement pour accéder à la Voie du *Tao*.

Mais de chaque dissonance, tirez un enseignement. Avec un regard sans lumière, l'obstacle est avant tout un guide pour l'aveugle.

Il existe dans ce monde une voie d'évolution où la certitude n'est d'aucune aide. Une perte minime peut être à l'origine d'une infime découverte. Si votre esprit est ouvert à l'universel et si vous refusez les réponses, l'intuition de la Voie vous sera donnée.

71. Les méandres de la pensée

Si l'on en croit la sagesse des grands maîtres de l'Antiquité, la science n'était qu'une forme de l'ignorance, mais c'était pure folie que croire que l'ignorance ne puisse être qu'un aspect de la connaissance.

Pour ceux que la folie excède, la voie de la sagesse est ouverte. Le début de la sagesse consiste à traiter la science par l'indifférence. C'est pourquoi les pensées sinueuses de l'homme sage sont proches des pensées confuses du Fou.

La logique de la pensée est utile mais le *Tao* ignore la logique, il est impossible qu'il le devienne. Les contradictions sont inhérentes à sa nature. Les paradoxes lui sont propres. C'est pourquoi les mots sont dotés d'une signification détournée afin que l'homme sage ne puisse apporter des réponses logiques.

Les hommes se plaisent à croire à la logique des choses pour qu'ils puissent les évoquer avec logique. Ils se plaisent à rendre les choses logiques, à se conduire logiquement, à gérer leurs problèmes avec logique. La logique n'est qu'une illusion éphémère. Tout comme le long chemin et l'instrument de mesure doivent finalement cesser d'être droits, il en va de même pour chaque chose ; la courbe doit être substituée à la droite. La sinuosité des mots s'adapte aux méandres de la pensée.

C'est pourquoi l'homme sage chevauche le long d'un chemin sinueux. Ceux qui croient à la logique des choses croient que l'homme sage est dépourvu de but ou que son but est confus. Mais l'homme sage se contente d'étouffer son rire et laisse les hommes avec leur logique de pensée.

72. Quand la pensée est abolie

La crainte suscite le respect. Le respect suscite l'esprit de discipline. En l'absence de discipline, le malheur s'installe.

La crainte n'est que le sentiment de sa propre humilité. Qui peut comprendre la pensée de l'arbre, la sagesse des plantes, la patience de la pierre ?

Quel homme peut comprendre sa propre manière de penser ? Comment la pensée peut-elle comprendre ses propres mécanismes alors que chaque pensée peut être abolie quand elle réfléchit à ses propres rouages ?

Ayez crainte de votre pouvoir de construire et d'anéantir vos propres mécanismes de pensée. Puis, quand toute pensée sera abolie... limitez-vous à la seule pensée.

73. Le non-agir

Si vous êtes passionné et intrépide, vous aboutirez à la confusion, prélude au désastre. Si vous êtes calme et intrépide, ce sera le règne de la clarté et de l'harmonie. L'une de ces deux voies est avantageuse, l'autre ne peut l'être. Mais nul ne sait pourquoi.

Puisque le *Tao* n'accepte pas la lutte, quiconque fait sienne la loi du *Tao* se refuse à la lutte. Pour ces derniers, les événements adviennent, mais leur raison d'être n'est pas d'arriver ; la possession existe, mais on ne possède pas les choses ; on sait trouver, mais les choses ne peuvent être découvertes.

S'il y a lutte, le *Tao* vous échappe ; fouillez dans vos souvenirs, vous perdez sa trace. C'est pourquoi le *Tao* est foncièrement insaisissable. L'enseignement qu'il dispense repose sur le non-agir. Il élude les questions et se dérobe aux réponses. Il n'exerce aucun contrôle mais toute chose dans l'Univers est un témoignage de sa présence. Indifférent... il vous enseigne une ligne de conduite infaillible.

74. A son insu, le Fou est un maître de sagesse

Si la pensée est chère aux hommes, ils pourront comprendre les dangers de l'ignorance. S'ils ne font pas usage de la pensée, la prudence devient inutile. S'ils ont perdu la raison, nul ne peut les aviser de leur folie.

Mais ce monde a besoin de ceux qui pensent autant que de ceux qui ne pensent pas ; les anxieux sont aussi nécessaires que les indifférents, les sages que les fous. Si les êtres préoccupés de penser étaient seuls à exister, comme il leur serait difficile de se rendre coupables d'actes insensés ! S'il n'existait que des êtres peu soucieux d'abolir la pensée, ils se précipiteraient vers le désastre. Dans l'état de choses existant, ceux qui pensent sont les maîtres de ceux qui ne pensent pas, et ceux qui ne pensent pas cherchent à apprendre le savoir de ceux qui réfléchissent. Seul le sage a perdu le sens de son orientation.

Qui peut connaître le devenir de chacun ? Qui peut connaître la véritable nature de chaque homme ? C'est pourquoi l'homme sage dispense son enseignement à tous et puise son savoir en tous.

A l'exception du Fou, chacun sait que nul ne sait. Mais qui peut savoir quand il possède la connaissance ? C'est ainsi que le Fou, à son insu, est un maître pour l'homme qui a atteint la sagesse.

75. L'unique question

Pourquoi les hommes sont-ils ignorants ? Parce qu'aucune réponse n'est apportée aux questions qu'ils se posent. Parce que ceux qui détiennent le savoir le gardent comme la richesse et en usent comme d'un pouvoir.

Quand ceux qui détiennent un savoir s'en préoccupent à l'excès, ceux qui en sont dépourvus se préoccupent de ce qu'ils ignorent. Comment peut-on traiter l'ignorance avec légèreté quand le savoir est pris au sérieux ?

Pourquoi les hommes ignorent-ils le repos ? Parce qu'un autre possède une chose qu'ils savent, eux, ne pas posséder. Parce qu'ils savent qu'ils ne savent pas.

Il est facile de contrôler les fous mais les ignorants ne sont pas des fous. Si un seul problème les préoccupe, ils sont perturbés. Et voilà que ceux qui savent passent tout leur temps à essayer de ridiculiser ceux qui désirent apprendre, voilà que tous ont l'idée de faire des choses qui sortent de l'ordinaire. Tout comme le cours d'eau s'oriente vers le bas de la pente, il faut apporter des réponses aux questions des hommes.

Les hommes en quête de réponses à leurs questions sont à l'affût d'une chose qu'ils ne maîtrisent pas ; c'est pourquoi ils sont désorientés et agités. Ceux qui parviennent à trouver des réponses sont en quête de ce qu'ils savent déjà, c'est pourquoi ils sont comblés et satisfaits. C'est ainsi que l'homme sage est un guide capable d'ouvrir l'esprit des autres hommes ; il est celui qui refuse d'enfermer l'esprit dans un acquis, celui qui fait confiance au cours descendant des choses.

76. Le début est émerveillement

Quand les hommes naissent, ils sont capables de douceur et de souplesse, mais, au fil des années, ils se durcissent et deviennent intransigeants. Une plante vivante est flexible, elle s'incline, mais une plante qui s'achemine vers sa fin est grêle et desséchée.

Celles qui sont pleines de vie et de jeunesse savent tirer parti de ce qu'elles ont appris car elles pratiquent l'obéissance, elles savent, si nécessaire, prendre chaque fois un nouveau départ.

Les anciens élèves sont fiers de leur savoir ; ils croulent sous une masse d'informations et sous un fardeau de connaissances ; ils sont semblables à ces vieux arbres morts qu'on s'apprête à abattre.

Allégez la pesanteur, adoucissez ce qui est dur ; assouplissez la raideur. Revenez à l'émerveillement initial.

77. Emplir le vide, créer le vide dans la plénitude

Quand on tend la corde d'un arc, le sommet de celui-ci s'abaisse et le bas s'élève. La Voie du *Tao* consiste à élever ce qui est bas et à abaisser ce qui est élevé ; à enlever le trop-plein et à pourvoir s'il y a insuffisance. Un maître médiocre rabaisse l'ignorant jusqu'à le réduire au silence et à l'anéantir totalement alors qu'il prodigue ses louanges à celui qui a acquis un savoir qui n'est qu'une source de vanité et de suffisance.

Devant les préceptes de l'homme sage, ceux qui n'ont qu'un mince savoir sont fiers, ils ont la certitude d'avoir acquis des notions nouvelles ; ceux qui ont un savoir étendu sont humbles en parlant de ce qu'ils ignorent. C'est pourquoi l'homme sage pourvoit à leurs insuffisances en emplissant ce qui est vide, en transformant leurs certitudes en incertitudes et leurs incertitudes en certitudes. Les connaissances de l'ignorant l'incitent à respecter celui qui détient un savoir ; la conscience de son ignorance incite celui qui détient un certain savoir à respecter l'ignorant.

Sans orgueil ni humilité, l'homme sage agit dans l'anonymat, sans exiger de témoignages de reconnaissance. Les hommes évoluent et se réalisent. Ils prétendent que tout va bien sans être conscients qu'ils obéissent à la loi du *Tao*.

78. Rester proche de toute forme de pensée

La douceur et la soumission de l'eau triomphent de la dureté et de la force de la pierre. Le changement triomphe de l'immuable.

Par son absence de forme, l'eau s'adapte à toutes les formes. Une pensée statique ne peut comprendre le changement perpétuel des choses. Une pensée qui lutte ne peut comprendre la soumission de l'Univers entier.

L'homme sage dispose d'un moindre savoir que le commun des mortels ; c'est pourquoi il est le plus à même de dispenser un enseignement à tous. Il ne sait rien, c'est pourquoi il est le plus à même d'enseigner les notions les plus diverses. Puisque chaque chose devient pour lui une source de confusion, il témoigne par là même de la profondeur de son attachement à toutes les choses.

Incapable de rester fidèle à une pensée unique, l'homme sage est le plus proche de toutes les formes de pensée.

Au début, tout ce qui est juste lui paraît juste. Après quelques instants d'attention, ce qui est juste lui paraît entaché d'erreur. Finalement, chaque chose lui apparaît à la fois juste et injuste, bonne et mauvaise, vraie et fausse, positive et négative.

Au cœur de cette ambiguïté, l'homme sage réduit son message pour qu'il soit accessible à ceux auxquels il l'adresse.

79. Les plus grands maîtres

Dépassez les différences pour qu'elles s'aplanissent. Dépassez ce qui est bas pour explorer le fond des profondeurs. Nivelez les excès. A l'heure des conflits, refusez d'accabler les victimes.

Le *Tao* est impartial. C'est pourquoi l'homme sage ne parle pas en son nom propre. Dans tous les domaines, soyez attentif en restant impartial.

L'impartialité empêche d'aller trop loin, elle empêche l'insuffisant de devenir excessif, elle empêche l'action de devenir destruction, elle empêche le don de devenir capture. Ceux qui aiment s'afficher seront défiés et devront s'engager. Les premiers seront les derniers.

La force suscite la résistance. L'insuffisance suit l'excès. Le vainqueur subira une défaite. Limitez-vous à l'essentiel et laissez les choses suivre leur cours normal. Exercez un contrôle sans contrôler.

Nul ne remarque la présence de la vertu la plus profonde car elle est en accord avec le *Tao*. Si vous cherchez à rendre vos aptitudes le plus efficace possible, cessez d'agir et restez anonyme. Si vous essayez d'exercer un contrôle, vous ferez naître le trouble. La force conduit immanquablement à l'échec. La confrontation se limite à créer vainqueurs et vaincus ; si vous vous montrez tolérant, les concessions qu'on exigera de vous iront croissant ; si vous choisissez la lutte, ce sera un combat sans fin.

C'est pourquoi l'homme sage se conforme aux préceptes de la loi du *Tao*, il devient le serviteur de la vertu intérieure à toute chose. Les plus grands maîtres sont des serviteurs.

80. La simplicité primordiale

La simplicité primordiale contient les racines de tout être humain. Rendez hommage à cette simplicité pour qu'elle soit profitable à tous. Si cette origine première vient à tomber dans l'oubli, tous les hommes iront à leur perte.

Pour l'homme sage, cette simplicité primordiale est son guide. Chaque être jouit du respect de tous, on rend un hommage légitime parce qu'il est une étincelle de l'unité universelle. Chaque être est l'expression de la pensée unique du *Tao* et de son unité d'action.

Quand les hommes acceptent de se soumettre aux préceptes de l'homme sage, ils conservent leurs différences tout en pensant qu'ils sont sur la voie de leur réalisation personnelle. Quand l'homme sage les incite au changement, ils retournent à la simplicité primordiale en déclarant qu'ils parviennent à se connaître.

La simplicité primordiale est solidement ancrée en chacun de nous, mais elle n'a rien qui soit simple. Plus les êtres sont complexes, moins ils parviennent à se découvrir eux-mêmes. Moins ils y parviennent, moindre est leur puissance. Moindre est leur puissance, plus ils se sentent menacés, plus grande est leur tendance à créer un climat de discorde.

Quiconque s'écarte de la voie de la simplicité primordiale s'oriente vers le commencement des difficultés.

81. Rien n'est particulier

Des propos fantaisistes n'expriment pas la substance ; la substance n'est pas fantaisiste.

Ceux qui se limitent à assurer leur défense n'ont pas assimilé le sens de la loi du *Tao* ; ceux qui l'ont comprise savent qu'ils n'ont rien à défendre. Quant à l'homme sage, sans convictions personnelles, il agit en accord avec la loi naturelle des choses. Au lieu d'être réceptif à la complexité des choses, l'homme sage oublie cette complexité en créant le vide en lui-même ; au lieu de vivre de souvenirs, il préfère les oublier ; au lieu de trouver, l'homme sage préfère perdre.

Il existe une voie qui mène à la plénitude tout en créant le vide sur son passage. Sur cette voie, toutes les différentes fractions d'une même chose font équilibre au néant. Les préceptes enseignés par l'homme qui possède la sagesse semblent n'être qu'un don pur et simple ; ceux qui les reçoivent semblent se limiter à emplir le vide qui existe en eux.

C'est pourquoi ceux qui apprennent pour acquérir un savoir retrouvent le vide qui est en eux ; quand ils prennent conscience de ce vide, ces êtres découvrent la plénitude et la simplicité de la banalité ordinaire de toute chose.

On peut découvrir le *Tao* à travers les choses les plus infimes et les plus ordinaires, mais le *Tao* est aussi vaste que digne de confiance ; s'il prône douceur et soumission, il est une source de fermeté et de certitude intérieure.

Pour évoluer conformément à sa loi, le *Tao* n'exige pas des actions d'éclat. Pour comprendre le sens de sa loi, le *Tao* n'exige pas une forme particulière de pensée. Seul l'ordinaire est extraordinaire.

AIMER

LE TAO DES AFFINITÉS

Ray Grigg : En tant que professeur diplômé de l'Université de Colombie-Britannique, Ray Grigg a enseigné à tour de rôle l'anglais, l'histoire de la littérature et les beaux-arts. Il a lui-même fondé un cours sur les religions du monde. Après avoir voyagé dans plus de quarante pays, il s'adonne désormais à l'écriture dans sa maison de l'île de Quadra, qu'il a construite de ses propres mains et où il s'est retiré avec son épouse.

Le thème de ce livre est l'amour, bien que l'amour n'y soit jamais explicitement mentionné ni défini. Il est vrai que, nous l'avons dit maintes fois, les mots ne sont que des métaphores servant à déléguer l'expression d'un vécu. Les sages ne s'y trompent point puisqu'ils savent depuis toujours que le nom et la chose ne doivent pas être confondus. Les sages connaissent le sens des mots. Or, ceux qui s'aiment sont des sages.

Ceux qui s'aiment sont amoureux de l'amour. Ils vivent au cœur de cet amour comme la pluie dans l'eau qui coule, comme le sourire dans son ébauche. Mais ceux qui s'aiment ne parviennent pas à s'expliquer comment ils vivent au cœur de leur amour parce qu'ils sont eux-mêmes cet amour. Le *Tao*, comme l'amour, ne peut être expliqué, parce que nous sommes nous-mêmes le *Tao*. Mais le « il » du *Tao* et le « il » de l'amour ne désignent pas des choses. Les choses n'ont aucune existence. Ce que nous appelons choses sont des processus. Aucun nom ne convient pour désigner leur nature, quand bien même nous feignons de croire qu'il existe. L'amour n'a aucune existence propre ; ce qui existe ce sont les actes qui sont l'expression de l'amour.

Cet amour agissant qui lie deux êtres existe aussi entre toutes les choses de la création. Il est présent entre une pierre et une autre pierre, entre la brume et la montagne, entre l'herbe et la lune. Ceux qui s'aiment lui ont donné le nom d'amour. Les sages lui ont donné celui de *Tao*.

Ce désir universel, omniprésent, est semblable au désir qui sépare et relie les choses entre elles. Le désir qui pousse l'un vers l'autre l'homme et la femme est le même que celui qui relie la fleur et sa racine, le sol et la feuille, la brise et le vent. Chaque désir particulier contribue à l'épanouissement du désir universel ; chaque chose participe à l'épanouissement d'une autre chose. Cette connaissance fait que chacune des choses qui existent dans l'Univers — et toutes les choses en général — évoluent de la simplicité vers la glorification qui leur est due.

Glorifier signifie envisager les choses à partir de critères intérieurs en nous abandonnant au rythme du mouvement universel. C'est alors que nous ne faisons qu'un avec le *Tao*.

Ceux qui sont unis par l'amour vivent le mouvement rythmique de cette énergie, ils sont pénétrés par le sentiment d'être l'un et l'autre dans la voie de la vérité (vertueux) et plongés dans un rythme de mouvement intense. A l'Ouest, l'art des amants est la voie la plus commune, peut-être l'unique, qui fait que l'art de la sagesse devient accessible à tous. Le caractère obsédant de la sexualité occidentale comporte un avantage potentiel. Mais le matérialisme scientifique, les mass media et la commercialisation, c'est-à-dire la définition d'une grande partie de notre culture, ne contribuent en rien à l'avènement de cette éducation de la sensibilité, indispensable à quiconque veut aimer dans la sagesse.

Le fossé qui sépare ce que nous sommes réellement de ce que nous croyons être est immense. Nous essayons, par une attitude objective et empirique, de nous séparer des choses, alors que nous sommes incapables de nous détacher de nous-mêmes. Nous sommes des sujets et, comme tels, il est impossible d'avoir de nous-mêmes une vision objective. Nos racines sont dans notre sexualité. C'est pourquoi l'amour, avec toute sa subjectivité, devient encore plus séduisant par nos efforts pour le voir avec objectivité. L'amour est une promesse de nous-mêmes à nous-mêmes que nous cherchons à préserver. Mais l'amour est devenu une quête spirituelle déroutante en raison de la commercialisation du sexe assimilé à un produit. Ceux qui sont unis par l'amour ne peuvent être l'un pour l'autre des objets. On ne met pas un mystère en paquet.

Par-delà le commerce du sexe et les manœuvres de politique sexuelle, même si ce sont elles qui l'affirment sur un ton ironique, l'omniprésence de notre sexualité persiste, sans que nous puissions la refuser ni nous y dérober. Nous sommes tributaires de la sexualité. Que le lecteur accepte de nous pardonner une expression ambiguë, mais le chien peut-il avancer s'il se limite à agiter la queue ? Il est préférable que nous ne puissions pas réprimer nos penchants sexuels, que nous en soyons maîtres et le restions en acceptant d'être soumis aux lois de notre propre individualité.

Reconnaître cet état de fait, pénétrer intimement son caractère profond est l'expression de vertu/pouvoir. L'union sexuelle est la représentation physique de la vertu/pouvoir, le *tê*, du Taoïsme. C'est la solution de la dichotomie physique mâle/femelle, soi et non-soi. L'homme pénètre la femme pendant que la femme reçoit l'homme. Deux corps fusionnent en un seul corps. Toute distinction physique est transcendée. Les deux êtres se complètent réciproquement.

Dans l'union, le vide physiologique de la femme est comblé par la plénitude physiologique de l'homme jusqu'au moment où le vide féminin capte totalement la plénitude de l'homme. Ce qui advient, c'est une symétrie bilatérale dans la sexualité comme dans l'état de conscience inhérent à la pensée et à l'action. L'union est un moyen de représentation de leur décision.

Pourtant la Voie du *Tao* exige aussi que certaines dichotomies ne soient pas résolues. Tout comme l'état *yin* doit créer l'union, l'état *yang* doit créer la séparation. Ce qui s'assemble doit aussi se diviser. Les énergies du *Tao* sont des énergies rythmiques, non linéaires. L'obéissance au *Tao* ne suppose pas un attachement à ce qu'on possède, mais à la réalisation d'un équilibre entre ce qui doit inévitablement commencer et finir, ce qui va et vient, ce qui monte et descend, ce qui s'emplit et se vide. De même qu'il faut avoir conscience de l'unité de l'homme et de la femme, il faut prendre conscience de ce qui les sépare.

Cependant, le sentiment de cet état de séparation finit par aboutir à un sentiment d'appartenance à un plus vaste ensemble. Nous sommes une unité distincte autant qu'appartenance ; c'est par là que nous contribuons à tisser la trame de l'Univers entier. Nous sommes, simultanément, une entité consciente, un être aimant et l'unité totale.

L'amour vécu est le lien insaisissable entre ce qu'on appelle couramment l'unité et la séparation. Le lien auquel nous avons donné le nom d'amour est aussi intrinsèque à nous-mêmes que la chaleur l'est au feu, que la dureté à la pierre, que le vent à l'air. Chacun de nous est tout autant absorbé à être soi-même que l'arbre l'est à être un arbre. Toute forme de relation est tout aussi absorbante. Les racines vivent par la terre et l'eau, les feuilles par l'air et le soleil. La fleur peut-elle ne pas attendre le pollen ? Le lien d'amour qui unit deux êtres au plus profond d'eux-mêmes est le même que celui qui unit une chose quelconque à une autre au plus profond d'elles-mêmes. Toute chose est absorbée par ce qu'elle contient de plus profond et cette absorption lui fait perdre son individualité.

Les êtres qui vivent profondément leur amour créent leur propre liberté. Ceux qui sont liés par l'amour sont libres d'être eux-mêmes ; c'est pourquoi ils peuvent être réceptifs à eux-mêmes. De même que ceux qui s'aiment sont réceptifs à leur moi propre, chaque chose est réceptive à sa propre nature. Somme toute, c'est l'expression d'une direction unique (uni-vers). C'est à ce point que les êtres liés par l'amour sont, à leur insu, des adeptes du *Tao*. L'art du Taoïsme consiste à vivre avec le monde dans un état de plénitude érotique réciproque. Érotique ne signifie pas seulement sexuelle. Érotique signifie une réciprocité profonde, un profond équilibre entre des contraires, la dissolution du contour des choses jusqu'à ce que toute chose vienne fusionner avec toutes les autres choses sans se départir de sa nature propre. Pour les êtres liés par l'amour, c'est bien sûr dans l'union que la passion et la compassion atteignent la profondeur de l'érotisme. Pour l'homme sage, c'est la voie holistique d'un rythme en équilibre avec le rythme universel qui laisse à chacun la liberté de réaliser son propre équilibre.

LE TAO

1. Vivre au présent

L'eau ne remonte pas le long des pentes montagneuses pour séparer les montagnes ; l'eau dévale les pentes pour rejoindre la mer et se fondre avec elle. L'homme et la femme font un parcours identique quand ils s'acheminent l'un vers l'autre.

Épousez le même cours, acheminez-vous tous deux d'un même pas le long de la pente qui conduit vers la mer immense et perdez-vous en elle. Acceptez d'avancer, laissez-vous porter, acceptez d'être captifs de l'ardent désir que les humains sont seuls à connaître. Ce désir ne peut mentir. Depuis la nuit des temps, ce désir est celui qui nous force à vivre l'instant présent.

2. Par-delà toute mesure

Entre l'homme et la femme, un lien existe, indéfinissable, inaccessible par les seuls sens. Écoutez, vous rencontrez le silence. Humez, goûtez... Le néant s'interpose. Palpez le vide. Nul regard n'a réussi à le capter. Quelle est sa hauteur, sa largeur, sa profondeur, sa pesanteur ? Les mots en donnent une vague idée, mais le vide n'admet aucune dimension.

Il nous est donné, il ne s'acquiert pas, on le reçoit, mais on ne peut le prendre. Il nous échoit, il nous est destiné, il reste avec nous, mais il demeure introuvable.

On ne peut perdre ce que l'on n'a pas trouvé. L'incommensurable se dérobe à toute dimension.

3. Rien d'autre que l'action

Dans son parcours vers la mer, le courant frappe chacune des pierres qu'il rencontre. La pluie humidifie tous les lieux où elle tombe ; du plus haut au plus bas, du plus dur au plus tendre, du plus sec au plus humide.

L'eau ignore les différences. Elle pénètre et nourrit toute chose, indistinctement. Par-delà l'acceptation ou le refus, elle ne laisse aucun choix à ceux auxquels elle s'adresse. Elle ne tient compte ni des désirs ni des luttes. Elle agit, simplement.

4. Le calme

Le *Tao* est le plus noble des dons. Comment peut-il nous être donné ? En restant calme, quand les autres ne savent pas contrôler ce qu'ils donnent à autrui ; en restant calme, quand les autres ne savent pas contrôler ce qu'ils prennent à autrui.

Quand le cours d'eau se heurte à des montagnes, il s'en détourne et s'éloigne. Quand le cours d'eau rencontre des vallées, il les pénètre.

Ce calme mouvant qui relie l'homme à la femme est le don le plus noble que l'un et l'autre aient reçu. Soyez confiant dans les vertus du calme. Soyez unis dans le calme et le calme deviendra mouvance.

5. Grandeur et liberté

La Grande Mère est le vaisseau vivant de toute la création. Elle imprègne et anime toute présence dans le cosmos.

Sans agir, elle permet à toute chose d'être elle-même. Dans la rondeur de ses immenses hanches, elle enferme la création tout entière ; le brun, le vert, les créatures s'y épanouissent spontanément. La Grande Mère se limite à être, telle une promesse universelle, pour que chaque chose prenne vie et achève librement sa croissance.

La présence de La Grande Mère est un lien universel et permanent entre toutes les choses. Cercle immense qui entoure toute parcelle de création, elle est la plénitude du vide où vient s'inscrire toute présence. Omniprésente, mais toujours invisible, elle est la liberté universelle.

6. Un lieu sans frontières

Otez les murailles, les maisons disparaissent. La vie est impossible dans un lieu trop exigu. Le vide contenu dans ce lieu doit susciter une sensation de chaleur.

Le lieu qui abrite l'union d'un homme et d'une femme doit être limité, mais non restreint. Il doit être clos et rester spacieux. Dans le lieu qui abrite l'union de deux êtres, sachez découvrir l'illimité.

7. Garder le lien

Si un homme et une femme veulent garder le lien qui les unit, qu'ils lui vouent un profond respect.
Qu'ils l'acceptent, comme ils acceptent le vent ou la mer. Qu'ils acceptent la force de son étreinte, aussi forte qu'une montagne.

8. Rester l'un à l'autre comme si...

Tout ce que vous gardez sera perdu. Tout ce que vous perdez sera gardé. Soyez l'un à l'autre comme s'il était impossible que vous restiez l'un à l'autre.

9. La transformation intérieure

Si vous êtes avide de possessions, vous construisez votre perte. Si vous multipliez les tentatives, vous vous heurtez à l'échec. Si vous luttez, vous allez au désastre. Si vous voulez atteindre le but, soyez détendu. Pour découvrir, acceptez d'être soumis. Pour faire confiance, faites le vide en vous-même. Pour recevoir, sachez honorer.
Ce qui paraît compliqué est simple. On convient aisément de cette simplicité qui n'est que le reflet de notre évolution intérieure, sans laquelle elle ne peut apparaître.

10. Ce n'est pas un mystère

On l'appelle le *Tao*. Puisqu'il est présent en toute chose, il est aussi présent entre ces mêmes choses. Il est partout, à chaque instant. C'est pourquoi le *Tao* ne relève pas du mystère. Mais si vous le cherchez, il se dérobe. Si vous y pensez, vous n'aboutissez qu'à des idées confuses.

Pour sentir, respirez doucement. Pour entendre, contentez-vous d'écouter. Pour trouver, soyez simplement réceptif. C'est pourquoi, entre un homme et une femme, le problème n'est pas de se trouver, mais que l'un parvienne à trouver l'autre.

11. En l'absence de...

Sans oreilles, écoutez le silence et pénétrez son intensité. Sans yeux, percez l'obscurité. Sans mots, comprenez l'inexprimable.

12. La ridicule comédie

Le manque de loyauté ne peut qu'être éphémère, on ne peut indéfiniment masquer la mauvaise foi. Le masque sera levé en laissant apparaître les vrais visages. Ceux qui n'ont pas compris qu'ils déçoivent sont les seuls déçus de leur découverte. Pour les yeux qui savent voir, quelle comédie ridicule !

Où, dans l'univers, une chose — quelle qu'elle soit — peut-elle rester cachée ? C'est pourquoi une once de loyauté est plus grande que mille ruses décevantes.

13. Là où tout commence

Le surfait altère l'évidence. Nous ne sommes pas ce que nous prétendons être. Même les efforts sont impuissants à nous révéler à nous-mêmes ; ils ne font qu'aggraver les choses. Quand les efforts et le surfait sont éliminés, le naturel revient spontanément. C'est là que se trouve le commencement.

14. La grandeur de la simplicité

Même si le début semble complexe, le début du début est simple. Découvrez la simplicité du début. Le plus humble génère le plus grand. Le plus petit est le noyau du plus grand. Découvrez la grandeur de la simplicité.

Prenez garde au surfait et à l'absence de naturel. Quand on veut trouver ce qui est important, il faut rester proche de ce qui est simple. Ce qui est grand n'est jamais compliqué. Faites confiance à ce qui est simple, c'est un accord qui est la source de l'harmonie. Le moindre recèle toujours le plus grand.

15. Rester fidèle à l'ordinaire

Restez proche du mystère universel. Soyez attentif à l'ordinaire. C'est l'unique découverte que vous deviez faire. Le flot de vos pensées retourne à son point d'origine pour y reconnaître l'évidence. Seule la sagesse permet de voir ce qui est ordinaire avec les yeux de l'émerveillement.

16. L'équilibre universel

Un timbre de voix trop fort assourdit ; nul ne l'entend plus. Un éclat excessif altère la vision. L'excès d'imagination masque la personnalité. Tout excès crée la confusion.

Exprimez-vous avec la voix de votre for intérieur, celle qui provient d'un état de calme. Laissez les mots faire place au silence. Écoutez les sons qui s'infiltrent entre les mots.

Soyez patient et attentif. Le regard est d'abord frappé par l'apparence. Donnez le temps à ce qui est profond de découvrir la profondeur.

A chaque instant, réalisez un équilibre entre vous-même et l'Univers.

17. Pensées et questions

Où trouver un corps nouveau ? Tout corps finit par s'affaiblir ; chaque personnalité finit par se perdre. Dans son for intérieur, chaque être doit accepter sa condition avec humilité.

Après quoi, il doit avancer avec simplicité. Oubliez que les plus grands dangers sont les pensées et les questions.

18. Le perpétuel devenir

L'espace qui sépare l'homme de la femme ne peut ni être empli ni vidé de son contenu. Qu'on l'emplisse, il ne s'emplira point. Qu'on le vide, le vide ne cessera de croître.

Cherchez-le, il se dérobera. Appelez-le, il ne viendra pas. Perdez-le, mais il ne sera pas perdu.

Sans valeur propre, il est par-delà toute valeur ; puisqu'il transcende toute valeur, il nous est donné librement. On ne peut l'acquérir par l'effort. Quand on l'a découvert, on ne peut le garder.

Chaque instant est différent. Qu'importe si les mots le désignent par un même nom. Le changement n'affecte pas les mots, mais nous-mêmes.

19. Découvrir, c'est reconnaître

Si tout est aussi simple que la rencontre d'un homme et d'une femme, pourquoi cette rencontre est-elle si difficile ? Que de luttes ! Un tel désir, une telle recherche, de telles intrigues, de telles querelles, une telle insistance, une telle supplication ! De telles crispations ! Un simple incident de parcours crée la confusion dans ce qui était simple.

Trouver, c'est reconnaître, ce n'est pas monter de toutes pièces. Les souhaits, les désirs, les espérances, même la solitude, tombent très facilement dans l'oubli car ils souillent les eaux de l'esprit.

20. Le passage

Quand les choses paraissent difficiles, pensez à celles qui sont faciles et à la manière dont elles évoluent. Quand les choses paraissent simples, pensez à celles qui sont difficiles et à la manière dont elles évoluent. C'est une école de patience et de perspicacité qui fait également oublier la suffisance.

21. Formuler la question

Arrêtez la mouvance des événements et examinez la façon dont ils se déroulent. Faites abstraction du vide. Comblez-vous de plénitude. Donnez-lui un nom et perdez-le dans le piège des mots. Formuler une question, c'est interrompre le silence.

Observez l'obscurité. Éprouvez le vide. Écoutez le silence.

22. La seule évidence

Vaste comme le *Tao*, elle ne peut échapper à quiconque. Elle reste introuvable parce qu'elle est trop étroite, elle est insaisissable par son évidence même.

Quand l'harmonie ne naît pas de la discipline, du désir d'apaiser un désir de vaincre ou du calme provenant du silence, c'est là que sa présence se manifeste.

Si la lutte s'installe, l'harmonie disparaît, elle se dérobe si on veut la capter. C'est un don qu'il faut être prêt à recevoir, c'est une source de plénitude quand on a fait le vide en soi.

23. Le retour aux sources

Pour trouver l'ordinaire, oubliez l'ordinaire. L'inhabituel révèle la valeur de l'habituel. Pour comprendre les valeurs qui vous sont familières, commencez par les dépasser. Tous les retours ne font que vous ramener à l'ordinaire. Seul l'ordinaire est extraordinaire.

Ayez des prétentions, faites preuve de grandes exigences ; vous perdrez une chose en en trouvant une autre. Si vous acceptez de perdre sans trouver, vous pourrez faire une halte dans votre parcours. Cette halte vous ramènera au point de départ.

24. La terre de silence

Le complexe donne accès à ce qui est simple. La ruse masque la simplicité. La présence de la difficulté nous rend lucides envers nous-mêmes.

Commencez par faire le vide. Puis écoutez et observez. Écoutez ce que vous entendez, observez du regard. Avec des oreilles béantes, entendez en oubliant vos préjugés. Avec des yeux grands ouverts, regardez, sans idées préconçues. La terre de silence va s'emplir de sons. Le vide de l'air s'emplit.

Le *Tao* reste fidèle à sa nature profonde.

25. Rester humble

Dans tous vos actes, montrez-vous humble ; que l'un ne tente pas de s'assurer la supériorité sur l'autre. Un vainqueur implique un vaincu. Le châtiment incite aux représailles. Prenez garde de ne pas vous laisser piéger dans ce cercle vicieux.

Nous naissons humbles, nous mourrons humbles. Du début jusqu'à la fin, c'est un fait établi.

26. Les mots sont faciles

Il est facile de plaquer des mots sur les choses, mais à quoi servent-ils ? Le *Tao* ne s'exprime pas par des mots. Cherchez les mots : aucun ne conviendra. Son nom est *Tao* mais le mot ne recouvre pas une réalité. Où se trouve le *Tao* ? Sous chaque mot. Entre chaque mot. Au-delà de chaque mot.

Oubliez les mots. Dans votre for intérieur, suivez l'enseignement des sages avant de vous libérer de leurs enseignements. C'est par là que vous découvrirez le *Tao*.

Mais restez vigilants ! Si vous oubliez un seul mot d'avertissement, le *Tao* vous échappera. Donnez un nom, fût-ce à une seule chose, et le *Tao* disparaît. Que votre pensée ne se fixe pas sur un seul mot.

27. Pour posséder le ciel...

Vous voulez arrêter le mouvement de l'eau ? Capturer la rivière ? Vous voulez vous emparer de l'air ? Posséder le ciel ? Quel combat insensé ! Pour capturer la rivière... devenez la rivière. Pour posséder le ciel... devenez le ciel.

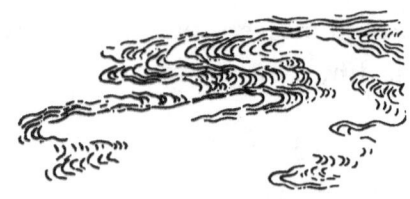

28. Aussi simple que la naissance et la mort

Tout ce qui est conçu, tout ce qui naît n'est que l'image d'un passage, celui de l'obscurité à la lumière. Chaque vie, chaque mort représente la transformation de la lumière en ténèbres.

On ne peut arrêter le jour. La lune se meut sur sa trajectoire. Les saisons évoluent selon leur rythme naturel. Soyez en paix avec l'ordre de la nature. Acceptez la mort comme vous avez accepté la vie.

Chaque instant est à la fois vie et mort. Le temps est toujours présent quand une chose apparaît (se manifeste pour la première fois) et le *Tao* est notre loi à tous.

Le rythme est crucial. Pour l'éviter trop tôt ou trop tard, montrez-vous à la fois vigilant et détaché. L'Univers tout entier dépend de chacun des instants qui le composent, mais rien cependant n'a une importance particulière. Tous les instants de la vie n'exigent pas plus d'effort que la vie ou la mort.

29. La voie de la découverte

L'espace qui sépare l'homme de la femme est ce qui les relie. Cherchez-le, vous ne trouverez pas sa trace. Poursuivez-le, il reste inaccessible. Pour trouver le vide, commencez par faire le vide. Quand vous aurez dépassé vos propres désirs, vos propres nécessités, une voie nouvelle s'offrira à vous.

30. Se rencontrer comme l'eau

Par-delà la force, la soumission ; par-delà la soumission, la force. Les réponses sont par-delà les questions, et les questions par-delà les réponses. Au-delà de l'un, il y a l'autre. Au-delà des deux, il y a le *Tao*.

Pour comprendre ce qu'il y a par-delà les deux, pensez par-delà l'un et l'autre, pensez au Tout. Comment l'esprit peut-il être si grand ? En pensant à des choses infimes. Le *Tao* imprime sa grandeur jusque dans les moindres choses.

Comment l'homme et la femme peuvent-ils parvenir par-delà les deux ? En marquant une pause pour se retrouver car ils sont à l'image de l'eau.

31. Exister depuis si longtemps

L'ardent désir est marqué du sceau de l'éternité, il durera encore bien longtemps. Puisque telle est sa marque, comment pourrait-il disparaître ? Sachez l'accepter et vivre en harmonie avec lui, en accord avec votre for intérieur. Ce qu'il vous apportera dépassera de beaucoup ce qui suffit à combler l'existence de deux êtres.

32. Pour trouver le *Tao*

De même que vous vous servez de vos deux jambes pour marcher, faites usage de vos deux oreilles pour entendre. Usez de vos deux yeux pour voir. Pour comprendre, un seul être ne suffit pas. Partez à deux à la découverte du *Tao*.

L'esprit qui cherche avec son seul *ego* ne trouve que son *ego*. Si vous voulez accéder à la connaissance totale, ne faites pas appel à votre seul *ego*. Le *non-ego* est son complément nécessaire.

Il faut oublier l'*ego* pour comprendre le *non-ego*. Il faut perdre l'un pour trouver l'autre. Il faut perdre les deux pour trouver le *Tao*.

33. Tout ce qui est

L'esprit contient tout ce qui est avec ce qui n'est pas ; tout ce qui n'est pas finit par être. Seul l'esprit nous sert pour nous différencier les uns des autres et nous révéler l'un à l'autre.

Quiconque possède un esprit limité est défini par autrui. Quiconque possède un grand esprit appartient à autrui. Quiconque ne possède plus d'esprit cesse d'être prisonnier de son esprit.

34. Avant toute connaissance

Il y a un mystère parce que la connaissance n'existe pas. Mais l'absence de connaissance est proche de la Connaissance. C'est pourquoi chaque pas vers la connaissance accroît la profondeur du mystère.

Jusque dans la connaissance se trouve le mystère de la connaissance.

35. Le *Tao* est la Voie

Le *Tao* est la Voie qui permet d'atteindre le vide quand il y a le trop-plein, et qui emplit quand il y a insuffisance.

Lorsqu'un homme et une femme sont comblés par un bonheur réciproque, ils savent maintenir le vide intérieur favorable à la plénitude. C'est par le vide que doit débuter l'union d'un homme et d'une femme qui, après s'être remplis de malheur, désirent un renouveau, d'un commun accord.

L'HOMME
LA FEMME

36. Rester proche de La Grande Mère

La douceur manque de substance mais la substance n'est pas synonyme de douceur. La terre exhale les saveurs nutritives.

Restez proche de La Grande Mère. Quel pourrait être notre point de retour autre que le sien ? Nous sommes tous les fruits et le produit de ses semences. Enracinés dans son sol, notre croissance se fait à l'endroit où nous nous trouvons. Nous grandissons par sa grâce, c'est par l'effet de sa sagesse que nous atteignons la maturité et l'éveil.

L'homme et la femme vivent sur terre. Souillés par la condition terrestre, ils se retrouvent l'un l'autre pour palper la chair de la terre, pour s'abreuver de son nectar, pour faire prospérer ses trésors les plus humbles.

37. Les deux phases de l'instant

L'homme et la femme ne sont pas distincts et isolés. La nature de l'un rend nécessaire la présence de l'autre.

Quel étrange combat que celui que l'homme et la femme mènent contre la nature des choses ! Combien il serait plus sage qu'ils s'efforcent de devenir ce que sont les choses !

A quelle grandeur devons-nous accéder ? A celle d'un homme et d'une femme réunis. Aussi grande que les deux phases d'un même instant réunies.

38. La plénitude de chacun

L'homme seul, pour viril qu'il soit, est incomplet. La femme seule, dans sa féminité, est incomplète.

L'un et l'autre se livrent mutuellement une lutte sans merci pour parvenir à se retrouver.

L'homme existe, la femme existe. La plénitude de l'un vient en complément de la plénitude de l'autre.

39. Dépasser la connaissance

Lui, le connu, est à la recherche de l'inconnu. Elle, l'inconnue, est la gardienne de cet inconnu.

Les ténèbres invisibles qui entourent la femme sont l'origine première qui leurre l'homme ; elles l'amènent à vouloir dépasser la connaissance pour accéder à la non-connaissance.

Là où la connaissance existe, on ne peut trouver le *Tao*. Seule, l'absence de connaissance permet de retrouver et de connaître le *Tao*.

40. L'unité du silence

Les noms ont été créés pour introduire des divisions. Puisque les choses s'enchaînent, les divisions ainsi créées ne peuvent aboutir qu'à l'unité.

C'est pourquoi les noms sont une nécessité. Ils divisent pour laisser finalement percevoir l'unité. Appelez une femme « femme » et distinguez-la de l'homme. Appelez un homme « homme » et distinguez-le de la femme. Par-delà les noms, les mots et les distinctions se trouve le silence, total et indivisible.

41. La folie du sérieux

Comment un homme et une femme, à la recherche l'un de l'autre, peuvent-ils connaître la paix intérieure ? Quelle obsession ! Obnubilés par cette recherche, ils ne voient plus rien d'autre ; le monde entier n'existe qu'en fonction de leur besoin unique. La faim serre les entrailles, le cœur solitaire n'est animé que de faibles pulsations. Tout n'est que virtualité. Quelle lutte insensée, quel rituel et quels méandres !

42. Simplicité et grandeur

Pour ceux qui sont avides, qu'ils se rappellent qu'il n'y a aucune exigence pour qu'un lien se crée entre un homme et une femme. Posséder beaucoup donne des idées confuses ; ce qui est simple, comme ce qui est grand, reste masqué par l'éphémère et l'insignifiant.

43. Le centre caché d'autrui

L'excès cache l'insuffisance. Élever le ton est signe d'incertitude. L'empressement dénote un manque de précision. Les mots masquent la confusion. La certitude n'est autre que le superficiel déguisé. La complexité fait ombrage à la simplicité, et ce qui est simple obscurcit ce qui est profond.

Chaque être est un point central à mi-chemin entre l'excès et l'insuffisance. Quand un homme et une femme sont à la recherche l'un de l'autre, chacun arrive à percevoir le centre caché de l'autre qui tente de réaliser l'équilibre entre lui-même et les forces de l'Univers.

44. Toujours identique à lui-même

Des possessions grandioses, des dépenses fastueuses, le désir d'être au goût du jour, de s'occuper des autres... En quoi cela interfère-t-il avec l'union d'un homme et d'une femme ? Ce ne sont que des fardeaux qui alourdissent ce qui est facile ; ces fardeaux font obstruction à ce qui est ordinaire, et obscurcissent le sens du *Tao*.

L'excès est aussi nuisible que l'insuffisance. S'il y a excès, cultivez l'austérité, honorez la simplicité. Quand ils se rencontrent, l'homme et la femme sont nus. La plus noble chose que chacun puisse faire pour l'autre advient spontanément, sans effort de l'un ou de l'autre.

45. L'étreinte du vide

Le vide n'a pas d'existence propre. Toute chose qui a une existence propre est circonscrite par le vide. Tout ce qui dépasse l'homme est circonscrit par le vide, qui par nature est un état féminin.

L'homme est toujours tributaire du vide. Quoi qu'il fasse, qu'il aille où il veut, il ne peut se soustraire à l'étreinte de La Grande Mère.

46. Sous son joug

Ronde et plantureuse, ses hanches charnues sont riches de promesses et de nourritures virtuelles. Elle incarne la terre mère et la sagesse, qui offre et donne, qui nourrit et crée la plénitude.

Par sa dureté et son désir d'expansion, l'homme est le point d'origine de la force, le point de départ de toute recherche. L'homme incarne la lutte. C'est lui, symbole de force et de connaissance, qui crée et s'active, qui prend et donne forme à ce dont il s'est emparé.

De même que les montagnes proviennent de la terre, l'homme provient de la femme. Tout est généré par La Grande Mère, dans laquelle l'homme, comme un enfant, joue d'un air sérieux sur ses genoux et sous son étreinte.

47. Les liens mutuels

Laissez-vous flotter dans l'air des idées, disparaissez dans le doux souffle de la pensée. Où se trouve alors le corps qui provient de ma terre ? Où est la chair qui est le bien d'une autre chair ?

Palpez la terre. Humez son parfum. Goûtez sa saveur. Les liens mutuels entre l'homme et la femme les lient aussi avec la terre.

48. Le tronc et les racines des mots

L'arbre grandit dans l'air qui l'entoure avant que le ciel ne l'enveloppe. Ses racines prennent naissance au plus profond du sol et la terre lui donne les aliments nécessaires à sa croissance. Telle est l'image de l'union primordiale de l'homme et de la femme, dans sa mouvance et dans la force de son étreinte.

Si l'on cherche à comprendre le sens profond de cette union, les mots seuls ne suffisent pas ; ils ne peuvent exprimer l'aspect immédiat de cette mouvance et de ce calme, de ce don et de cette manière de recevoir, de cette dureté et de cette douceur, de cette possession et de cette soumission.

Si l'on veut retrouver le tronc et les racines de chaque mot, il faut diriger son regard de haut en bas, entre le vide aérien et la richesse terrienne. Les pensées accompagnent les mots par un mouvement ascendant et descendant pendant que la connaissance, elle, reste dans l'étreinte muette de La Grande Mère.

49. L'homme non commun

La chair qui a nom « homme » est infime dans la plénitude du vide de La Grande Mère. La chair qui a nom « femme » possède le vide ; elle est prête à accueillir dans son sein tout le vide riche d'espérances de La Grande Mère.

Poussé par son instinct batailleur, l'homme tente de changer et d'emplir La Grande Mère ; poussée par son instinct possessif, la femme tente d'étreindre La Grande Mère.

C'est pourquoi il est difficile pour l'homme commun de s'adoucir, de faire le vide, d'étreindre ; c'est pourquoi seul l'homme qui a dépassé le commun des mortels peut être plus grand que le commun des hommes.

50. L'apprentissage

Le bois se fragmente sous les coups de hache de l'apprenti ; quand le maître pose la paume de sa main sur ce bois dépourvu de résistance, ce bois se soumet et retrouve la vie.

Il en est de même pour l'homme et pour la femme ; ce sont des apprentis jusqu'à ce que tous deux finissent par se retrouver et se redonner mutuellement un souffle de vie.

51. Se retrouver plus facilement

Que peut trouver la femme chez un homme qui ne s'est pas encore trouvé lui-même ? Que peut trouver un homme chez une femme qui ne s'est pas encore trouvée elle-même ? Que chacun explore et découvre ce qu'il y a à l'intérieur de son soi profond. Quand chacun s'est trouvé lui-même, les autres le trouvent aussi plus facilement.

52. La voie de la sagesse

Cultivez la prudence, mais dépassez la crainte. Sachez réaliser un équilibre entre ce que vous donnez et ce que vous recevez. Faites preuve de patience pour tempérer l'urgence. Ne soyez soumis à personne, mais que chacun soit pour vous un maître qui dispense un enseignement dont vous saurez tirer profit. Connaissez le moi et le non-moi ; puisque l'intérieur et l'extérieur sont en mutuelle harmonie, la plénitude intérieure requiert la plénitude extérieure. Faites que vos actes soient la voie de la sagesse.

Quelles que soient les distances, pour immenses qu'elles puissent être, vous ne pouvez aller nulle part ; malgré les présences innombrables au sein de l'Univers, la réponse s'impose d'elle-même. Aucun but n'est prévu, le seul voyage qui existe est celui qui nous a permis d'arriver à l'instant présent.

53. La double face de l'unité

Pour un homme comme pour une femme, l'idée de conquête est insensée. Dépassez la pensée que l'un puisse devenir un guide pour l'autre, l'un et l'autre ne font qu'un. Obéissez à l'appel profond et montrez-vous humbles devant l'unité qui vous réunit.

54. Retrouver l'unité

Une grande faveur a été octroyée à l'homme et à la femme : celle qui fait que l'incomplétude de l'homme trouve son complément dans l'incomplétude de la femme. Quand les deux fractions s'unissent, la complétude se réalise. Quand l'un et l'autre perdent leur individualité dans la fusion totale, tous deux rejoignent une nouvelle fois l'immensité de l'unité première.

55. Que chacun grandisse

Quoi de plus grand que l'union des deux contraires qu'on appelle l'homme et la femme ? La femme complète l'homme et l'homme complète la femme. Chacun s'oublie pour parvenir à plus de grandeur que l'homme et la femme pris individuellement. L'intérieur et l'extérieur ont disparu, le soi et le non-soi sont résolus. Les deux êtres fusionnent dans l'unité tout en gardant leur unicité.

56. Pénétrer
dans ce qui vous sépare

Faites confiance à ce qui sépare l'homme de la femme. Ce qui sépare l'un de l'autre est une présence, mais ni l'un ni l'autre ne peuvent lui intimer un ordre quelconque ; si on la sollicite, elle se refuse à venir car une simple demande est insuffisante.

Sans désir, sans souhait, sans pensée précise, pénétrez dans la présence invisible qui sépare l'homme de la femme. Quand vous y serez parvenu, montrez-vous réceptif et laissez-vous porter par l'ardent désir qui émerge du plus intime de vous-même.

57. Là où se trouve le *Tao*

Quand les gouttes d'eau commencent à tomber, quand la rivière coule à grands flots, c'est la révélation de la présence du *Tao*. A l'heure où le printemps voit éclore les bourgeons, à l'heure où l'automne voit la chute des feuilles, c'est la révélation de la présence du *Tao*.

Quand le *Tao* est présent entre un homme et une femme, il est l'image du soleil qui se lève spontanément le matin, sans que l'aide de quiconque soit nécessaire.

58. Sourire en silence

Lorsque le calme intérieur est atteint, combien paraît insensée la recherche de l'homme et de la femme pour se retrouver ! Comment croire que cette quête n'est pas une folie ? Est-elle plus que les regards et les murmures, plus que les demandes et les désirs, plus que le commerce de soi pour soi ?

C'est pourtant un réel soulagement quand deux êtres sont devenus transparents l'un pour l'autre, rendant toute recherche superflue.

Lorsque le calme intérieur est atteint, que peut-on faire sinon sourire en silence en arrivant sur son lit de mort ? Le sérieux aboutit au grotesque ; ce grotesque aboutit au sérieux.

59. Apprivoiser le désir

A l'intérieur de chaque homme se trouve l'image de tous les hommes ; à l'intérieur de chaque femme se trouve l'image de toutes les femmes. Quand un homme prend conscience de soi et réalise qu'il est tous les hommes à la fois, il se rapproche de l'essentiel. De même, quand une femme s'ouvre à elle-même, quand elle réalise qu'elle est toutes les femmes réunies, elle se rapproche de l'essentiel.

Un seul homme, qui a su s'ouvrir à ses désirs profonds, devient tous les hommes ; une seule femme peut devenir aussi toutes les femmes. Sortez du commun. Sous ce qui sort du commun se trouve un commun plus profond.

Quand un homme devenu l'image première de l'homme rencontre une femme devenue l'image de la femme, le désir profond se manifeste. Quand un homme reconnaît qu'une femme est l'image de toutes les femmes, quand une femme a compris qu'un homme est à lui seul l'image de tous les hommes, le désir primordial est apprivoisé.

60. Les ténèbres du désir

La femme détient le secret des ténèbres et du vide. Diane chasseresse, envoûtante, elle est à l'affût de la lumière et de la plénitude de l'homme qui saura emplir son vide à elle et lui révéler la profondeur de son propre secret.

Dans la profondeur de ces ténèbres intérieures gît secrètement la sagesse originelle qui est le but de la recherche de l'homme. La femme est le réceptacle de l'homme ; l'homme lui apporte la sagesse.

Dans la femme, un homme trouve ce qui dépasse les méandres de la pensée.

61. L'homme meurt dans la femme

La femme incarne la vallée accueillante et généreuse au milieu des montagnes, le lieu où l'homme se rend de son plein gré après avoir quitté la dureté d'un monde qu'il cherche à dépasser.

La femme incarne la chaleur d'une promesse, la rondeur terrestre et lunaire qui impose silence même à la sagesse divine.

La femme incarne le désir originel qui a donné naissance à l'homme. Le combat pour la naissance et pour la vie anéantissent ce désir, mais ce même désir et la mort le font vibrer à nouveau.

Un homme meurt en une femme, c'est aussi par la femme qu'un homme retrouve une nouvelle vie.

La femme vient confirmer les rythmes, grands ou petits, du sang et des générations auxquels l'homme fait un perpétuel retour pour retrouver confort et détente.

62. Le non-être est aussi grand que l'être

Une femme n'est pas limitée à n'être qu'une femme ; un homme ne se limite pas à n'être qu'un homme. Si l'homme n'était pas une partie intégrante de la femme comme la femme de l'homme, aucune compréhension ne pourrait exister entre eux.

Cependant, c'est l'absence du côté masculin chez la femme qui crée pour l'homme son mystère et son attrait ; et c'est l'absence du côté féminin chez l'homme qui crée pour la femme son mystère et son attrait. L'absence rejoint la grandeur de la présence.

63. Le mystère profond

Il est dangereux pour un homme comme pour une femme, de par la puissance propre à chacun, de se perdre dans le Grand Souffle.

Si tous deux restent à mi-chemin, qu'ils acceptent de se plier à l'atmosphère ambiante ; sinon chacun perdra sa nature propre et risquera de ne pas survivre. Pendant qu'ils sont profondément unis, qu'ils oublient les liens qui les unissent. Pendant qu'ils s'unissent, qu'ils lâchent prise ; pendant qu'ils lâchent prise, qu'ils se rapprochent. L'union doit leur faire ressentir leur séparation, la séparation leur faire ressentir la force de leur union.

Qu'est-ce que l'unité ou la dualité, qui est l'autre ? Qui est soi ? Qu'est-ce que perdre ou garder ? S'agit-il d'une force ou d'une vulnérabilité plus ou moins grande ? Qu'est-ce que le commencement et la réalisation ? Quelle est donc cette énigme profonde ?

64. L'autre corps différent du sien

Le charme distant du regard n'engage pas les autres sens. Ce sont eux qui doivent justifier la raison du sourire.

Quand les corps s'appartiennent, tous les sens de l'un subissent les charmes du corps de l'autre. Même s'ils ne se connaissent que depuis peu, distincts mais unis dans la possession, chaque corps est à la fois différent et identique à l'autre.

Lorsque l'homme et la femme réintègrent leur corps et leur individualité, c'est l'instant où ils retrouvent le *Tao*.

65. Le *Tao* est unique

De même que le sens des mots ne peut se comprendre qu'à travers la structure de leur forme, la pensée ne se comprend qu'à travers la structure de l'esprit. Pour comprendre une chose, une autre chose est nécessaire. Où conduit ce système de pensée ?

L'homme ne comprend l'homme qu'à travers la femme ; la femme ne comprend la femme qu'à travers l'homme. Pour comprendre l'homme et la femme, il faut autre chose. Autre chose signifie une chose de plus. Quelque chose de plus signifie n'importe quelle autre chose. Pour comprendre toute chose, il ne faut rien comprendre.

Le *Tao* n'est semblable à rien d'autre ; c'est un mot indicible, une pensée non pensée. La présence des mots nous induit à croire que le *Tao* existe, mais il n'a besoin ni d'un nom ni d'une idée.

66. Pourquoi des mots ?

Les mots ont séparé l'homme de la femme. Ils sont restés séparés jusqu'au jour où seuls les sages ont compris la loi unique qui régit l'évolution des choses.

Sans mots, sans même se comprendre, les amants se retrouvent.

67. L'harmonie universelle

Sur la terre entière, vaste et complexe, où toute chose créée provient d'une autre chose, rien n'existe qui ne procède de l'harmonie totale. Le soleil brille. La pluie tombe. Les montagnes prennent naissance dans les vallées. Les fleuves s'écoulent vers la mer. La terre respire à son propre rythme. C'est le début auquel on donne le nom de vie et de mort.

L'harmonie est omniprésente, sa présence est si constante qu'on en vient à l'oublier.

Dans cet immense accord, chaque détail est à la place qui lui revient. Ainsi, l'homme sage est attentif au détail, mais se laisse guider par ce qui est général. Il n'a nul besoin de condamner les désastres ni d'encenser les miracles. Jusqu'à l'homme et à la femme... qui eux aussi sont tout autant ordinaires qu'extraordinaires.

68. La certitude silencieuse

Il y a les incrédules, qui observent les autres pour deviner la manière dont ils perçoivent les choses.

Il existe certaines choses que nous sommes seuls à connaître.

Chacun de nous est l'observateur silencieux dont le regard, profond et silencieux, pénètre autrui jusqu'au plus intime de lui-même.

Quand un homme et une femme atteignent cette certitude silencieuse, ceux qui savent voir reconnaîtront le lien provenant de la découverte de leur moi intime, cependant que les autres, faisant leur propre chemin dans l'indifférence totale, essaieront de les comprendre.

69. Le lâcher-prise

Progressez ensemble, homme et femme, pendant que vos présences permettent à chacun d'atteindre un équilibre.

Pour y parvenir, oubliez l'homme que vous êtes pour trouver la femme ; oubliez que vous êtes femme pour trouver l'homme ; oubliez l'un et trouvez l'autre, oubliez l'autre et trouvez l'un.

Lorsque vous posséderez l'un et oublierez l'un et l'autre, jetez un regard lucide sur les deux êtres que vous êtes. Pendant que vous posséderez les deux et que vous oublierez chacun, regardez lucidement chacun d'eux.

70. Et si l'homme ne recherchait que la lumière

Si l'homme ne recherchait que la seule lumière, il ne fermerait pas les yeux, il ne resterait pas aux côtés d'une femme, il ne franchirait pas la grille des ténèbres. Ceux qui désirent simplement accéder à la compréhension des choses ne recherchent ni les ténèbres ni la femme.

La lumière éblouit et obscurcit la vision, les ténèbres permettent des visions plus limpides. Quand on a franchi le seuil de l'obscurité, toutes les visions commencent. L'obscurité moite de la femme est source de lumière ; c'est le lieu primordial, où tout commence et où toute fin retourne.

Ceux qui ne recherchent que la lumière ne parviendront à comprendre ni les commencements ni les fins, ni les va-et-vient ni les grandes marées, ni toutes choses.

Quand l'homme arrive vers la femme, il doit franchir des ténèbres particulières.

71. A partir de la facilité, progresser par la simplicité

Les grandes montagnes ne couvrent pas toute la surface terrestre ; la cascade n'est pas la rivière tout entière. La plupart des choses extraordinaires sont ordinaires.

L'homme et la femme évoluent ensemble dans la mouvance rythmée du quotidien ; la routine quotidienne, le confort du silence, les désirs qui se manifestent et qu'on apaise.

A partir de la facilité jointe à la simplicité, l'unité se réalise dans le calme, grâce à une communauté de vie dans la simplicité.

72. Le mystère des jeunes amants

Parmi la fraîcheur des pins, dans ces lieux où la fraîcheur de l'air nous transperce, que dirait le sage ? Ce vieil homme, qui suit sa route jusqu'au sommet des monts, aurait-il ignoré les dilemmes des amants ?

Que ferait-il si chacune de ses pensées disait « non » alors que chaque muscle de son corps disait « oui » ?

En prenant de l'âge, le sang s'est refroidi, ainsi que l'ardeur du désir qui apparaissait en ignorant l'heure et au mépris de toute urgence. Peut-être le sage n'a-t-il avancé en âge que pour mieux comprendre la sagesse ?

Pourquoi les sages serait-ils en mesure de résoudre les dilemmes des jeunes amants ?

LA SÉPARATION
L'UNITÉ

73. L'évidence

Comment s'expliquer l'existence de l'homme et de la femme si l'une des deux seulement était nécessaire ? Chacun de nous provient de ces deux êtres qui s'unissent pour n'être plus qu'un seul corps.

Dans l'homme comme dans la femme, il existe quelque chose qui fait que l'homme est autre chose que l'homme et que la femme est autre chose que la femme. C'est une chose qui s'impose spontanément, qui prend forme progressivement et grandit jusqu'au dépassement.

Cette chose est si simple qu'il est impossible de la gagner, si intime que nul ne la remarque.

74. Connaître clairement le début et la fin

Quiconque recherche un autre être pour ne faire qu'un seul être doit se rappeler quelle est la nature de ce qui est unique. Chacun est né solitaire et mourra solitaire.

Quand le commencement et la fin sont clairement perçus, l'équilibre se réalise. Cet équilibre génère patience et harmonie.

75. La facilité du silence

Puisque les mots altèrent le silence, c'est le silence qu'il faut écouter, non les mots.

La camaraderie incite à l'aisance de communication. Quand deux êtres savent accepter et vivre dans le silence, combien ce silence est éloquent sur l'unité de ces deux êtres !

76. Le vide et la plénitude

La rencontre est un début de séparation ; la séparation est un début à la rencontre. Quand donc ne fait-on que se quitter et quand ne fait-on qu'arriver ? La séparation naît d'une fin, ceci naît de cela, l'un naît de l'autre.

L'un jaillit de l'autre. C'est pourquoi chacun doit au même instant se souvenir et oublier.

Quel que soit l'événement qui se produit, il est toujours surprenant et inattendu. On reconnaît l'individu et on l'attend.

Qu'il y ait union ou séparation, avancez dans le vide et la plénitude, dans la connaissance et dans la non-connaissance. Créez l'équilibre favorable à l'harmonie.

77. Le masque

Quiconque masque son moi profond à l'autre fait obstacle à la fusion complète.

Il est déjà difficile pour deux corps nus de parvenir à la fusion totale.

Quand deux êtres restent masqués sous leurs apparences, ils ne peuvent venir l'un à l'autre; ils restent séparés pendant l'instant de fusion, mais la fusion ne cesse pas pendant qu'ils sont séparés.

78. La sérénité du moment opportun

Toute distinction s'estompe et s'efface comme les feuilles d'érable à l'automne.

Inutile de secouer l'arbre quand ses feuilles sont encore vertes.

Même dans la sérénité du moment opportun, les branches se dénudent peu à peu et chacune finit par dépouiller l'autre.

79. Séparés sans séparation

Tous, nous oublions qu'avant de regarder il faut apprendre à voir, qu'avant d'écouter il faut apprendre à entendre. La séparation naît de l'unité.

Pour réapprendre à regarder, réapprenez à voir ; pour réapprendre à écouter, réapprenez à entendre ; emplissez-vous par le regard et par l'écoute jusqu'à ce que votre regard et votre écoute répondent tous deux facilement et intensément.

Puis, regardez ce que vous voulez voir, écoutez ce que vous avez choisi d'écouter. Videz votre esprit par le regard et par l'écoute. Regardez sans voir et vous verrez ; écoutez sans écouter et vous entendrez.

Apprenez à voir distinctement ce qui n'est pas déjà distinct. C'est ainsi qu'on peut percevoir l'unité.

80. La fusion la plus intense

Le *Tao* se dérobe à quiconque cherche à l'approcher d'une manière directe ; il nous échappe si on essaie de se rappeler son existence ; il n'est présent que quand on l'a oubliée.

La fusion la plus complète entre l'homme et la femme advient quand tous deux n'ont plus clairement conscience de leur unité. De même que des chaussures que l'on n'aime pas peuvent faciliter la marche, de même des vêtements qui n'attirent pas le regard protègent du froid, c'est à leur insu qu'un homme et une femme deviennent un soutien l'un pour l'autre.

81. Une chose provient d'une autre chose

L'homme sage prétend qu'une chose en crée une autre ; La femme naît de l'homme et l'homme naît de la femme.

L'extérieur naît toujours de l'intérieur. L'homme trouve la femme après s'être trouvé lui-même ; la femme trouve l'homme en commençant par se trouver elle-même. Il faut commencer par soi si l'on veut trouver *l'autre*.

L'unité naît de la séparation. Pour trouver l'unité, commencez par être séparés. C'est par là que vous parviendrez à la fusion de vos deux êtres sans que chacun ne perde ses qualités propres.

82. L'angle et la courbe

La fusion et la séparation réalisent l'unité ; la séparation et la fusion divisent. Comment deux êtres qui ne sont qu'un peuvent-ils garder leur personnalité propre ? Où se trouvent la séparation à l'intérieur de la fusion et la fusion sans séparation ?

En usant de telles questions, l'intellect joue sur les mots. La confusion n'est générée que par la logique de la pensée consciente. La Voie du *Tao* est marquée par les courbes et les angles ; ces voies multiples ne sont pas compatibles avec le jeu du mental.

Rejoignez-vous quand la séparation existe ; rompez les digues qui vous séparent quand l'union est parfaite. Pendant que cette unité est préservée, faites comme si vous n'étiez encore que deux êtres distincts. Quand chacun cherche à préserver son individualité, soyez un être unique.

Aucune question ne peut exiger de réponse. C'est pourquoi il faut éviter d'en poser. Jouez sans questions ni réponses.

83. La rectitude d'esprit

A elle seule, l'intelligence ne peut comprendre l'unité de la fusion. Deux intelligences distinctes ne pourront comprendre l'unité de la séparation.

Un esprit, deux esprits, de multiples esprits sont nécessaires. Chaque fois la rectitude d'esprit est nécessaire.

Où se trouvent l'intelligence absolue et l'absence d'intelligence ?

84. Deux êtres en un seul

Quand un homme et une femme s'unissent dans leur solitude, c'est un instant unique pour ces deux êtres. Mais la fusion elle-même n'a rien d'unique. Elle est semblable à toutes les fusions.

Dans chaque dualité, deux être fusionnent en un seul. Le lien qui les lie l'un à l'autre est le même que celui qui relie tous les êtres semblables, le même aussi que celui qui les relie à l'Univers tout entier. L'intellect ne peut comprendre la nature profonde de la fusion entre deux êtres.

Pour les deux êtres qui sont parvenus à l'unité... tout est trouvé. Au travers l'un de l'autre... chacun a découvert le *Tao*. Dans leur étreinte, ces deux êtres étreignent le monde entier. Quel autre moyen y aurait-il pour étreindre le *Tao* dans sa totalité ?

85. Le troisième esprit

Au tréfonds de deux esprits qui restent séparés, il existe un troisième esprit qui comprend l'unité.

Nul esprit ne parviendra à expliquer ce qu'il est, mais chaque esprit parvient à entendre sa voix, s'il se met à l'écoute de l'unité. C'est quelque chose d'intérieur qui comprend l'extérieur, quelque chose d'extérieur qui comprend les profondeurs de chaque être. C'est ainsi que ce qui est intérieur pénètre ce qui est extérieur ; c'est ainsi que deux êtres parviennent à se rencontrer, à se retrouver ; c'est aussi pourquoi chaque être peut atteindre la fusion avec un autre être.

Les efforts sont insuffisants pour s'assurer que ce troisième esprit est agissant, mais nul ne résiste à son emprise. En dépassant la pure et simple perception de la réalité immédiate, ce troisième esprit s'impose spontanément, au moment opportun.

86. La graine et la terre

L'homme et la femme sont engendrés l'un par l'autre. L'un est pour l'autre à la fois la graine et la terre.

Lorsqu'il y a urgence, lorsque la force s'impose, lorsqu'on est confronté au changement, soyez deux à lancer la graine en terre, soyez le père qui conçoit. Quand l'heure est à la patience, à la paix, à la bienveillance, nourrissez-vous l'un l'autre, soyez la mère nourricière.

C'est de la graine et de la terre que proviennent les sources de promesses.

87. Les retrouvailles

Puisque les êtres qui souffrent de la solitude et de l'isolement éprouvent un si intense désir de s'unir à un autre être, pourquoi est-il si difficile pour celui qui éprouve ce désir de trouver le moyen de le satisfaire ?

N'existe-t-il que quelques êtres parmi lesquels nous pouvons faire un choix, ou bien n'y en a-t-il qu'un seul et unique ? Est-ce de nous-mêmes, de notre propre être, dont nous sommes en quête à l'extérieur de nous-mêmes ? Quel est vraiment l'être que nous recherchons ? Les questions s'enchaînent. La recherche obscurcit le déroulement normal des pensées.

La recherche semble difficile. Découvrir paraît simple.

Quand vous commencez vos quêtes, ajustez votre regard. Qu'il regarde en vous empêchant de voir. Le besoin crée un état de recherche qui empêche de découvrir.

La découverte même crée l'ouverture qui permet la reconnaissance.

88. L'évidence du secret

L'ordinaire contient l'extraordinaire. Quelle simplicité dans cette recherche qui pousse deux êtres l'un vers l'autre et qui amène l'un à faire choix de l'autre pour compagnon et premier partenaire ! Comme il est simple de savoir que l'un est la voie qui conduit à la connaissance de l'autre !

Comme il est simple que ce qui nous est familier devienne une source d'émerveillement toujours plus grand, que la connaissance du mystère rende ce mystère encore plus profond ! Comme il est simple qu'au fur et à mesure que l'on perd on acquiert toujours davantage ! Comme il est simple qu'un homme et une femme auxquels leur fusion a apporté des certitudes s'anéantissent pour renaître à nouveau, qu'ils se perdent pour se retrouver pour toujours !

Pour comprendre la simplicité, l'intellect est inutile. Choisir-non choisir, agir-non agir, la raison la non-raison de la lutte aboutissent à une impasse qui plonge dans la perplexité.

L'évidence contient le secret. Ce qui est simple, c'est l'extraordinaire masqué par l'ordinaire. L'extraordinaire du *Tao*, c'est qu'il est foncièrement ordinaire.

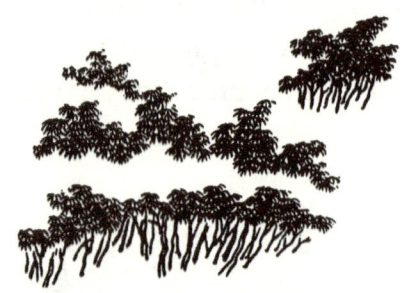

89. La mutilation de l'esprit

Pourquoi la séparation et la fusion ont-elles une vie publique et intime animée d'un même souffle ? Pourquoi l'homme et la femme s'agitent-ils pour atteindre un but qui les dépasse ?

L'esprit est toujours avide de recherche, mais l'essentiel ne cesse de se dérober à la recherche menée par un esprit mutilé.

90. La rencontre de deux secrets

Certaines parties du corps s'imposent à la vue d'autrui, ouvertement et fièrement ; d'autres sont masquées par les bonnes manières ; d'autres encore restent enfouies jusqu'à l'heure où l'homme et la femme atteignent un moment exceptionnel de fusion. C'est l'instant où deux corps se rejoignent, se partagent et s'ouvrent jusqu'à la totale connaissance de l'un par l'autre.

Quand un homme et une femme parviennent à se connaître l'un l'autre, quand ils sont unis par des liens de modestie, de possession ou de contrainte, quand tout ce qui peut s'ouvrir s'est ouvert, quand il ne reste plus rien à cacher, quelque chose reste masqué, quelque chose reste secret.

Qu'est-ce donc qui semble être juste au-delà de la sensation et de la connaissance, qui charme la pensée du corps physique et l'esprit dans tous ses aspects, qui contient le secret de la rencontre d'un homme et d'une femme ?

91. Faire confiance à l'absence d'efforts

Soyez unis l'un à l'autre, mais que l'un ne cherche pas à posséder l'autre. Une attitude exclusive mène à la perte. L'unité advient spontanément. Au quotidien, concentrez-vous sur des choses de moindre importance et les grands problèmes seront du même coup surmontés. Traitez la maladie avant qu'elle ne se déclare. Maîtrisez l'ordinaire, et l'extraordinaire s'ensuivra sans peine. Faites confiance à la simplicité, découvrez-la dans ce qui n'est pas simple. Attendez-vous à faire face à la difficulté et les choses deviendront simples. Restez vigilants, mais croyez à la puissance du non-effort.

92. Réaliser l'unité

Si deux êtres se rappellent qu'ils sont deux êtres distincts pendant l'instant de fusion, la fusion est altérée.

La fusion implique la séparation. La séparation implique la fusion. Chaque état contient son contraire.

Pour fusionner réellement, que chacun se laisse prendre par l'un puis par l'autre avant de s'abandonner à la fusion de vos deux êtres réunis.

A l'instant où chaque être se dérobe à l'autre, aucun d'eux n'échappe à leur instant d'union.

93. Se perdre et se trouver à deux

Quand l'union se réalise, si le souvenir de la séparation apparaît, l'unité cesse. Quand la séparation existe, si le souvenir de l'union se manifeste, la séparation s'efface. Le souvenir de cette rupture et l'absence présente de séparation entre ces deux êtres crée l'union entre eux. S'il n'y a pas union, il y a séparation.

Gardez l'une et l'autre pour les abandonner avant de les perdre pour les retrouver ensuite. Gardez toute chose pour abandonner toute chose. Et soudain... tout devient simple.

94. Trouver sa voie propre

Les gouttes de pluie transpercent la pierre. Le nuage fractionne les montagnes.

Emmuré dans la vallée, le courant s'écoule librement, en trouvant la voie qui lui est propre.

95. Aussi simple que simple à trouver

Si l'homme et la femme essaient de s'unir, s'ils luttent pour trouver un accord qui soit aussi un équilibre, l'unité est intense mais reste difficile. Si l'homme et la femme parviennent à se retrouver unis, ils avancent d'un même pas vers l'inconnu, ils sont ouverts à tout et en tout lieu ; tout semble advenir spontanément ; leur union est aussi intense qu'exempte de tout obstacle.

Notre moi nous contraint à des efforts pour parvenir à l'unité avec un autre être ; si nous oublions ce moi, l'unité s'offre à nous.

Soyez confiants, ne craignez pas le risque, soyez ouverts, soyez constructifs ; la plénitude conquise vous aidera à rompre tout lien pour pénétrer à la fois dans la séparation et dans l'unité.

Tentez, mais aussi relâchez vos efforts. Faites le vide en vous avant de vous emplir dans l'impossible fusion. Si difficile et pourtant si simple quand on l'a trouvée.

96. La profondeur de la rencontre

Le contact de deux êtres exprime le sens profond de tout contact : le contact extérieur atteint l'autre au plus profond de lui-même.

Quand l'extérieur est en contact avec l'extérieur, c'est la découverte du moi profond de l'un par le moi profond de l'autre.

Ce qui est à l'extérieur est captivé en profondeur par ce qui est extérieur ; c'est l'instant où advient la rencontre profonde de deux êtres.

Lorsque les deux êtres profonds se sont rencontrés, il est difficile de séparer ce qui est intérieur de ce qui est extérieur.

L'intérieur et l'extérieur existent-ils vraiment ? Les mots ne font que compliquer la profonde simplicité de la rencontre extérieure.

97. Pleinement suffisant

Plutôt que multiplier vos recherches en tous sens, efforcez-vous de pénétrer en profondeur le moi intime ; pénétrez au cœur de votre union.

Quand vous aurez trouvé le début, c'est alors que le mystère de chaque être, homme ou femme, est le plus complet.

98. La vanité de l'effort

L'unité précède le début. Elle émerge du plus profond de l'être, bien au-delà de ce qui est simplement intérieur. Elle crée l'harmonie entre l'intérieur et l'extérieur. Elle fait disparaître les différences entre l'homme et la femme.

Faites confiance au *Tao*, car il est l'unité. Parmi ce qui est habituel et ce qui ne l'est pas, chaque jour voit s'évanouir une chose qui nous échappe et s'éloigne jusqu'au moment où, sans effort, tout prend le chemin qui lui est imparti depuis toujours.

99. L'ouverture d'esprit à l'universel

Pour être à la fois séparés et unis, laissez votre esprit s'avancer d'un demi-pas puis laissez vos pensées tourbillonner de part et d'autre ; laissez-les tomber et disparaître, s'effondrer et s'anéantir.

Ne vous irritez pas, restez ferme ; c'est alors que quelque chose se perd.

Puis rapidement, au même instant, avec un esprit grand ouvert et des pensées qui se déversent dans le vide, abandonnez-vous l'un et l'autre, comme deux êtres qui ne sont ni l'un ni l'autre. Oubliez que vous êtes deux, oubliez tout, oubliez ce qui est ou ce qui n'est pas, ceux qui sont et ceux qui ne sont pas.

L'esprit vide de toute pensée... accueillez le *Tao*.

Sans séparation... soyez séparés. Sans unité... soyez unis.

100. A l'intérieur des pensées

Les mots parlent de séparation et d'unité. Mais quelle pensée pensante serait indifférente quand le choix de nos propres pensées est limité par le choix des mots ? Quelles pensées pensantes feraient confiance à la forme des mots pour enfermer la pensée dans un moule précis ?

Les mots s'enchaînent négligemment, les pensées se succèdent sous l'habit toujours identique des mêmes mots. Quelle pensée ferait confiance à une autre pensée qui se serait travestie sous la parure des mots ?

Découvrez des pensées qui ne se laissent pas enfermer par la forme des mots. Entre les pensées limitées par des mots, d'autres pensées illimitées existent, qui refusent de se laisser enfermer dans la prison des mots. C'est alors que la séparation disparaît, l'unité disparaît, pour ne laisser place qu'à une seule chose qui dépasse de loin les simples mots.

FERMETÉ
DOUCEUR

101. Entre la vie et la mort

A l'heure de la naissance, l'heure du premier de nos actes, le jeune corps est laissé aux soins des autres. A l'heure de la mort, l'heure du dernier de nos actes, le corps vieilli est laissé aux soins des autres.

Il est donc de bon goût qu'entre la naissance et la mort chaque être accepte une certaine humilité.

102. La victoire et la défaite

Évitez les confrontations, évitez que la fermeté ne soit confrontée à la fermeté.

La douceur d'une voix laisse une empreinte plus durable quand elle est précédée par des cris. La douceur a une force plus grande que la colère.

La victoire n'est qu'un genre de défaite, de même que la défaite n'est qu'un genre de victoire. Puisqu'il doit forcément y avoir un vainqueur et un vaincu, accordez à chacun le même traitement.

103. La force de la douceur

La fermeté n'est pas compatible avec la fermeté ; chacune d'elles est trop attachée à sa propre nature. C'est la douceur qui attire l'homme et la femme l'un vers l'autre.

La douceur de l'homme et la douceur de la femme sont nécessaires à leur équilibre ; grâce à la douceur que l'un trouve en l'autre, l'homme et la femme peuvent atteindre l'union ; la fermeté persistante en l'un comme en l'autre ne fera que perpétuer leur séparation.

104. La quiétude profonde

Nous émergeons d'un profond silence, nous nous nourrissons d'un long repos.

Les hauts cris créent un choc et plongent dans le désarroi ; ils finissent par perdre tout sens. Les mots dits avec calme pénètrent en profondeur, ils deviennent l'aliment de chaque jour. Aussi invisibles que l'eau claire, aussi apaisants que de minuscules courants, ils abreuvent et deviennent de proches compagnons et de grands maîtres. Parlez calmement, écoutez le grand silence qui est à l'intérieur de l'un et l'autre.

105. L'omniprésence de la sagesse

La fermeté de l'homme vient s'enfermer dans la douceur de la femme ; la douceur de la femme vient s'emplir de la fermeté de l'homme ; c'est la loi même de toute rencontre universelle.

La fermeté contient la sagesse qui inclut la douceur. Assortie de douceur, la fermeté de l'homme rencontre la femme et comprend la douceur qu'elle contient. La douceur contient la sagesse assortie de fermeté. Avec juste assez de fermeté, la douceur de la femme rencontre l'homme et comprend sa fermeté.

La douceur dans la fermeté et la fermeté dans la douceur sont l'expression de la sagesse universelle. C'est la voie par laquelle l'intérieur comprend l'extérieur, par laquelle tout se rejoint ; c'est par là que l'un comprend l'autre, que l'un connaît l'autre.

106. La souplesse

La souplesse permet à la plénitude intérieure de s'exprimer. La souplesse permet à tout ce qui extérieur de pénétrer en profondeur dans le for intérieur d'un être.

107. Les règles d'usage

On dit que la fermeté est contraignante et que la douceur favorise. Mais des nuances existent : trop dur ou trop doux, excès ou insuffisance ; il y a une douceur qui contraint et une fermeté qui favorise. Où se trouve le juste milieu pour que l'homme et la femme soient justes l'un envers l'autre ?

Les poissons ne nagent pas si l'eau d'un courant est gelée, pas plus qu'ils ne nagent dans la brume matinale. Les racines ne transpercent pas les pierres solides, pas plus qu'elles ne s'enracinent dans des tourbillons de sable. Pourtant, dans l'air limpide des oiseaux s'envolent et se reposent, satisfaits, sur la terre la plus dure.

Comme l'homme et la femme, ne posez pas de question sur les règles d'usage de la douceur et de la fermeté ; réunis dans une attitude d'humilité, soumettez-vous à elles. Pour en faire usage, restez ferme en étant doux ; soyez doux en restant ferme.

Soyez le poisson et le courant qui s'écoule ; soyez la racine et la terre qui attend ; soyez l'oiseau, soyez l'air, soyez même la pierre.

108. Entre la fermeté et la douceur

Le lien qui unit l'homme et la femme est une douceur ferme et une fermeté douce. Quand la nature de ce lien se modifie, ce lien leur permet de rester proches l'un de l'autre ; si ce lien incite l'un à s'incliner vers l'autre, il est assez solide pour les rassembler.

A mi-chemin entre la fermeté et la douceur, là où l'homme et la femme se soumettent sans perdre leur individualité, existe un lieu aussi calme que plein de vie, où chacun tour à tour s'incline avant de se redresser.

109. La douceur du début

La femme offre à l'homme la douceur de sa matrice, l'immensité et la chaleur de l'océan des commencements, la source qui le précède et qui l'a dominé par sa naissance et pendant que sa résistance se formait.

Perdu dans l'océan de la femme, l'homme revient à la douceur des commencements avant que sa résistance ne l'amène à engager un combat contre cette douceur.

C'est ainsi que la douceur féminine triomphe de la fermeté masculine ; c'est ainsi également que la fermeté masculine en vient à rechercher la douceur qui triomphe de sa résistance.

110. Une matrice est un océan

Vaincue comme l'homme par la naissance et par l'endurcissement que la vie exige, la femme porte en elle le rappel et la promesse de la douceur.

Enfanté dans la dureté, son corps abrite la croissance. Il est une matrice semblable à l'océan de douceur des commencements. La femme ne peut l'oublier ni le faire oublier quand son corps en reste un témoignage.

111. L'égalité dans la différence

On ne peut triompher de la douceur de la femme quand cette douceur est tempérée de fermeté ; on ne peut briser la résistance de l'homme quand elle est tempérée par la douceur.

La femme doit s'affirmer par la fermeté et par le mouvement afin qu'elle puisse comprendre sa véritable nature dans l'eau et dans l'homme ; l'homme doit s'affirmer par la douceur et attendre qu'il parvienne à comprendre sa nature véritable dans la terre et dans la femme.

Quand l'équilibre règne, l'homme et la femme se rencontrent dans leur égalité et leurs différences. Pour la femme, l'homme sera la force qui lui donnera la force d'attendre l'eau ; pour l'homme, la femme sera la force qui l'incitera à faire bouger la terre.

112. Par la fermeté de l'homme

L'homme devrait savoir que sa fermeté triomphe de la douceur et du vide qui sont en la femme.

Avec sa douceur et le vide qu'elle porte en elle, la femme recherche l'homme pour sa force, pour sa fermeté à lui apporter ce qui lui manque pour combler son vide, pour l'affermir et la soumettre.

L'homme arrive à la douceur par la douceur de la femme ; la femme atteint la fermeté à travers la fermeté de l'homme.

113. Par la douceur de la femme

La femme devrait savoir que sa douceur triomphe de la force et de la résistance de l'homme.

Avec sa force et sa résistance, l'homme recherche la femme pour sa douceur, pour le vide qu'elle porte en elle et qu'il devra combler, pour adoucir sa nature et se soumettre lui-même.

La femme acquiert la fermeté à travers la fermeté de l'homme ; l'homme acquiert la douceur à travers la douceur de la femme.

114. La fermeté est un fardeau

La fermeté est le fardeau que chaque homme et chaque femme doit apprendre à équilibrer par la douceur.

La force elle-même doit se rendre à la sagesse.

La fermeté crée l'opposition. Elle exige la soumission. La soumission requiert la force. La force requiert un équilibre.

Sans la douceur, la fermeté est une source de trouble ; sans fermeté, la douceur est une source de troubles.

115. Quand on parvient au vide intérieur

Quand on a réalisé le vide intérieur, rien n'est perdu. La tasse qu'on a vidée pour qu'elle puisse recevoir n'a pas cessé d'être une tasse ; sa forme est identique, son identité reste inchangée. Seul son état change pour qu'elle puisse être à même de recevoir.

La double soumission d'un homme et d'une femme l'un envers l'autre est l'adoucissement créé par le vide réalisé et l'accueil de ce qu'on reçoit.

Le vide permet de s'emplir l'un de l'autre et de parvenir à l'union.

116. Renoncer à être un guide

Au début, ne cherchez pas à être le premier pour être le guide. Il vaut mieux qu'au départ l'homme et la femme marchent d'un même pas côte à côte.

En se soumettant, on apprend à conduire en se conformant à l'exemple de ceux qu'on suit. C'est une manière douce de diriger, on peut diriger d'une façon particulière si l'on occupe une place de second ordre.

La douceur engendre l'humilité. L'humilité crée la confiance. La confiance engendre l'union et la fusion de deux esprits.

Un seul esprit ne peut suivre sa propre voie ni se conduire lui-même. Libre de tout contraire, il n'est ni directif ni soumis.

117. Le respect dans l'admiration

Choisissez l'admiration, non la crainte. La crainte est étroitesse, elle fragilise la personnalité, elle est durcissement et contrainte, elle est un fardeau qui restreint vos limites. La crainte suscite la fermeté avant de créer la séparation, et finalement la rupture.

Quand la crainte est présente, il ne peut y avoir ni confiance ni ouverture, ni courant ni détente, ni don réciproque ni possibilité d'union.

La confiance est douceur ; la douceur est la voie qui mène à l'admiration et au respect.

118. Fermeté et douceur

Le courant suit le parcours qui lui est imposé par les pierres de la vallée. Les roches des montagnes laissent la pluie s'écouler sur leurs pentes. La chute des galets brise la surface de l'eau.

Pour s'exprimer, la fermeté choisit la voie que lui dicte la douceur pour s'exprimer, mais la fermeté cède finalement le pas à la douceur. Pourquoi ce même phénomène ne manque-t-il jamais de se reproduire au début d'un cycle d'évolution ?

S'il existe un nom pour désigner cet état de fait, ce pourrait être la Grande Liberté, la Grande Mutation, La Grande Mère. Sinon, qu'on lui donne plus simplement le nom de *Tao*.

Le *Tao* exige fermeté et douceur réunies. C'est pourquoi, quand il s'agit d'un homme, il doit rester homme mais cultiver la douceur féminine. S'il s'agit d'une femme, qu'elle reste femme, mais qu'elle ne cesse de cultiver la fermeté masculine.

119. Au-delà de chaque pierre

Ne négligez jamais la fermeté, mais croyez à la douceur. La fermeté, c'est le moi qui pose et impose des limites ; la douceur est le non-moi qui crée l'ouverture et libère.

Nés de la fermeté, les conflits se résolvent par la douceur.

Dans les courants, l'eau trouve sa voie malgré la présence des pierres.

120. Ni pierre ni eau

On prétend que l'eau est douce et la pierre dure. Mais la douceur de l'eau contient quelque chose qui refuse de se soumettre, quelque chose qui ronge la dureté de la pierre. La dureté de la pierre contient quelque chose qui accepte de se soumettre et donne naissance à la douceur de l'eau. Sachez découvrir la dureté de l'eau et la douceur de la pierre.

Nous ne pouvons qu'être déçus de nous-mêmes quand nous agissons comme des pierres simulant la dureté envers l'eau, ou comme l'eau simulant la douceur envers la pierre.

Nous sommes semblables au son des mots. Nous ne sommes ni la pierre ni l'eau ; ni dureté ni douceur ; nous ne sommes rien d'autre que le *Tao*, le *Tao* polymorphe et incapable de se trouver lui-même.

121. Vivre sans but

L'eau ne dit jamais : « Maintenant je vais couler ici, puis je coulerai là. » Elle coule librement.

Dans les cascades qui grondent et dans les mares silencieuses et minuscules, l'eau n'a pas d'intentions. Elle a besoin de couler mais elle n'a pas de but quand elle coule.

Voici son secret : soyez doux comme l'eau, faites confiance à vos désirs profonds ; quittez chaque instant et laissez-vous porter par le cours infaillible ; renoncez à tout but.

LE CHANGEMENT
LE NON-CHANGEMENT

122. Laisser changer le changement

La rivière est soumise à un perpétuel changement, mais, à l'intérieur de ce changement, quelque chose est immuable. L'eau est mouvance, mais cette mouvance contient quelque chose qui est permanent et qui le demeure, à travers ses transformations successives, à travers son flux incessant.

N'oublions pas que tout est changement, mais que ce changement est l'unité. Que votre confiance aille vers l'immuable dans la permanence du changement.

Pour être le changement, changez. Pour être l'immuable, laissez vivre le changement.

123. A l'heure dite

A l'heure dite, la pluie se mue en courant, le courant en rivière, la rivière en mer.

Chaque être dévale sa propre pente à sa propre manière. Qu'importe que les êtres soient pluie ou courant, rivière ou mer ?

Mais si l'on tente de séparer le courant de la rivière, ou encore la pluie de la mer, c'est là que le malaise va s'installer.

Les mots créent des distinctions ; ils transforment en immuable ce qui est uni et mouvant. Seul l'esprit qui ignore le changement comprend difficilement cette réalité.

Dépassez les mots, oubliez qu'ils existent. Sans mots, trouvez-vous l'un l'autre.

124. Le perpétuel devenir

L'eau n'est pas enracinée dans la terre ni ancrée dans l'atmosphère céleste. Ignorant toute attache, l'eau est omniprésente.

Ce qui change est durable. Tout ce qui naît prend forme. Tout ce qui prend forme devient vulnérable. La vulnérabilité est incompatible avec la durée.

Si le lien qui unit l'homme à la femme est perpétuellement changeant, il est en perpétuelle évolution. S'il ne cesse d'évoluer, il est en constant renouvellement et, comme tel, sa loi est celle de la vie. Fluide comme l'eau, ce lien est omniprésent, fidèle à sa nature et à la nature de l'Univers.

125. La voie descendante

Le cours de la rivière intérieure est un cours descendant. Son parcours consiste à trouver sa force dans la soumission, sa plénitude dans la douceur, son désir de possession dans l'accord.

Comme le flux descendant de l'eau, acceptez de suivre le cours descendant pour rejoindre le lieu où vous pourrez badiner librement, même au cœur de la dureté des rocs.

En suivant ce flux, en changeant sans changer la nature de la rivière qui gît dans le tréfonds de votre être, ce qui est extérieur devient intérieur.

126. L'éternel retour

Ce qui n'est pas soumis au changement n'est pas durable ; ce qui est durable est soumis au changement.

Le lien aussi gros qu'une montagne que chacun doit admirer apparaît comme un monument prêt à s'écrouler. Il craque sous le soleil et sous la glace avant de voler en éclats. Sous une pluie fine, il finit par fondre. Qui donc peut encore vivre à l'aise et confortablement sous son ombre ?

Le lien qui unit est semblable à la brume. Comme elle, il plane dans l'atmosphère, avec une action stimulante, impalpable, nourrissante. Quoi de plus résistant que la brume, changeante et immuable, la brume qui se montre avant de se dérober aux regards, la brume qui répand sa tiède moiteur sur les vallées et sur les montagnes pour donner les couleurs de la vie !

Il vaut mieux cultiver la finesse que l'ostentatoire ; mieux vaut accorder sa confiance à ce qui retourne à sa source qu'à ce qui est constant.

Ce que l'on fait est plus durable que ce qui a été fait. Faites confiance à l'aliment de votre croissance, trouvez-le dans la promesse originelle de croissance.

127. A chaque instant

Chaque instant est soumis à son rythme propre. Faites pression et vous verrez que l'heure n'est pas encore venue ; battez en retraite, vous constaterez que l'heure est passée. A l'heure dite, vous ne vous heurtez à aucun frein.

128. Une autre manière de garder

Nul ne peut garder un nuage. Nul ne peut arrêter le flux d'un courant. Nul ne peut faire en sorte qu'une racine vivante ne croisse et grandisse.

Perdre, se soumettre, relâcher... chaque fois, c'est garder, mais d'une autre manière.

129. Au cœur de l'instant

Comme il est futile de dire, comme le font des amants jaloux en évoquant leurs amours passées : « Comme je voudrais que tout cela n'ait jamais existé ! »

Chaque vie est un corps animé d'une croissance ; nul n'a le pouvoir de l'asservir à ses ordres, ni de le diviser en pièces qui lui appartiennent ou non. Ce corps est plein de lui-même, un tout, ni plus ni moins. Refuser de le partager est un refus de l'accepter. L'accepter, c'est accepter que chaque chose soit ce qu'elle est en soi réellement et profondément.

Si l'on s'en souvient, tout le contenu du passé est devenu présent par l'action de l'esprit qui, lui, n'est pas présent.

Chaque instant est différent, chaque instant nous fait ressentir la plénitude du moment présent, c'est à nous qu'il appartient de faire de chacun de ces instants un présent total. Au cœur même du présent se trouve une plénitude qui change ce qui plus tard ne changera plus.

130. Être à l'image de l'eau

L'eau change d'aspect ; elle change aussi de forme, mais sa nature profonde reste immuable.

Croyez en ce qui se plie aux changements sans changer sa propre nature. Soyez à l'image de l'eau et de la rivière, à la fois calme et mouvance, changement et non-changement. Comprenez ces états et acceptez leur loi avec douceur. Soyez doux et acceptez le changement. Accepter le changement, c'est une source de résistance.

Que votre esprit soit à l'image de l'eau. Que votre pensée soit à l'image de la rivière.

131. Être aussi la rivière

Toute chose se transforme en une autre chose. Comme il est vain de lutter contre le cours naturel des choses ! Perdu dans le cycle du changement éternel, dans celui des transformations et de l'éphémère, comment l'effort peut-il encore garder son sens ? Mieux vaut épouser le changement. Mieux vaut arriver à la compréhension de la loi du *Tao* et du non-agir.

Le non-agir est à l'image du calme mouvant d'une rivière. Soyez aussi calme que l'est une rivière pendant que l'eau se soumet aux changements de l'onde. Restez calme pendant que le changement suit son cours normal.

Le *Tao* est la rivière et l'action est l'eau. Soyez l'eau, mais soyez aussi la rivière, toujours prête à changer.

132. Devenir le changement

Écoutons la parole des vieux maîtres de la sagesse : « Soyez soumis, vous serez semblable au tout. L'humilité assure la victoire. Faites le vide en vous-même pour créer la plénitude. »

Le changement brise ce qui est dur et qui refuse de s'incliner ; la souplesse et la soumission favorisent l'ouverture qui permet la victoire.

Quand un homme et une femme sont parvenus à l'union, s'ils s'attachent à rester fixés dans l'immuable, ils iront à leur perte ; intégrez-vous au changement en épousant le rythme mouvant de ce qui disparaît après avoir apparu, et qui garde sa propre nature dans le calme qui préside au changement.

133. Au travers signifie entre

Faire retour signifie quitter. L'arrêt nécessite un départ. Le lâcher-prise suit l'action ferme. Comme il existe une interdépendance constante de l'un envers l'autre, ce n'est qu'après la parole que l'on comprend la valeur du silence ; il faut savoir changer pour apprendre à connaître ce qui est inchangeable, il faut faire le vide pour connaître la plénitude.

D'un moment à l'autre, l'esprit se joue de l'esprit et la spirale des pensées continue à penser. L'issue est à l'intérieur de soi. La voie qui mène à l'intérieur de soi est à l'extérieur, on atteint l'un et l'autre en franchissant le vide qui les sépare.

Assemblez ces deux fragments d'unité, faites mouvoir les portes de votre esprit pour qu'elles s'ouvrent et restent béantes ou hermétiquement closes. La plénitude de l'esprit et le vide mental sont de même nature.

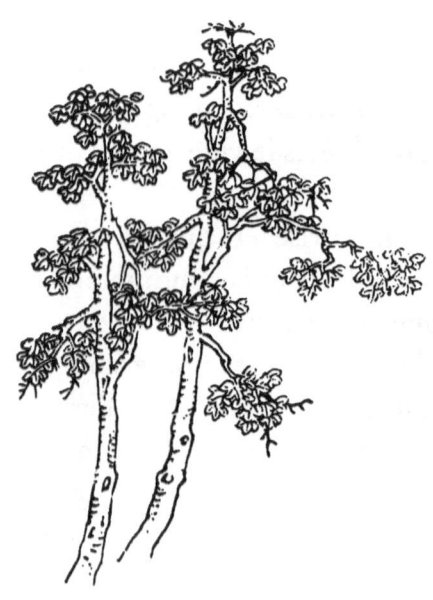

134. Le mystère dont le nom est l'esprit

Les mots contenus dans une page ne peuvent apporter une réponse exacte aux exigences de l'instant présent. Les pensées fixées dans les profondeurs de l'esprit ne peuvent comprendre que tout n'est que changement. Comment les pensées changeantes pourraient-elles comprendre ce qui n'est pas soumis au changement ?

Dans l'univers mystérieux des pensées, quelles sont celles qui changent et quelles sont celles qui ne changent pas ? Doit-on croire que les pensées changeantes par nature se transforment en cessant d'être changeantes ? Ou bien les pensées immuables deviennent-elles aussi tributaires du changement ? Doit-on croire que le souvenir des pensées non changeantes reste identique à lui-même quand nous cherchons à l'évoquer ?

Dans la confusion du changement et du non-changement, comment se reconnaître l'un l'autre ? Où les pensées mouvantes vont-elles puiser les moyens de nous changer nous-mêmes ? Comment les pensées qui refusent de se soumettre au changement peuvent-elles connaître les moyens de nous changer nous-mêmes ?

Dans le labyrinthe qu'on appelle pensée, si les pensées ne se comprennent pas elles-mêmes, comment deux êtres peuvent-ils parvenir à la connaissance l'un de l'autre ?

Entre le changement et le non-changement, les êtres parviennent à l'unité, sans un seul mot, sans une seule pensée.

PERDRE
TROUVER

135. Perdre et trouver

Nul ne peut rien trouver tant qu'il n'a rien perdu. Quand l'homme se perd lui-même dans la femme... il trouve. Quand la femme se perd en l'homme... elle trouve.

Rien n'est perdu tant que rien n'est trouvé. Quand l'homme se découvre en la femme... il perd. Quand une femme se découvre en l'homme... elle perd.

Le sens profond de trouver est perdre, de même que perdre est le sens profond de trouver. C'est pourquoi chacun doit accepter de trouver pour perdre, de perdre pour trouver.

136. Entre deux êtres

Une force inconnue, d'une ampleur insoupçonnée, attire l'homme et la femme l'un vers l'autre. Si la nature de cette force reste inconnue, elle ne cesse d'être présente. Nul ne peut échapper à son emprise, et cependant elle demeure introuvable.

Cette force s'exprime entre deux êtres pour réconcilier leurs différences. C'est une force qui, à la fois, n'est rien et qui est tout. C'est le vide qui s'emplit jusqu'à atteindre la plénitude jusqu'à l'instant de la découverte ; c'est la plénitude qui se vide jusqu'à ce que la perte advienne.

L'homme ne peut exister sans la femme, pas davantage que la femme ne peut exister sans l'homme. Leurs deux êtres fusionnent dans l'unité à partir de leurs différences réciproques. L'un trouve l'autre, chacun se perd dans l'autre.

137. La connaissance est source de profondeur

Un regard au plus profond des yeux n'est qu'un contact de nature différente. Les yeux commencent toujours par éviter le contact trop proche qui s'établit à travers le regard.

Le regard est un contact d'une nature particulière ; il existe pour que deux corps dénudés ne puissent se voir avant que la confiance ne soit établie.

Que reste-t-il à cacher quand l'homme et la femme font appel à la puissance de leur regard pour étendre le contact avec tous les autres sens ?

La connaissance s'approfondit jusqu'à ce que l'autre devienne un autre soi-même, jusqu'à ce qu'il se transforme en un mystère encore plus profond.

138. Pénétrer dans un inconnu plus profond

Comment l'un peut-il connaître l'autre ? Quand un être se révèle à un autre être, ce qu'il connaît de cet être se transforme en un inconnu plus profond.

Tout ce qu'un être finit par découvrir dans un autre, c'est qu'il doit se perdre en lui après s'être perdu dans le *Tao*.

139. L'instant de la découverte

L'instant de la découverte est toujours une surprise, semblable à l'instant où l'on retrouve un vieil ami qu'auparavant on ne connaissait pas.

140. Une autre forme de connaissance

Il existe un instant où le désir devient crucial. C'est l'instant où la pensée s'efface pour faire place à la chair et où l'esprit conçoit un moyen de connaissance d'une dimension différente.

Les pensées ne peuvent satisfaire les besoins de la chair avant que la pensée ne vienne pénétrer le corps. Quand l'esprit se perd et que les corps se retrouvent, c'est le début d'un équilibre plus profond.

Tant que l'esprit ne saura pas s'imprégner des sensations, tant que le corps ne saura se pénétrer des pensées, les besoins terrestres des profondeurs secrètes de chaque être ne pourront fusionner dans l'immensité d'un royaume.

141. Ce qu'on perd, ce qu'on découvre

Où est un homme qui se perd dans la femme ? Où est une femme qui se perd dans l'homme ? Où sont l'un et l'autre quand, entre eux, toute barrière est abolie ?

Pour l'homme, se perdre, c'est se retrouver lui-même une nouvelle fois ; pour la femme, se perdre, c'est retrouver une nouvelle fois son moi profond. Et quand tous deux se sont retrouvés en se perdant, le moment est plus intense que simplement se perdre ou se retrouver.

Chacun se perd d'abord en trouvant, puis trouve en perdant. Perdre, c'est trouver dans une perte plus vaste, de même que trouver au moment où l'on perd signifie trouver quelque chose de plus grand. Acceptez de perdre plus et de trouver davantage.

142. Retrouver la voie perdue

Pour l'homme comme pour la femme, se perdre l'un dans l'autre est la voie par laquelle l'un parvient à retrouver l'autre. A l'instant où chacun vient se perdre dans l'autre, deux êtres parviennent à retrouver l'unité qui anéantit toute séparation. Perdus l'un dans l'autre... ils sont devenus l'unité ; perdus l'un dans l'autre... ils sont l'image de la séparation.

L'homme et la femme sont tous deux l'image de la voie perdue et retrouvée qui crée l'unité en toute chose. C'est pourquoi deux êtres doivent se perdre sans perdre, ils trouvent sans trouver.

143. Perdus l'un dans l'autre

Quand les amants se perdent l'un dans l'autre, l'homme se perd dans la femme et la femme se perd dans l'homme.

C'est l'illusion de chacun des amants ; lui, pense qu'elle est présente quand elle ne l'est pas ; elle, pense qu'il est présent quand il ne l'est pas. Mais comment peut-il penser qu'elle est présente à moins que lui-même ne le soit ? et comment peut-elle penser qu'il est présent à moins qu'elle-même ne le soit ? à moins qu'il ne pense pas l'être lui-même et donc ne l'est pas, et qu'elle ne pense pas l'être elle-même et donc ne l'est pas. C'est alors qu'il se perd en lui-même et qu'elle se perd en elle-même.

Comment deux amants peuvent-ils avancer vers ce qui est et n'est pas et cependant est, et n'est pas, est, et cependant n'est pas ?

144. A l'intérieur de ce qui est entre deux êtres

Entre l'homme et la femme, entre la vie et la mort, entre une pensée et une autre pensée que la pensée ne peut comprendre. Entre le changement et le non-changement, entre chaque mot et entre tous les mots, quelque chose existe que la pensée ne peut comprendre.

Les pensées se font et se défont par l'effet de leur propre nature, la pensée suit la pensée pour finalement s'étourdir.

Pour trouver la pensée, oubliez les pensées.

Se trouver après s'être perdu est la voie de l'homme, comme elle est celle de la femme. Incapables de comprendre, plus capables même de penser, ils parviennent à la connaissance.

DONNER
RECEVOIR

145. Découvrir sans garder

Donnez si vous désirez que l'on vous donne. Sachez recevoir pour que vous receviez. Mais ce que vous recevrez ne restera pas votre possession.

Cherchez, n'attendez rien. Trouvez, ne prenez rien.

146. Le vide de la plénitude

La plénitude ne peut rien recevoir, c'est pourquoi il faut faire le vide au début. Une croissance totale ne peut exister là où l'espace est insuffisant. Pour croître et parvenir à la plénitude, ne cessez pas de réaliser un état de vide qui soit en permanence capable de recevoir.

Emplissez-vous du vide. Le vide est l'état le plus favorable à la réceptivité. Et la plénitude est l'état le plus magnanime.

147. Donner en douceur

Il est difficile de recevoir, de se révéler et de s'ouvrir, de faire confiance et d'accepter, tout en restant seul et solitaire sous le charme d'un autre. C'est pourquoi tout don ne doit jamais oublier que recevoir est un fardeau.

Si le don est nécessaire, donnez en douceur pour que celui qui donne soit aussi limpide que celui qui reçoit.

Recevoir est une autre forme de don. Sachez donner comme vous savez recevoir, et recevez comme si vous donniez.

148. Un autre moyen de donner

Les nuages ne s'acquittent pas d'une dette envers les plantes quand ils se transforment en pluie. Les arbres eux non plus ne contractent aucune dette envers le soleil quand celui-ci leur apporte chaleur et abondance. La lune et les étoiles gardent leur liberté quand un regard vient se fixer sur elles.

Il en est de même pour l'homme et pour la femme. Ils ne perdent jamais leur liberté réciproque. Comment une dette pourrait-elle s'instituer quand le don est un don spontané et quand il est reçu comme un don différent ?

149. Là où l'être s'efface

Quand la femme reçoit, le don est double ; quand l'homme donne, il y a deux manières de recevoir ce qu'il a donné. Dans sa manière féminine de s'ouvrir et de recevoir, la femme donne ce qu'elle vient de recevoir ; dans sa manière masculine de pénétrer et de donner, l'homme donne, tout en étant aussi en état de recevoir.

Quand celui qui donne est aussi celui qui reçoit, quand celui qui reçoit est aussi l'auteur du don, pourquoi vouloir diviser ce qui est unité ?

Lorsque l'acte de donner fusionne avec l'acte de recevoir pour se fondre en un acte unique, l'homme comme la femme s'effacent pour faire place à un être unique dans lequel le soi et l'autre, questions et réponses perdent leur sens premier.

150. Exprimer ce qui est intérieur

Réunis dans l'unité du *Tao*, l'homme et la femme s'alimentent mutuellement comme deux parties d'un corps unique. Toute question devient superflue puisque tout est donné et tout est reçu avec insouciance. Entre ces deux êtres, l'un est pour l'autre l'extérieur en attente de l'intérieur, lui-même en attente de la fusion dans l'unité.

151. Comment recevoir

Pour recevoir, soyez en état de plénitude, mais ne cessez jamais de cultiver le vide. La plénitude est ce que les autres connaissent à travers le corps et l'esprit ; c'est un vaisseau prêt à recevoir ce qui lui est donné. Le vide est l'inconnu, sa nature est prévue pour recevoir les dons qui lui sont offerts.

La nature du vide est prévue pour donner ; elle est ce qui ne doit pas recevoir.

Si vous vous limitez à l'état de plénitude, le vide ainsi créé ne sera pas prévu pour recevoir. Si vous vous limitez à l'état de vide, il n'y aura rien qui puisse recevoir. Pour recevoir, trouvez l'état de vide contenu dans l'état de plénitude.

Sachez trouver la plénitude que le don ne peut transformer en état de vide. Sachez trouver l'état de vide que rien que vous puissiez recevoir ne pourra combler.

152. Le mystère vivant

C'est un maître... il se conduit comme un serviteur. C'est une ombre... elle nous conduit à la manière d'un guide. Appartenant en propre à chaque être... il refuse de se laisser capter. Vous cherchez à le posséder... rendez-vous. Vous voulez en faire usage... donnez-le. Vous voulez le soumettre... soumettez-vous d'abord à lui.

Chaque être est un mystère vivant. C'est pourquoi nous devons nous attacher à comprendre sa nature sans répondre aux questions qu'elle suscite.

A l'heure où le mystère à résoudre devient le mystère à vivre, acceptez de vivre à son rythme. Mais prenez garde... sans poser une question, sans attendre une réponse.

153. Donner et recevoir

Il y a la majestueuse fermeté de l'homme qui cherche à emplir ; il y a la majestueuse douceur de la femme qui cherche à retenir. Comme il est sublime que la fermeté de l'homme soit maîtrisée par la douceur de la femme et que cette douceur puisse contenir la fermeté masculine.

La femme reçoit, elle reçoit grâce aux dons qu'elle prodigue, elle prodigue avec ce qu'elle a su recevoir. L'homme donne, il donne avec ce qu'il a reçu, il reçoit selon ce qu'il a su donner.

Il en va ainsi pour l'homme et pour la femme, puisque fermeté et douceur, emplir et retenir, donner et recevoir ont un sens identique.

154. La grande question

Quand donner et recevoir ne sont qu'un seul et même acte, quel nom donner à cet acte ? Quel nom pourrait l'exprimer pleinement ?

Combien de temps les mots resteront-ils à l'affût de cette réalité pour tenter de la capter ? Les mots qui ne cessent de tenter de la saisir ne font que la fixer par des mots innombrables qui glissent sur sa nature véritable. Le besoin primordial se perd dans ces mots différents qui se pourchassent d'une manière insensée dans une folle spirale. Les mots ne sont que ce que l'on recherche au-delà des mots.

Il existe quelque chose de primordial dont chaque être, comme un oiseau, comme un poisson, comme un arbre, comme la pierre, est la source et la conséquence.

Pendant les instants d'union retentit une question plus vaste dont les mots se limitent à répercuter l'écho.

PLÉNITUDE VIDE

155. Découvrir l'inexistant

Le vide qui précède la naissance se perpétue dans la mort par-delà les années d'existence, en recevant toute la plénitude contenue entre ces deux états.

Dans chaque homme comme dans chaque femme se trouve quelque part un vide destiné à recevoir la plénitude de l'autre.

Pour recevoir ce vide, découvrez donc ce qui n'a pas d'existence.

Quand vous aurez découvert ce vide, découvrez le calme qui peut recevoir la mouvance et le changement.

156. Garder le souvenir du vide

Vous êtes homme et, comme tel, sachez trouver en la femme l'état de plénitude qui vous emplira de bonheur. Vous êtes femme et, comme telle, sachez trouver en l'homme l'état de plénitude qui vous emplira de bonheur. Vous êtes un être pensant, que vos pensées vous procurent la plénitude du bonheur. Mais n'oubliez jamais l'existence du vide.

A l'instant où le plus profond de chaque être parvient, ébloui, à l'état de plénitude, qu'il n'oublie pas que le vide existe. Ce vide entoure les amants comme il nous entoure nous-mêmes, comme il entoure toute chose.

Le vide seul peut donner naissance à la plénitude. Ni vide... ni plénitude.

Le vide est le point d'origine de toute croissance, c'est aussi le point de retour de chaque être et de chaque chose.

157. Le vide est le point initial

Homme et femme sont des mots et des pensées formulés par l'esprit humain. Ce que l'esprit invente, la pensée le confirme. Mais entre un homme et une femme, quelque chose persiste à se dérober à la pensée, quelque chose que l'humaine compréhension ne peut saisir.

L'état de vide est le prélude nécessaire pour comprendre ce qui unit un homme et une femme. On trouve en perdant ; on crée la plénitude à partir du vide. Toute chose est emprisonnée dans une forme qui a nom vide.

Comme un poisson nage dans l'eau, comme un oiseau vole dans l'air, l'esprit pense à l'intérieur du vide.

Oubliez que tout existe. Sans l'aide d'une seule pensée pour réfléchir et peser, permettez à l'esprit, vide et dénué de toute forme, de se manifester comme le poisson flotte dans l'eau, comme l'air porte les nuages.

Hors de l'esprit... rien d'autre à part le vide, la simplicité du vide. A l'intérieur de l'esprit... rien d'autre, sauf la plénitude, la simplicité de la plénitude.

158. Tout le vide de la rivière

La rivière s'écoule et pénètre dans la mer, mais jamais la mer ne s'emplit, et jamais la rivière ne se vide.

Puisque tout le flux de l'eau ne peut vider la rivière, comment la rivière pourrait-elle connaître l'état de vide ? Puisque la rivière vient se déverser dans la mer sans jamais la remplir, quel volume le vide peut-il donc contenir ?

A l'intérieur de la rivière de mots et de la mer de pensées, il existe quelque chose qui se dérobe à toute dénomination. Le monde entier des pensées crée le vide et l'emplit autour d'un point fixe immobile.

Pour l'homme et la femme, à travers le courant qui les pousse l'un vers l'autre, à travers ce qu'ils reçoivent l'un de l'autre, combien est dense cet état de vide et de plénitude qui permet d'accéder à la connaissance dans le calme intérieur.

Comme la rivière s'emplit en pénétrant le vide, comme la mer reçoit à travers la plénitude, l'homme et la femme vont l'un vers l'autre, poussés par un courant irrésistible, mettant leur foi dans un vide aussi infini que la plénitude.

Recevoir est à la fois vide et plénitude ; chacun s'emplit autant par le vide que par la plénitude.

159. Quand le vide se change en état de vide

Aussi longtemps que la feuille reste simple feuille, elle ne peut comprendre l'arbre. Aussi longtemps que le poisson reste simplement poisson, il ne parvient pas à comprendre la mer. Comment l'homme, tant qu'il reste homme, peut-il parvenir à comprendre la femme ? Et comment la femme, tant qu'elle reste femme, peut-elle comprendre l'homme ?

A l'extérieur de toute chose se trouve le vide qui reçoit, qui emplit et comprend.

Soyez homme, mais découvrez ce qui n'est pas homme. Soyez femme, mais découvrez ce qui n'est pas femme. Soyez douceur. Ayez foi en le *Tao*. Oubliez ce qui est homme et ce qui est femme, faites en sorte que le vide qui est en vous devienne l'état de vide.

160. Ce qui est et ce qui n'est pas

La plénitude a une existence propre, elle est l'image de l'homme ; le vide n'a pas d'existence propre, il est à l'image de la femme ; ce qui a une existence et ce qui n'a pas d'existence n'est qu'un seul et même état.

De par sa condition, l'homme est une forme pleine et visible, qui apparaît comme une révélation. L'homme est le verbe, l'évidence et l'apparence ; il est la réponse sans la question première.

De par sa condition, la femme est l'absence de forme, elle est le vide et l'invisible, ce qui est caché et non apparent. La femme est l'inexprimé, le secret et le mystère ; la question première sans sa réponse.

161. Être — ne pas être

Ce qui est, est ; ce qui n'est pas, est aussi.

Le vide de l'homme est extérieur à lui, hors de lui, par-delà lui-même, oublié. Le vide de la femme est intérieur à elle-même, inclus en elle, profondément ancré en elle et remémoré.

Elle est le souvenir vivant de ce qui à la fois est et de tout ce qui n'est pas. Il est le souvenir vivant que ce qui n'est pas tombe aisément dans l'oubli.

162. La plénitude est porteuse du vide

La femme partage avec l'homme les os et la chair de son corps, mais elle est aussi femme. Elle fait se mouvoir le vide comme elle fait se mouvoir l'attente ; un vide qui attend que l'homme vienne l'emplir.

Elle est terre et jardin, mère et source, vide et mystère. Elle est femme, l'énigme mouvante et stagnante de ce qui est et n'est pas.

Au cœur de ce vide immense, la femme est la plénitude qui apporte le vide.

163. La plénitude est désir

La femme reçoit ce qui l'emplit, l'homme emplit pendant qu'il reçoit. C'est pourquoi le vide s'emplit sans cesse, c'est pourquoi ce qui s'est empli se vide sans cesse.

La plénitude désire emplir ; le vide désire créer le vide.

164. Pourquoi le vide existe

L'homme et la femme se rencontrent à l'intérieur du vide, ils évoluent à l'intérieur du vide, ils s'emplissent à l'intérieur du vide.

Grâce à la présence du vide, il est possible de recevoir. La présence du don crée la plénitude. La plénitude naît à partir du vide. La plénitude est la voie qui permet de comprendre le vide.

Pour comprendre la plénitude de la femme, il faut être accueilli dans son vide. Prenant sa forme à partir du vide, elle est la source et la gardienne d'un savoir caché.

Le vide est introuvable. Unis comme l'homme et la femme, faites usage de l'introuvable, emplissez ce qui ne peut s'emplir, et employez ces instants à vous rapprocher du vide.

165. Le vide de la femme

Même si le muscle le plus solide ne fléchit pas, la plus dure des pierres se brise. On peut pressentir alors combien le vide féminin est invincible. Comment l'homme, puissant par nature, peut-il vaincre la femme qui ne l'est pas ? Qu'y a-t-il de plus grand que le vide ?

166. L'éternelle attente

Quand l'homme n'est pas prêt, il ne peut être amant ; il doit s'emplir de plénitude. Mais le vide de la femme ne cesse jamais d'attendre l'homme.

167. Entourer le vide

Entourer le vide féminin, c'est entourer un corps qui est la femme. La femme incarne le vide que le mâle recherche pour l'emplir.

Lorsqu'il concentre sa pensée sur la femme, l'homme se souvient seulement du vide qu'elle incarne et oublie qu'elle est femme. L'espace sacré a aussi besoin d'un temple où l'honorer.

Par-delà les pensées de l'homme et de la femme se trouve l'insouciance de l'homme et de la femme confondus. Pour atteindre le lieu où toute pensée s'efface, l'homme ne peut oublier la femme qu'à la condition que la femme ait oublié l'homme.

168. Le corps de la terre

La soumission de l'eau est nécessaire pour éprouver la dureté des roches ; la légèreté de l'air est une épreuve pour connaître le poids de la terre.

On parvient à connaître la dureté des roches grâce à la soumission de l'eau ; on parvient à connaître la pesanteur terrestre grâce à la légèreté de l'air. On connaît la plénitude de l'homme quand elle pénètre le vide de la femme ou quand le vide de la femme accueille la plénitude de l'homme.

Corps terrestre et souffle aérien ! La terre est la chair de la femme et le système osseux de l'homme. L'air qui incite l'homme à se mouvoir et qui réalise le vide en la femme !

Où est donc le *Tao* s'il n'est pas là !

169. Savoir accepter le souffle de l'air

Quand le désir est satisfait, il se manifeste à nouveau pour demander d'être à nouveau satisfait. Le vide succède à la plénitude du désir, avant de renaître pour se vider à nouveau dans un cycle éternel.

Comme il serait doux que la plénitude soit le commencement du vide et que le vide soit le commencement de la plénitude ! C'est le rythme éternel d'évolution des choses ; chacune accomplit la mission qui lui incombe avant de disparaître et de renaître.

Sachez accepter le souffle de vie. Libérez-vous de l'instant présent pour accepter le suivant... en douceur, sans effort.

Pendant que vous reprenez votre souffle, le ciel s'effrite, les étoiles crépitent et la terre, pleine de son souffle frémissant, s'endurcit.

170. Comme le souffle du *Tao*

Quand deux amants s'unissent, ils vivent à un rythme analogue à celui des marées, des saisons, des générations. Ils s'emplissent l'un de l'autre, s'épanchent l'un dans l'autre dans le mouvement infini du souffle du *Tao*.

171. Au cœur de l'union

L'homme dit : « Donnez-moi la femme pour que je puisse, avec mon corps, la prendre et lui donner la plénitude. »

La femme dit : « Donnez-moi l'homme pour que mon corps puisse le prendre et l'étreindre. »

Par sa plénitude, l'homme peut emplir l'Univers. Par le vide qu'elle offre, la femme étreint l'Univers tout entier.

Quelle richesse est contenue dans une telle rencontre !

172. La connaissance est humilité

Quand l'homme perd la force de sa plénitude, il est aussi incomplet que le premier homme. Quand la femme perd le charme émanant de son état de vide, elle est aussi démunie que la première femme.

L'homme doit avoir assez d'humilité pour savoir qu'il peut connaître le vide ; la femme doit avoir assez d'humilité pour comprendre qu'elle peut recevoir la plénitude.

173. L'éphémère seul est durable

La femme est un univers vide que l'homme ne peut emplir. Dans un moment d'orgueil, quand la femme est le plus profondément pénétrée de la plénitude qu'il lui apporte, il est lui-même réduit à l'état de vide et retourne à ses origines.

L'homme est un univers de plénitude que la femme ne peut garder. Dans un moment d'orgueil, quand l'homme est le plus proche de l'extase, il se vide de sa plénitude ; la femme, elle, retourne à ses origines.

L'homme sage sait que dans l'alternance rythmique de la plénitude et du vide, seul l'éphémère est durable. Puisqu'il est averti, l'homme sage demande d'avancer humblement pour garder son équilibre. En lâchant prise... on parvient à la possession du *Tao*. En voulant retenir le *Tao*... il faut lâcher prise.

174. L'harmonie des amants

Rien n'est requis, aucune pouvoir particulier, aucune aptitude précise. Il suffit d'être réceptif et confiant. L'enfant renaît sous les traits d'un amant ; nu, innocent, prêt, craintif et impatient.

Quand on parvient à cet état de réceptivité et de lâcher-prise vis-à-vis de toute chose, quand le vide s'est empli, les deux amants atteignent l'harmonie.

Nul ne peut garder le *Tao*. Pas plus que le *Tao* ne peut garder un être.

175. Au-delà du sublime

Par le don, l'homme emplit la femme et la vide du vide qu'elle contient ; par la possession, la femme reçoit l'homme et le vide de sa plénitude.

Où est la plénitude quand elle a été prise ? Où est le vide quand il a été empli ?

Quand l'un emplit, quand l'autre réalise le vide, le vide contenu dans chacun d'eux s'emplit.

Quand l'homme se vide dans le vide empli de la femme, c'est de sa part le plus sublime des dons. Et quand la femme prend possession de sa plénitude qu'il faut emplir, c'est la possession la plus sublime.

Qu'y a-t-il de plus grand que le sublime ? Quel nom donner à ce qui est plus sublime que le plus sublime ?

176. Le souffle du *Tao*

L'homme qui pénètre dans la femme, la femme qui reçoit l'homme, le mystère est là tout entier. Le mystère est la plénitude extérieure qui se joint au vide intérieur ; c'est le vide intérieur qui parvient à connaître la plénitude extérieure. Le mystère de l'homme et de la femme est l'union de la plénitude et du vide ; l'un et l'autre ont cessé d'exister. Le mystère, c'est la plénitude qui se transforme en état de vide empli pour que la femme en prenne possession, afin qu'il grandisse et se transforme en une plénitude intérieure profonde qu'elle pourra déverser.

Emplir et faire le vide ! Souffle rythmique des saisons et des générations ! Tout dans l'Univers n'est qu'un reflet du souffle du *Tao*.

A quoi ce souffle donne-t-il la vie ? Nul ne peut le dire. Mais tout mouvement est un souffle dans tous les lieux où il règne.

177. Interdit mais promis

Ils sont étrangers l'un à l'autre, mais ont tout en commun ; fantasques, mais honorés ; prudents, mais séduisants ; interdits, mais promis l'un à l'autre.

L'homme osera-t-il entrer ? La femme osera-t-elle prendre ?

178. Dans l'infini du commencement

Par-delà la croissance de l'homme, par-delà son épanchement dans la femme, sa propre plénitude croît et décroît. Par-delà la plénitude de la femme et par-delà son état de vide intérieur surgit le monde empli par la naissance et vidé dans la mort. Ce qui s'emplit provient d'un état de vide antérieur ; le vide provient de ce qui s'est empli. Comme si, dans un début sans fin, rien n'était ni perdu ni gagné.

La femme est le souffle rythmique, à la fois honoré et déshonoré, qui prend et donne. L'homme est le complice de ce souffle, son désir lui demande de s'impliquer dans le souffle qui est le sien propre.

179. Le vide est un état d'attente

Quand l'homme ne peut insuffler sa plénitude à la femme, il ne cesse de ressentir ce vide qui attend sa présence agissante. Bien que la femme ne cesse à aucun instant de s'emplir, elle ne peut se libérer de cet état d'attente. La plénitude ne peut vaincre ce vide immense et latent.

Aussi longtemps que la femme ne possède pas l'homme, aussi longtemps qu'elle ne lui permet pas de s'épancher dans le vide qu'elle lui offre, la richesse de la plénitude masculine est toujours présente dans son esprit. En état de vide sans cesse renaissant, l'homme retourne à son point d'origine, empli de l'attente qu'il a puisée en la femme. Le vide ne peut vaincre la richesse permanente et sans cesse renaissante de la plénitude.

180. Faire sien le corps de l'autre

L'union est le retour d'un seul unique à son autre corps qui n'appartient qu'à lui seul. Comme l'homme et la femme, soyez unis dans le parfait bonheur d'un corps unique.

L'homme est la plénitude et la femme est le vide qui n'appartient qu'à lui seul. Quand les deux corps fusionnent pour arriver à une pensée unique, c'est là que l'homme va puiser le vide dont il a besoin et qu'il est capable de recevoir.

La femme est le vide, l'homme est la plénitude qui n'appartient qu'à elle. Quand les deux corps fusionnent en une pensée unique, la femme vient y puiser la plénitude qui lui est nécessaire pour s'emplir à nouveau.

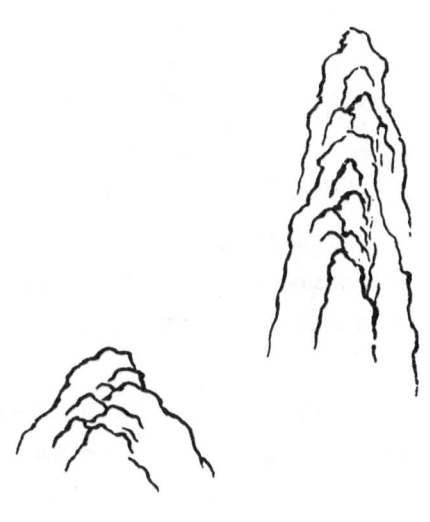

UNION

181. Tant est trouvé

Tout existe et à la fois rien n'existe ; le masculin est ce qui existe, il ne cherche rien ; le féminin est le non-existant, c'est le féminin qui cherche. C'est pourquoi l'union du masculin et du féminin est si riche de sens et de contenu.

182. La vanité des questions

Plutôt que dire : « L'homme possède la femme et la femme possède l'homme », mieux vaut dire qu'ils se possèdent l'un l'autre. Quand l'un et l'autre sont en proie au désir, tout début a disparu, toute question et toute réponse deviennent vaines, le plus infime des doutes s'efface.

Cet enseignement ne se trouve pas dans les livres. Les mots n'apportent qu'une réponse erronée. La pensée arrive aussi trop tardivement. Si vous demandez, la réponse sera négative.

L'eau trace son chemin sans y penser. Les saisons s'étalent sur le cours de l'année sans intention préméditée.

Unissez-vous en restant à l'image de l'eau, à l'image des saisons. Retrouvez-vous l'un l'autre, toute recherche est superflue.

Ne posez aucune question... La réponse est positive.

183. D'un instant à l'autre

Ce que chacun appelle le commencement exige autant d'attention que ce qui a nom fin. Quand les corps s'unissent, qu'ils ne manifestent aucune hâte, sauf si la hâte s'impose d'elle-même.

Chaque instant est un début, de même que chaque instant est une fin. D'un instant à un autre instant, rien de plus n'est à faire, nul lieu où se rendre, nulle autre façon d'être.

184. Grâce à la connaissance immédiate

Si vous êtes homme, pénétrez et vibrez par la connaissance immédiate et la fraîcheur d'esprit de celui qui ne sait pas.

C'est ainsi que vous ne pourrez être vaincu par la nouveauté et que l'ancien pourra renaître.

185. Comme au premier jour

Unis et solitaires, oubliez toute contrainte. Murs et rideaux, tiédeur de la lune entraînent les amants l'un vers l'autre dans un gigantesque tourbillon où tous deux sont happés.

Contemplez la danse primordiale de ces corps qui dansent au rythme de leur propre souffle dans la magie de La Grande Mère.

186. Tous les rythmes anciens

Ce que vous n'avez pas encore fait ensemble, ce qu'il est indispensable de faire... faites-le. Doucement, emplis, immergés dans le vide, laissez vos deux êtres s'ouvrir et baigner dans les mystères de vos deux corps unis.

Combien d'autres avant vous se sont unis en vivant l'ordinaire dans l'extraordinaire ? Tous nos ancêtres nous ont longuement préparés pour cet instant suprême.

Que vos deux corps à l'unisson dansent sur tous les anciens rythmes.

187. Le corps est seul à savoir

Quand la femme s'est emparée de la plénitude de l'homme, l'homme cesse d'incarner un mystère ; quand l'homme a comblé le vide de la femme, la femme cesse d'incarner un mystère. Dans l'union homme-femme, femme-homme, un autre mystère prend naissance.

Si l'on veut séparer l'homme de la femme, leur union perd tout son sens.

L'union est une certaine chose... quelque chose de plus grand que tout ce que les mots peuvent exprimer. Comme des ombres, les mots suivent les pensées, les pensées suivent l'esprit, l'esprit suit le corps. Comment l'union peut-elle avoir un sens quand le corps est seul à savoir ?

Lorsque la vanité des mots devient manifeste, le *Tao* est quelque part, tout proche.

188. Les corps comprennent le sens du *Tao*

L'union ne se réduit pas à la rencontre de l'intérieur et de l'extérieur. Elle est l'acte par lequel l'homme et la femme se réconcilient avec eux-mêmes.

Les corps comprennent le *Tao*. Ils unissent ce qui les sépare, abolissent ce qui les oppose. Deux corps ne faisant qu'un sont une image de l'unité du *Tao*.

189. Au-delà de l'union

L'homme emplit l'Univers de sa grandeur jusqu'à ce qu'il ne reste plus que sa fermeté... sa fermeté qui cherche. Là est la grandeur de l'homme.

Comme il serait beau qu'un lieu existe où sa grandeur serait contenue et entourée ! C'est là qu'est la grandeur de la femme ; à l'intérieur de laquelle l'homme vient s'éprouver.

Entre les tentatives de l'homme et la possession par la femme, quelque chose d'autre prend place. Par-delà leur union existe quelque chose qui est... plus grand que le vide qui emplit l'Univers, plus grand que l'étreinte de l'Univers. Les mots désignent, mais n'expriment rien.

Qu'y a-t-il avant la pensée, avant la naissance, avant que le désir ne prenne conscience de lui-même ? Que veut-on signifier en parlant du vide qu'il faut emplir et de la plénitude qui doit s'épancher ? N'y a-t-il vraiment aucune question, n'y a-t-il que le seul cours des choses qui advient à l'instant même ?

190. Le non-agir est différent

L'hiver et l'été se réconcilient. L'Est et l'Ouest se rapprochent l'un de l'autre. L'unité de l'homme et de la femme reflète le déroulement de l'année et la nature de la terre.

Ses quatre bras sont les quatre saisons, ses quatre jambes les quatre directions. La fusion des corps et des membres atteint l'unité, dans l'enlacement et la possession. Deux corps se tissent jusqu'à atteindre l'union totale où se trouve la fusion en un être unique. L'inhabituel enferme l'inhabituel, anéantissant leurs différences et leurs divisions.

191. Quand l'être profond participe à la vie universelle

Au plus intime de tout l'Univers vivant, quelque chose dépasse la pensée et la connaissance. On pourrait l'appeler le néant, bien que ce soit à partir de là que tout naisse et grandisse, se change d'abord en insistance, puis en désir et finalement en passion.

Quand la plénitude et le vide s'unissent, quand la passion crée le vide en l'homme et en la femme jusqu'à atteindre l'union totale, c'est pour chacun un retour et la renaissance de quelque chose d'intime au plus profond de leur vie.

192. Les amants trouvent ce que les sages recherchent

Unis dans la passion, l'homme et la femme parviennent au dépassement de soi pour atteindre le calme mouvant qui dépasse le moi. Les contraires se dissolvent. L'homme et la femme ne sont rien de plus. Au cœur de l'absence de pensée originelle, un et deux ne sont rien et sont tout à la fois.

Les amants trouvent ce que recherchent les sages. Le corps et l'esprit disparaissent. La division et la séparation cessent. Et cet état qui est le tout triomphe de la pensée qui, elle, n'est qu'un fragment de ce tout.

Ceux qui parviennent à atteindre le tout ne reviennent pas à ce fragment comme ils en sont partis.

193. Passer et devenir

L'air et le feu proviennent de la terre et de l'eau. Le souffle brûlant de l'extérieur embrase le souffle brûlant intérieur.

Chacun des amants prend naissance dans l'autre et disparaît dans la fusion des deux corps.

La terre remue la terre et éveille le souffle de la chair. Le feu enflamme le feu.

La poussée de la terre contre la terre précipite les eaux dans la mousse écumante de l'éphémère et du devenir.

194. Le souffle de la terre

Dans la mouvance de leur union, l'homme et la femme échangent leurs souffles au rythme de leurs inspirations et expirations, tel un corps insufflant la vie à un autre corps.

La terre puise son souffle dans le souffle des amants. Chacun d'eux est pour l'autre l'air de la terre, cet air qui fait vibrer l'eau et embrase la chair.

En vibrant d'un souffle unique comme deux amants, captez ce souffle, retenez-le, avant de le répandre pour qu'il devienne bénéfique à chacun, à vos deux êtres, à tous.

Retenez vos souffles... la terre tout entière est en attente.

195. Le besoin de chacun

L'amour de l'homme pour la femme fait naître en lui la plénitude. L'amour de la femme pour l'homme fait naître en elle la plénitude.

L'amour qui unit deux amants affermit tour à tour chacun d'eux puis leurs deux êtres réunis.

Chacun des amants a besoin de trouver en l'autre son breuvage de vie avant de le trouver dans leurs deux corps réunis.

196. Un champ libre

En faisant l'amour, que chacun dispose d'un immense champ de liberté.

Si dans un tel instant, deux amants ne peuvent se donner l'un à l'autre cette liberté immense, où donc pourront-ils la trouver ?

Le corps de chacun est un festin pour l'autre. Si vous êtes l'hôte... prodiguez vos largesses. Si vous êtes l'invité, acceptez ce qui vous est offert, mais recevez avec les marques de déférence qui s'imposent.

197. Au rythme de la rivière

La rivière s'écoule spontanément. Elle n'obéit aux ordres de personne. Elle est seule pour trouver la voie qui la conduit jusqu'à la mer.

La voie de la sagesse est une voie descendante. Sur son parcours, elle s'empare de tout pour l'amener vers l'union totale dans un état de plénitude profonde.

Ne résistez pas, ne manifestez aucune hâte, laissez-vous glisser sur cette voie descendante, au même rythme que la rivière.

Nul n'ignore qu'à l'heure du désir, animé d'un rythme intense, le sang se rue vers la mare en une pulsion de vie.

N'oubliez pas que le parcours de chacun est descendant. Faites vôtre la voie de la rivière.

198. Un commencement du commencement

Puisqu'un commencement est nécessaire, il doit donc y avoir un commencement du commencement. Un commencement du commencement du commencement doit donc exister également. Comment n'importe lequel des commencements pourrait-il être le commencement ?

Dans tout commencement, il y a désir. Le désir est le maître de tous les commencements. L'Univers est désir ; né spontanément, il pourvoit lui-même à ses besoins, comme l'eau mouvante assure la vie de la rivière.

A l'instant où l'homme et la femme s'unissent, les vibrations émanant de leurs deux corps sont en harmonie avec les vibrations qui émanent des étoiles ou de chaque brin d'herbe. L'erreur est impossible quand les racines du désir pénètrent au cœur des étoiles, quand les vibrations s'harmonisent avec les vibrations des plantes.

L'union de l'homme et de la femme est l'image de l'unité universelle. Quand ils se séparent, ils sont le reflet de la séparation universelle. Quand le désir est apaisé, la séparation advient. La séparation éveille le désir. Quand le désir s'éveille, il part en quête de l'union. Le rythme des jours et des saisons est aussi le rythme des amants comme il est celui des générations.

La présence du désir a précédé le commencement de tous les commencements.

199. Le corps seul

La voie qui permet de dépasser des limites est à l'intérieur de ces limites. La voie qui conduit au-delà des limites est intérieure. Il en est de même pour chaque chose.

De même que l'esprit connaît la voie qui transcende l'esprit, le corps connaît la voie qui transcende le corps. Le désir du corps est un désir douloureux. C'est pourquoi il cherche à dépasser les limites du corps.

Qui peut parler de soi en se comparant à un autre, parler de l'intérieur en le comparant à l'extérieur, parler de la pensée en s'inspirant des actes alors que la pensée est absente de l'esprit, alors que le contact n'est que la pensée du contact, quand le corps n'est qu'un mouvement de danse insouciante ? Le corps lui-même en serait incapable.

Pour arriver jusqu'à la connaissance, soyez soumis. Acceptez de perdre pour découvrir. A lui seul, le corps dispose de moyens suffisants.

200. L'esprit suit la pensée du corps

D'avance, le corps connaît sa voie. L'esprit suit la pensée du corps, il invente des pensées pour comprendre ce qui est déjà connu.

C'est alors que l'esprit, ahuri, voit jaillir le désir. L'esprit, en transes par l'effet des pensées du corps, oublie tout jusqu'à l'instant où il sort victorieux du moment d'élévation, jusqu'à ce qu'il soit immergé dans la connaissance intuitive immédiate.

201. Laisser le corps décider lui-même

Le mouvement est une libération d'énergie. Restez ferme, sans lâcher prise. Réprimez votre impatience, elle ne saurait que freiner la libération de cette énergie. Le mouvement est une force intérieure, si profondément ancrée en chacun de nous que nul ne peut faire obstacle à son flux constant. Laissez votre corps décider lui-même, en toute liberté.

Quand l'énergie est libérée, quand elle s'affermit jusqu'à vaincre toute résistance, elle agit spontanément, par l'effet d'un libre choix. Elle se manifeste parce qu'elle est prête à l'action, parce qu'elle a subi une longue et profonde préparation dans laquelle la terre ne cesse de se jouer de nous, de berner chacun en l'observant du coin de l'œil d'un air badin, pendant des jours et des jours. Cette force émerge du tréfonds de nous-mêmes, engendrée par un état transitoire auquel on ne peut fixer un commencement. Bien que nous la possédions en propre et qu'elle soit pour toujours l'apanage des humains, cette force est celle qui nous apprend à nous conduire ici-bas à travers le monde, non pas comme les créateurs du mouvement mais comme ses cibles mouvantes.

202. Un regard limpide et distant

Par-delà la mouvance de l'union existe un univers de sérénité. C'est l'attente, majestueuse, qui rappelle à l'ordre mais ne vient pas spontanément. C'est pourquoi l'homme et la femme partent à sa recherche en agitant le monde pour arrêter son mouvement, en attendant que le calme soit détruit par ce même mouvement.

Cette lutte facile fait frissonner la terre. Quand elle prend fin, c'est le signal d'un nouveau départ pour notre vieux monde qui se refuse à changer d'aspect. Avec la limpidité d'un regard lucide, les amants repartent vers un nouveau commencement qui, chaque fois, renouvelle avec grâce ce qui leur est devenu familier.

203. L'instant propice au retour

Tout comme les saisons, le désir attend son heure ; il s'agite, s'excite en attendant l'heure où il aura été satisfait.

Pour les amants, le rythme de l'année est une promesse de libération jusqu'au terme de l'automne. La mouvance de leur union automnale est le rythme favorable à de nouveaux commencements. Immergés dans la vigueur de leur sang estival, ils comprennent l'intensité de cette promesse inexprimée ; c'est pourquoi ils lâchent prise.

Dans son habituelle sérénité, l'attente hivernale se profile. C'est elle qui maintiendra cette promesse intacte, et en lui accordant sa confiance, lui permettra de trouver spontanément l'heure où elle devra se manifester à nouveau.

204. Par l'action du corps

Quand la plénitude de l'homme a été prise par le vide de la femme, quand le vide de la femme s'est empli de la plénitude de l'homme, l'individualité de l'un comme de l'autre a cessé d'exister. Tous deux sont transformés, l'action du corps a créé l'harmonie.

L'homme comme la femme parviennent facilement à connaître par le langage charnel ce que l'esprit n'a pu parvenir à connaître en s'appuyant sur des pensées.

Regardez le corps pourchassé par des pensées, regardez ce corps qui tente de comprendre par la pensée ce que déjà la chair lui a appris.

205. La simplicité et l'évidence

L'évidence contient une chose qui n'est pas évidente. La simplicité contient quelque chose qui n'est pas simple. La simplicité et l'évidence ne sont pas seulement simplicité et évidence.

Quand l'homme et la femme se rencontrent dans la profondeur d'un contact, il existe quelque chose qui transcende la simple rencontre entre ces deux êtres plus que la seule rencontre de deux corps. Entre les liens tissés par leur union, quelque chose vient unir l'intérieur et l'extérieur, ici avec là, ceci avec cela.

A l'intérieur de ce lien, quelque chose existe, à la fois ordinaire et extraordinaire : un calme mouvant ; un vide comblé par la plénitude ; un état transitoire qui n'est ni chose ni pensée, qui crée le contact sans nécessiter un contact. L'esprit empêche les pensées de trouver cette chose ; le corps empêche les sens de la pressentir.

Quand les deux corps s'unissent en un profond contact, sachez garder ce qui s'est créé entre vous et qui, par nature, est mouvant. Quand l'esprit pense entre les pensées, quand le corps pressent ce qui existe entre les corps, tout devient évident et simple.

L'union de l'homme et de la femme n'a qu'un seul but : nous apprendre que la mouvance de l'existant entre deux êtres est le lien universel qui relie entre elles toutes les choses de nature identique.

206. Les deux pieds doivent danser

Quand le vide de la femme a été empli, quand la plénitude de l'homme a pu s'épancher, chaque être a détruit l'autre.

L'homme prendra conscience de sa chute ; son désir de posséder la femme en lui insufflant son immense plénitude est sa manière de lui adresser un reproche pour la destruction qu'elle lui a fait subir. L'homme s'effondre avant d'arriver à un renouveau par l'effet du vide qui lui a été imposé par la femme, symbole de la mère.

La femme prendra conscience de sa propre chute ; le besoin de voir son vide immense comblé par l'homme est sa manière de lui formuler un reproche pour la destruction qu'il lui a fait subir. La femme s'effondre pour renaître à travers la plénitude qu'elle reçoit à travers l'homme, symbole du père.

Tout ce qui est perdu fait découvrir un nouvel équilibre. La grandeur de la chute que l'homme et la femme s'infligent mutuellement est la perte de leur distinction propre pour leur faire découvrir l'unité. Leurs deux corps ont connu l'équilibre total de l'union, mais les définitions mentales doivent être affermies par la force persuasive de leur corps. Le rapprochement et le contact anéantissent la distance créée par la seule pensée. Quand deux corps se rapprochent, ils s'apprennent une manière de comprendre.

Chaque union est le rappel d'un oubli mental : le corps ne connaît qu'une voie unique, c'est une voie qui lui appartient en propre.

Par l'égalité du corps et de l'esprit, par l'égalité de l'homme et de la femme, on rejoint l'équilibre total.

207. Un calme particulier

Dans l'espace contenu entre chaque pensée et chaque acte se trouve un calme particulier qui nous porte d'un état de calme vers un autre état de calme. Ce parcours nous conduit à un équilibre entre la pensée et les actes.

Toute chose naît du calme avant d'y faire retour. Le calme est aisance et, dans cette aisance, l'absence de pensée et le non-agir s'installent spontanément.

Jusque dans l'union, le calme est présent... il rend vain tout effort. Il ne reste que les seuls corps qui n'agissent plus sur les corps, plus que les esprits en paix qui jouent la comédie de la connaissance.

208. L'effort sans effort

A l'intérieur de l'union mouvante de l'homme et de la femme se trouve l'état de calme où l'intérieur rencontre l'extérieur, où l'un rencontre l'autre, où l'incomplet arrive à la complétude.

Tout comme le corps vit d'une vie propre, sachez garder ce calme. Il permet à l'esprit de jouer à être lui-même pendant que le corps joue à être un corps.

L'union est le lieu de repos de l'homme et de la femme, l'effort sans effort, le lieu plein d'un silence qui se rue vers nous pour nous donner calme et repos.

209. Sans l'homme, sans la femme

Dans l'instant immobile de leur union, quand la femme a pris totalement possession de la plénitude de l'homme, il ne lui reste plus rien à prendre quand tout le vide qu'elle contient a été empli. Quand l'homme lui a fait don de toute sa plénitude pour emplir son vide, il ne lui reste plus rien à donner puisque la totalité de sa plénitude a été prise. L'homme anéantit la femme et la femme anéantit l'homme.

Le don total par l'homme et la prise totale par la femme, c'est la perte de l'un et l'autre, le vide de deux êtres en un seul être n'en est pas une.

En est-il vraiment ainsi ? Si l'homme et la femme ont cessé d'exister, qui répondra oui ou non ?

210. Le merveilleux instant présent

Les amants qu s'unissent renoncent à leur être propre. Quand l'homme est au-delà de lui-même, il cesse de se connaître ; quand la femme est au-delà d'elle-même, elle cesse de se connaître elle-même.

Pour l'homme, quand la femme a cessé d'être une chose, quand elle est plus qu'un objet, il ne peut la connaître. Pour la femme, quand l'homme a cessé d'être une chose, quand il est plus qu'un objet, elle ne peut le connaître.

Sans désir de possession, ils sont le désir lui-même. A l'unisson, ils vivent en rêve le plus merveilleux des instants.

211. L'éternel retour

Avant la fin qui les conduit vers un renouveau, ils ne sont que deux amants enfermés dans un univers merveilleux d'où la pensée est absente. Qu'en est-il de leur distinction ? Qu'en est-il de leurs différences ? Où sont les deux êtres qui ne sont plus qu'un seul être ?

Le corps subit le vertige de la pensée jusqu'à l'instant où la détente vient, où l'esprit reprend ses droits, où un commencement s'amorce pour les ramener dans leur séparation première avant que ne se profile un nouvel instant qui, une nouvelle fois, est un nouvel éveil jusqu'à un nouvel instant qui est une fois encore un nouvel éveil.

Quoi de plus sage et de plus conforme à la nature des choses que le retour de chaque instant jusqu'à un nouveau début ?

212. L'autre face du Tout

Pendant leur instant d'union, quand l'homme donne à la femme et que la femme donne à l'homme, chacun donne à l'autre l'autre moitié de l'unité totale.

Tous deux sont plus que chacun, dans leur réponse au désir d'unité. Chacun est davantage que tous deux réunis, dans leur réponse au désir de séparation.

DIRIGER

LE TAO DU LEADER

John Heider : Diplômé de l'Université de Harvard pour les langues orientales et docteur en philosophie de l'Université de Duke, John Heider a soutenu sa thèse sur le sujet suivant : *Les Effets de la méditation sur la perception.* De 1967 à 1971, il a collaboré à l'institut Ensalen de Big Sur, en Californie, d'où a émané ce que l'on appelle le *New Age.* Psychologue du personnel à l'hôpital des Anciens Combattants de Topeka (Kansas), il a assuré jusqu'en 1980 la direction de l'École des ressources humaines de Mendocino (Californie). Avec son épouse Pamela, qui est gestalt-thérapeute, il vit aujourd'hui à Coconut Grove, en Floride.

« Un voyage de mille lieues a commencé par un pas. » Cet aphorisme taoïste résume à lui seul les principes essentiels de l'évolution et de la multiplicité contenue dans l'unité. Il est peut-être le plus connu de ceux contenus dans cet outil indispensable qu'est le grand classique : le *Tao-tê-King*. Indispensable, en effet, à la formation de dirigeants de groupes, de psychothérapeutes et d'éducateurs d'hommes ! Car le *Tao-tê-King*, jeune de ses deux mille cinq cents printemps, réussit à unir d'une manière convaincante et persuasive les techniques dites modernes du management à celles de guide de vie individuel : l'action et la vie ne font qu'un.

La réussite que j'ai obtenue en appliquant personnellement les enseignements du *Tao* m'a conduit à envisager une sphère d'application plus vaste, tout particulièrement pour une nouvelle génération fascinée par le rôle du leader et l'art de gérer les ressources humaines. Je souhaite que cette adaptation soit profitable à tous ceux qui aspirent à des fonctions dirigeantes, soit dans un contexte familial, dans un groupe, à l'église ou à l'école, dans les affaires ou dans l'armée, dans le domaine politique ou dans l'Administration.

Tao-tê-King signifie le Livre (*King*) sur la manière (*tao*) dont les choses évoluent et agissent (*tê*). Il comporte trois thèmes :
— la loi de la nature, ou la loi d'évolution des choses ;
— un art de vie, ou comment vivre dans la conscience de l'harmonie avec la loi de la nature ;
— une méthode de gouvernement, ou comment gouverner ou éduquer les autres en se conformant aux règles de la loi de la nature.

L'ouvrage de Lao Tseu était un livre de sagesse destiné à l'origine aux dirigeants politiques et gouvernementaux de la Chine antique (Ve siècle av. J.-C.). Je ne comprends pas le chinois. J'ai réalisé cette adaptation en comparant et en confrontant des traductions différentes. Une fois dépassées les contradictions, ce livre prend sa pleine signification. Il m'arrive souvent de lire à mes élèves l'un ou l'autre de ces passages. Après quoi, je leur fais part de ce que cette lecture m'a inspiré et de quelle manière elle peut s'appliquer à un dirigeant de groupe, ou plus généralement, à n'importe quel individu désireux d'explorer ses propres potentialités.

L'adaptation du *Tao* que je propose ici est une réponse à ces critères. C'est aussi mon interprétation personnelle du langage de Lao Tseu.

Il me semble que si le texte suivant est lu à haute voix, le *Tao* devient plus clair. Faites-en l'expérience. La voix fait résonner le corps en son entier. Elle facilite la prise de possession de l'espace, le retour de la confiance en soi. Ouvrez la bouche. Elle ouvrira vos yeux.

1. *Tao* signifie manière

Tao signifie manière : manière dont les choses arrivent, manière dont elles agissent. Le *Tao* est le principe unique qui sous-tend la création tout entière. Le *Tao* est Dieu.

Définir le *Tao* est impossible car il s'applique à tout. Définir une chose en usant de ses propres termes est impossible.

Si un principe se laisse enfermer dans une définition, ce principe n'est pas le *Tao*.

Le *Tao* est un principe ; la création est un processus d'évolution. Ces deux états expriment la nature même du *Tao* : principe et processus, manière et substance.

L'évolution de la création tout entière est soumise au principe du *Tao*. Aucune autre voie n'est possible.

Le *Tao* n'accepte pas de se laisser enfermer dans une définition ; en revanche, il accepte de se laisser pénétrer par la connaissance. On parvient à la connaissance par la méditation ou par la prise de conscience du sens des événements. Comprendre le déroulement des choses permet d'en comprendre la signification. On pressent alors le *Tao*.

Pour prendre conscience de l'évolution des choses, il faut les observer avec un esprit ouvert. C'est pourquoi il faut dépasser préjugés et idées préconçues ; ce sont des œillères qui altèrent la vision du monde.

Le principe est indissociable du processus d'évolution. C'est pourquoi la méditation est efficace. Dans chaque cas, le processus d'évolution révèle la présence sous-jacente du principe de base. Le *Tao* est donc accessible à tous et à chacun. Quand on connaît le *Tao*, on connaît Dieu. Comprendre le *Tao* permet de comprendre le sens de l'évolution des choses et du monde.

2. Le mécanisme des polarités

Chacun de nos comportements est régi par ses aspects contradictoires ou polarités. Une même action répétée de multiples fois fait émerger sa polarité.

Prenons pour exemple une personne excessivement préoccupée par sa beauté. Elle devient laide. Une bonté excessive n'est que l'expression d'un égoïsme forcené.

Tout excès dans une forme d'attitude aboutit à son contraire :
* l'obsession de la vie évoque la crainte de la mort ;
* la véritable simplicité n'est pas synonyme de facilité ;
* notre dernière rencontre est-elle récente ou très lointaine ?
* celui qui se vante éprouve sûrement un sentiment d'insécurité et de faiblesse ;
* qui veut être le premier finit le dernier.

C'est pourquoi le leader avisé qui connaît l'existence de ces polarités ne cherche pas à forcer le cours des choses. Il se limite à favoriser leur évolution naturelle.

Le leader est un maître qui enseigne par l'exemple. Comme il refuse de s'appuyer sur des préceptes théoriques, il ne se limite pas à dicter aux autres la manière dont ils devraient se conduire.

Le leader sait que, s'il intervient trop fréquemment, il bloquera l'évolution du groupe qu'il dirige. Il s'abstient de faire pression pour que les choses adviennent comme il le souhaite intimement.

La quête du leader avisé n'est ni la richesse ni la célébrité. Simplement parce que déjà les deux lui appartiennent.

3. Être soi-même

Le leader avisé ne cherche pas à se parer d'une auréole de sainteté ni à précipiter le cours des choses pour améliorer ses performances. Il sait que ces pratiques ne contribuent qu'à créer un climat de succès ou d'échec où règne la jalousie et l'esprit de compétition.

Le leader avisé n'attache qu'une importance relative au succès matériel qui ne peut le conduire qu'à des résultats semblables : les bien-nantis deviendront cupides, les plus démunis seront incités au larcin.

Quiconque privilégie les apparences se transforme en courtisan.

Le leader avisé est aussi attentif que respectueux du comportement de chacun. Ce faisant, il favorisera l'ouverture et la réceptivité de chaque homme du groupe. Tous comprendront que les perspectives qui s'offrent à eux sont infinies. Si les hommes refusent une attitude de courtisan servile, s'ils sont réceptifs aux opportunités qui leur sont offertes, cette ouverture sera riche d'enseignement.

Le leader apporte le témoignage que le style n'est pas la substance ; que la connaissance de faits précis n'engendre pas une puissance supérieure à celle que procure la sagesse ; que créer une impression ne révèle pas une puissance plus grande que conformer son action à des principes intérieurs.

Les néophytes devront apprendre que l'action vraie est fille du silence et d'une critique sur soi-même. Ils y trouveront la paix intérieure ; ils découvriront qu'un regard réaliste permet beaucoup mieux de faire face aux nécessités qu'un état d'agitation.

4. Le *Tao* n'est pas une chose

Que chacun réfléchisse autant qu'il le souhaite, nul ne parviendra jamais à découvrir ce qui porte le nom de *Tao* ou Dieu. Le *Tao* n'est pas une chose. Le *Tao* est un principe ou une loi. *Tao* signifie manière.

L'évolution tout entière obéit à la loi du *Tao*, mais le *Tao* n'a aucune conduite propre. Le *Tao* n'est jamais un objet ou un processus.

Le *Tao* est la loi qui régit le cours des choses et des événements. Le *Tao* est le fondement commun de toute la création.

La création consiste en choses et en événements. Toutes les choses et tous les événements sont des phénomènes de vibrations ; chaque vibration est composée de contraires ou polarités ; ces polarités peuvent être harmoniques ou conflictuelles, à divers degrés.

Qu'il s'agisse de choses ou d'événements, que leurs vibrations soient harmoniques ou conflictuelles, la forme qu'ils revêtent et les transformations qu'ils subissent ne sont que la simple expression du *Tao*.

Mais le *Tao* n'est pas un phénomène vibratoire ; il n'est pas non plus un son. Il n'a ni contraire ni polarités. Le *Tao* est unique, le *Tao* est l'unité.

Toute recherche est vaine, rien ne précède le *Tao*. Le *Tao* n'est l'œuvre de personne, personne ne l'a créé, personne n'a créé Dieu.

5. L'égalité de traitement

La nature exerce une justice aveugle et impartiale. Nul ne peut échapper aux conséquences de ses actes. Invoquer la condition humaine ne constitue pas une excuse valable.

Le leader avisé ne tente pas de protéger les hommes contre les conséquences des erreurs qu'ils commettent. La lumière générée par la prise de conscience éclaire tout autant ce qui est agréable que ce qui ne l'est pas.

Les hommes ne sont pas meilleurs que le reste de la création. Êtres et choses sont régis par un même principe. La dignité est la même pour tous. Pourquoi certains cherchent-ils à jouer les privilégiés ?

Chaque chose est la preuve de cette loi. Le seul fait que Dieu ne soit pas une chose ne signifie pas qu'il n'est rien. Une once d'humilité est de meilleur ton.

Cette prise de conscience impose au leader de ne pas se croire différent des autres. Le leader refuse de tenir des propos malveillants sur les autres ; il ne s'épuise pas à disserter sur la valeur de théories de tendance opposée.

Le silence est source de grandeur. Le leader y puise la sienne propre.

6. Le lac dans la vallée

Êtes-vous capable de devenir ouvert et réceptif, de rester calme, de faire taire vos désirs, de ne pas éprouver le besoin de vous livrer à une quelconque activité ?

Un être ouvert et réceptif fait l'expérience de l'état féminin *yin* symbolisé par la vallée.

Imaginez la présence d'un lac dans la vallée. Si aucune crainte ni aucun sentiment ne vient agiter sa surface, l'image de l'eau est semblable à un miroir.

Ce miroir reflète l'image du *Tao*. On peut y voir l'image de Dieu et celle de toute la création.

Pénétrez dans la vallée, soyez calme, et contemplez le lac. Faites-le aussi souvent que vous le souhaitez. Le silence qui règne en vous deviendra plus intense. Le lac ne s'asséchera jamais.

La vallée, le lac et le *Tao* sont à l'intérieur de vous-même.

7. L'absence d'égoïsme

L'égoïsme est le fondement de l'altruisme.

Le ciel et la terre sont résistants parce qu'ils ne sont pas simplement égoïstes ; ils n'existent qu'en fonction de la création tout entière.

La conscience de cet état de fait incite le leader à contrôler sa tendance naturelle à l'égoïsme. C'est par là qu'il accroît son potentiel d'efficacité.

Le véritable sens de la fonction du leader est le sens du service : l'égoïsme en est banni. L'évolution du leader est plus rapide et plus durable s'il place le bien-être général au-dessus du sien propre.

Le paradoxe du leader est qu'il rehausse sa propre valeur par une attitude altruiste.

8. L'eau

Le leader avisé est semblable à l'eau.

Observez l'eau : elle purifie et revigore toutes les créatures, sans distinction et sans préjuger de leur importance ; librement, courageusement, elle pénètre en profondeur la surface des choses ; l'eau est fluide, elle réagit aux sollicitations ; l'eau obéit librement à sa règle de vie.

Observez le leader avisé : il ne récrimine jamais, quel que soit son partenaire ou le problème à résoudre. Son action vise le bien-être et le profit de tous, quel qu'en soit le prix ; le leader s'exprime avec simplicité et honnêteté, il intervient pour répandre la lumière et créer l'harmonie.

En observant le mouvement de l'eau, le leader a appris qu'à l'heure de l'action le choix du moment est de première importance.

Tout comme l'eau, le leader accepte de se soumettre. Si le leader refuse d'exercer une pression, le groupe ne proteste pas ni n'oppose de résistance.

9. La valeur du groupe

Un bon groupe est meilleur qu'un groupe préoccupé de spectaculaire.

Si les leaders se comportent comme des « superstars », l'image du maître fait ombrage à l'enseignement qu'il dispense.

Les champions manquent généralement de réalisme. La gloire contient son propre ferment ; sous l'emprise de l'autosatisfaction, ces leaders en arrivent rapidement à perdre le sentiment de leurs limites. Perdant de vue leur point d'attache, ils s'effondrent.

Le leader avisé s'attache à produire un travail de qualité et laisse à d'autres le plaisir d'occuper la scène. Il ne s'attribue pas le mérite des résultats obtenus, la renommée est son souci mineur.

Quiconque sait modérer son *ego* donne un témoignage de sagesse.

10. Les préjugés sont nuisibles

Savez-vous maîtriser la manifestation de vos émotions sans prendre parti ou sans chercher à vous assurer des supporters ?

Savez-vous respirer librement, rester calme sous l'assaut de craintes ou de désirs violents ?

Savez-vous maîtriser vos problèmes personnels ? Êtes-vous en paix avec vous-même ?

Faites-vous preuve de modération lorsque vous êtes confronté à des personnes d'opinion différente de la vôtre ? Savez-vous diriger une équipe sans vous comporter comme un chef dominateur et autoritaire ?

Savez-vous rester ouvert et réceptif face aux différents problèmes qui se présentent à vous ?

Êtes-vous capable de comprendre le sens de l'imprévu en gardant votre calme, pendant que ceux qui vous entourent le comprennent sans votre aide ?

Le leader sait gouverner d'une manière positive.

Le leader sait qu'il ne doit pas être possessif.

Le leader a le sens du service et refuse de s'attribuer le mérite des résultats.

Le leader gouverne en ignorant la contrainte.

Le leader atteindra cet objectif en s'affranchissant de tout préjugé, par la transparence de son comportement et par son réalisme.

11. Le climat du groupe

Le leader écoute attentivement le silence. Que se passe-t-il dans un groupe en l'absence de tout événement extérieur ? C'est ce qu'il convient d'appeler le climat du groupe.

Imaginez treize personnes assises en cercle. Le climat ou l'ambiance qui règne en l'absence d'événement extérieur détermine la qualité des relations entre les présents.

Apprenez à percevoir le vide. Si vous entrez dans une demeure vide, savez-vous ressentir l'odeur spécifique du lieu ? Il en est de même pour un vase ou un pot. Apprendre à percevoir le vide intérieur de chaque chose ou de chaque moment, c'est apprendre à percevoir l'utilité de ces choses ou de ces moments.

Les propos et les actes de chacun de nous sont des moyens de représentation. Ce sont eux qui donnent forme et substance au groupe.

En revanche, les temps de silence et les temps morts révèlent le groupe dans sa nature profonde. Ces temps de silence sont le contexte où viennent s'insérer les événements qui se produisent. Voilà ce qu'on appelle l'ambiance du groupe.

12. Le temps de réflexion

Lorsqu'un groupe est agité par une atmosphère perpétuelle de conflits, les capacités de discernement s'altèrent. L'excès de bruit anéantit les sensations. Un état de tension permanente n'est pas favorable à une compréhension profonde.

Il ne faut pas confondre désir de comprendre et recherche de sensationnel.

Le leader prévoit toujours un temps de silence consacré à la réflexion. Il se concentre bien pour assimiler en profondeur le sens réel des événements. Le leader n'est pas avide de sensations. Il reste calme, le calme est favorable à l'évolution.

Le leader apprend aux hommes qu'il dirige à cesser de se perdre en bavardages sur des banalités courantes ou sur les problèmes qu'ils ne parviennent pas à résoudre. Il leur apprend à être conscients de leurs réactions physiologiques face à une situation de fait.

Si chaque homme du groupe dispose du temps nécessaire à la réflexion, il arrive à une perception plus claire de ce qui est important pour lui et pour les autres.

13. Le succès

Si la victoire est évaluée en termes de louanges ou de blâme, elle engendre un état d'angoisse permanente.

Si le leader ne vise qu'à s'assurer une bonne réputation, s'il ne recherche que la célébrité pour l'œuvre accomplie, il ne manquera pas de se heurter à des obstacles sur la voie qui mène à l'évolution intérieure.

La gloire est un pesant fardeau. S'occuper judicieusement de soi en est un autre qui l'est tout autant.

Pourquoi la gloire ou les louanges posent-elles problème et quel est-il ?

Si le groupe applaudit à chaque action du leader, le leader sera pleinement satisfait. Si, par la suite, les louanges sont mitigées, le leader en éprouvera de l'inquiétude. Si les hommes du groupe en viennent à le blâmer, s'ils remettent sa conduite en question ou s'ils formulent des griefs, le leader se sentira blessé. Dans chaque cas, le leader est anxieux et dépendant du groupe.

Comment une bonne réputation peut-elle constituer un obstacle à son évolution ?

Une bonne réputation provient naturellement d'un travail de bonne qualité. Si le leader y attache une importance excessive, s'il tente de la préserver à tout prix, ce sera au détriment de sa liberté et de l'honnêteté qui s'imposent pour améliorer son potentiel d'évolution.

En quoi la réputation du leader exige-t-elle qu'il prenne soin de lui-même ?

Pour fournir un travail de bonne qualité, le leader doit être attentif à lui-même. Il doit faire son autocritique et accepter les critiques de son entourage. S'il est par trop indulgent envers lui-même, il tombe dans l'égocentrisme.

L'égocentrisme sera nuisible tant au leader lui-même qu'à la qualité de son travail.

Si le leader est à même de cueillir les fruits de la victoire tout en prenant soin de lui-même, il est en mesure de créer les conditions favorables au succès pour lui-même et pour les autres.

14. Comprendre le sens des événements

Le leader qui ne parvient pas à comprendre ce qui advient dans un groupe ne doit pas s'obstiner. Il est préférable qu'il élimine sa tension intérieure en observant calmement les événements avec les yeux de sa propre conscience.

Quand on ne parvient pas à comprendre les propos d'une personne, il est inutile de se fixer sur le sens de chaque mot. Il vaut mieux abandonner les efforts, faire le silence intérieur et écouter avec le soi profond.

Si le leader est embarrassé par ce qu'il voit ou par ce qu'il entend, qu'il renonce à comprendre. Qu'il prenne du recul pour parvenir au calme intérieur. S'il y parvient, les événements les plus complexes lui paraîtront simples.

Pour comprendre le sens des événements présents, le leader doit limiter son temps de présence ; il doit être réceptif et attentif à ce qui advient, écouter calmement plutôt qu'en se concentrant à l'excès. Qu'il fasse appel à son intuition et à sa réflexion plutôt qu'essayer de comprendre la façon dont il perçoit les choses.

Plus le leader renonce à l'effort, plus il devient ouvert et réceptif et mieux il comprend le sens des événements.

Le leader ne doit pas oublier qu'il doit vivre au présent. La richesse du présent est infiniment plus grande que celle de tout un passé de souvenirs ou d'un futur fondé sur des espoirs hypothétiques.

C'est pourquoi l'attention du leader doit être dirigée vers le déroulement des événements actuels.

15. Les maîtres des leaders

Les maîtres pratiquaient la méditation. C'est pourquoi ils pouvaient comprendre l'enchaînement des événements. La méditation leur permettait d'accéder à l'infini. C'est pourquoi leur maintien était souvent profond et impénétrable, parfois majestueux.

L'action du leader ne s'appuie ni sur des techniques ni sur des effets de mise en scène. Elle s'appuie sur le silence et la concentration.

Leurs gestes étaient empreints de grâce et de perspicacité. Ils savaient faire face à des situations difficiles et les mener à bien.

Ils jouissaient de l'estime générale. Ils n'offensaient jamais. Leur attitude avait la courtoisie et la dignité qu'on attend de la part d'un hôte. Ils savaient se soumettre avec élégance et agir avec naturel et discrétion.

Dans leur attitude, ils témoignaient de la même ouverture, de la même réceptivité et de la même disponibilité que les vallées qui sillonnent les collines.

Ils répandaient la lumière sur les événements quand ils étaient sollicités par autrui, car ils avaient déjà fait une telle démarche pour leur propre compte. Quand ils parlaient, leurs propos touchaient au plus profond de l'âme car ils avaient déjà acquis la connaissance de leurs propres conflits et de leurs propres blocages.

Ils négligeaient l'égoïsme, c'est pourquoi ils pouvaient régénérer les autres.

Ils ne se préoccupaient pas d'atteindre l'illumination car ils en étaient déjà pénétrés.

16. Dépasser l'égoïsme

Pour gagner en profondeur, le leader renonce à toute forme d'égoïsme. Ses efforts ne se limitent pas à rechercher la perfection, la richesse, la sécurité ou l'admiration. De tels efforts n'aboutissent qu'à une limitation. Ils font obstacle à l'aptitude à l'universalité.

Le renoncement est semblable à la mort. Tout émerge, tout prend forme, avant de mourir à son tour. Il en est de même pour chacun de nous.

La mort est l'abandon de tout égoïsme. La mort est un instant de fusion avec tout le reste de la création.

Dans tous les cas, le moi profond sait que l'unité avec la création ne cesse jamais. La création tout entière est un tout unique qui évolue selon la loi d'un principe unique.

Je renonce à mon égoïsme ; j'abandonne l'idée que je suis un être distinct des autres ; j'agis au nom de l'universel. J'en tire profit pour moi-même et je mets ce profit à la disposition d'autrui. Je ne suis en désaccord avec personne. J'éprouve un sentiment de paix, j'épargne mon énergie car je n'oppose aucune résistance au cours des événements.

La mort cesse de susciter des craintes puisque je sais comment je dois m'abandonner et parce que j'accède à l'Éternité.

17. Le leader est une sage-femme

Le leader avisé n'intervient qu'en cas de nécessité. Sa présence doit planer pour créer le climat, mais il arrive très fréquemment que le groupe assure lui-même sa progression.

Les leaders de moindre valeur sont affairés, volontiers prolixes ; ils ont leurs fidèles, ils font figure d'idoles.

Il arrive même que certains leaders — les pires — recourent à la crainte pour stimuler l'énergie du groupe et à la force pour venir à bout des résistances.

Les leaders les plus redoutables sont les seuls à s'attirer une mauvaise réputation.

Le leader ne perd jamais de vue que son rôle consiste à faciliter l'évolution d'autrui sans qu'il s'agisse de la sienne propre. C'est pourquoi il ne cherche pas à s'imposer ni à exercer un contrôle. Il relègue à l'arrière-plan ses propres nécessités et ses impressions personnelles.

Si le leader n'a pas foi dans le potentiel d'évolution d'une personne, celle-ci ne lui accordera pas sa confiance.

Le leader doit s'imaginer qu'il est une sage-femme ; il assiste à la naissance d'une personnalité. Le leader ne cherche pas les effets spectaculaires, il cherche à mener à bien sa tâche sans faire d'embarras. La fonction du leader est de permettre aux événements de se produire, elle ne consiste pas à favoriser ce que lui-même souhaite. S'il doit prendre des initiatives, qu'il fasse en sorte qu'elles soient une aide pour la mère tout en lui laissant sa liberté, mais tout en la surveillant attentivement.

Quand l'enfant sera né, sa mère dira spontanément : « C'est nous qui l'avons mis au monde ! »

18. Le pour et le contre

Le leader ne perd jamais de vue l'action du principe unique puisqu'il exprime le mode d'évolution de toute chose.

Si le leader néglige ce principe unique, s'il ne médite pas suffisamment, le groupe risque de se perdre dans des discussions sur les effets possibles de telle ou telle autre technique. Un climat de querelle et de découragement s'installe.

Dès que l'on dépasse le stade de la simple connaissance sensible, on pénètre dans le labyrinthe de la ruse, du challenge et de l'hypocrisie.

Quiconque oublie que l'unité est le fondement de toute la création est conduit à obéir à des principes de moindre valeur tels que la famille, le clan, ou le groupe social.

Le nationalisme, le racisme, l'esprit de classe émergent quand on perd la conscience de l'unité. C'est à ce stade que les peuples prennent parti pour ou contre telle ou telle idéologie.

19. Se perfectionner soi-même

Oubliez les techniques subtiles et tous les programmes de perfectionnement personnel. Cet oubli ne pourra qu'être profitable à vous et à votre entourage.

Ne promettez pas de guérir les maux, de procurer le bien-être et de donner un sens à la vie en la rendant plus agréable et plus humaine.

Abstenez-vous de proposer des programmes qui font appel à l'égoïsme personnel, qui prétendent donner les moyens de gagner la richesse, la puissance, les faveurs de l'autre sexe ; ces programmes vous apprennent aussi la rapacité, la paranoïa, les moyens de manipuler autrui.

Personne ne peut apprendre à quiconque les moyens d'être heureux, de parvenir à la prospérité, d'être en bonne santé, de gagner la puissance. De telles qualités ne sont pas l'affaire de simples techniques ou de règles précises.

Quiconque souhaite se perfectionner doit faire appel au silence ou à une technique de purification quelle qu'elle soit. C'est par là qu'il est possible de découvrir progressivement le moi profond tout en dépassant l'égoïsme.

20. La sagesse traditionnelle

Notre rôle consiste à faciliter le processus d'évolution et à faire la lumière sur les conflits. Ces aptitudes ne reposent pas sur des principes formels et stricts mais sur le bon sens et les lois de la sagesse traditionnelle.

Le leader formaliste qui agit en fonction de principes stricts répond en s'inspirant de tel ou tel modèle théorique. Il serait préférable d'apporter une réponse plus simple et plus directe à ce qui advient au présent.

Soyez sûr que le modèle auquel vous faites référence est compatible avec les lois de la sagesse traditionnelle. Il suffit pour s'en persuader d'être attentif à la remarquable perspicacité des religions.

La plupart des gens agissent pour satisfaire leurs désirs. Ils finissent par croire que le monde entier est à leur service. Mais le leader avisé accepte de se mettre au service d'autrui, il sait maîtriser ses désirs ou ses moyens de défense.

La plupart des gens sont tourmentés par des désirs perpétuels ; le leader avisé se satisfait de peu. Quand la plupart des gens mènent une vie agitée, le leader avisé choisit le calme et la réflexion. Quand tous sont en quête de nouveautés et de stimulants, le choix du leader avisé se tourne vers ce qui est commun et naturel.

Si l'on sait se satisfaire de ce que l'on possède, on parvient à la simplicité. Ce qui est ordinaire est universel. Ce qui est naturel est proche de la source de la création.

Tel est le fondement de la sagesse traditionnelle.

21. L'universalité du *Tao*

Si l'on obéit au principe qui régit la création, on acquiert la puissance et l'efficacité dans l'action. Ce principe est le seul qui permette de comprendre le sens du déroulement des événements et apprenne à répondre par une action adaptée.

Toute chose, qu'on le veuille ou non, est soumise à ce principe. C'est le schéma directeur de toute la création.

Tout pouvoir, de quelque nature qu'il soit, provient d'une coopération consciente ou inconsciente avec ce principe unique.

Ce principe unique est omniprésent, en permanence.

Tout ce qui est né, tout ce qui a grandi, tout ce qui a disparu, disparaît ou disparaîtra obéit à cette loi unique pendant sa durée d'existence.

Il est certain que le temps qui passe fait apparaître des formes nouvelles, mais ces formes ne cessent jamais de respecter ce même principe éternel.

Comment savoir que le *Tao* est universel ?

La seule raison ne permet pas d'apporter une réponse satisfaisante. Je l'apprends par la voie du silence. Je l'apprends par la grâce de Dieu.

22. Le paradoxe de l'abandon

Si je m'abandonne à ma nature profonde, mon potentiel latent se manifeste. Quand je cesse de me soucier de ce que je possède, mes besoins sont naturellement satisfaits.

Ces paradoxes relèvent de l'état féminin *yin* :
— en ne m'opposant pas, j'apprends à résister ;
— l'espace vide s'emplit ;
— quand je donne de moi-même, je grandis ;
— quand je me sens anéanti, ma croissance s'opère ;
— quand je ne désire rien, tout m'est donné.

Vous est-il arrivé de lutter pour obtenir du travail, pour trouver l'amour, puis d'abandonner la lutte et de voir le travail et l'amour se présenter spontanément ?

Vous voulez être libre et indépendant ? Respectez la loi divine ; c'est par cette loi que tout arrive, quel qu'en soit le moyen.

Si j'essaie de faire impression sur le groupe, je deviens très imposant. Si je me limite à me donner bonne apparence, le groupe en a conscience et n'apprécie pas.

Le mieux que je puisse faire est d'oublier mes opinions personnelles ; moins je m'accorde d'importance, plus mon prestige grandit.

Si mon action satisfait les souhaits de ceux qui travaillent, je ne me heurterai à aucune résistance.

Telle est la sagesse du principe féminin : s'abandonner pour parvenir à la réalisation. La conduite du leader en est une illustration.

23. Le calme

Le leader avisé parle rarement et brièvement. En tout état de cause, il n'existe aucun courant naturel qui soit infini. La pluie commence à tomber, puis cesse. Le tonnerre gronde, puis se tait.

L'état intérieur du leader est plus éloquent que ses actes, son silence est plus lourd de sens que des discours sans fin.

Le leader reste calme. Il puise son inspiration dans sa sagesse intérieure. Il n'y parvient que s'il a fait le calme en lui-même.

Le leader qui sait comment atteindre cet état de calme, qui fait preuve d'une profonde perspicacité, a toutes chances d'être efficace dans son action. Si le leader se perd en propos sans substance, s'il se vante, s'il tente de faire impression sur le groupe qu'il dirige, il témoigne qu'il manque de point de repère. Il sera difficile de devenir un leader influent.

Le *Tao* n'est efficace que si l'on respecte sa loi. Dieu reconnaît les siens. Quiconque accepte la loi du principe unique est à même de conformer ses actes à sa loi.

Agir de concert avec le principe unique assure l'efficacité des actions entreprises. Se limiter à une attitude égocentrique, à tenter de s'imposer à autrui ne conduit à rien de tangible et altère la crédibilité du leader.

Le leader doit constamment avoir présent à l'esprit que la loi du *Tao* est la conscience d'un processus d'évolution. Qu'il médite dans le calme intérieur.

Quelles sensations éprouve-t-il en son for intérieur ?

24. La détente

Des tentatives trop ardues aboutissent à des résultats imprévisibles :
— le leader qui agit sous le coup d'une inspiration manque de stabilité ;
— le leader qui expédie les affaires du quotidien ne peut réaliser des objectifs précis ;
— le leader qui cherche à briller ne possède pas l'illumination véritable ;
— le leader qui manque de confiance en son potentiel cherche à prouver sa valeur ;
— le leader dont la puissance est incertaine s'appuie sur sa position hiérarchique ;
— le leader renonce à se réclamer de l'auréole du pouvoir qu'il détient.

Toutes ces attitudes sont dictées par un sentiment d'insécurité. Elles n'aboutissent qu'à procurer un réconfort sans jamais favoriser l'action. Toutes contribuent à altérer le bien-être physique du leader.

Si le leader prend conscience de cet état de fait, il se refuse à de tels comportements.

Que chacun prenne le temps de la réflexion :

A qui peut se comparer celui qui témoigne d'une telle indulgence envers lui-même ? A Dieu ? Ou se mesure-t-il avec son propre sentiment d'insécurité ?

Est-il avide de gloire ? La gloire ne fera que compliquer sa vie et compromettre la simplicité de son esprit.

Recherche-t-il la richesse ? Les efforts dépensés pour l'acquérir le déposséderont du temps dont il dispose.

L'égocentrisme et l'égoïsme sous toutes leurs formes jettent la confusion dans votre moi profond. Ils empêchent de comprendre les lois de déroulement des événements.

25. Le *Tao* : être et ne pas être

Voici ce que le *Tao* n'est pas :

— le *Tao* n'est pas une chose ;

— le *Tao* n'est pas un son ni aucune autre forme de vibration ;

— le *Tao* est indivisible ;

— le *Tao* ne peut être modifié ;

— le *Tao* n'accepte pas les demi-mesures : il est impossible d'adoucir sa loi ou d'en accroître l'intensité ;

— le *Tao* n'admet ni partenaire ni complément.

Voici ce qu'est le *Tao* :
— le *Tao* est unique ; c'est l'image de l'unité ;
— le *Tao* est la cause qui détermine toutes les autres ;
— le *Tao* précède toutes choses ;
— le *Tao* est la loi universelle qui régit la création tout entière.

Le mot le plus clair et le plus utile pour définir le *Tao* est « comment », car le *Tao* est la loi qui commande le mode d'évolution de l'Univers tout entier.

Même si le *Tao* ne revêt aucune forme ni ne possède aucune qualité, il faut toujours se rappeler qu'il est omniprésent, depuis toujours et pour toujours.

Imaginez un infini à quatre niveaux : chaque individu en un certain sens est infini ; la terre est infinie ; le cosmos est infini ; le *Tao* est infini. Bien qu'il soit possible de définir chacun de ces infinis, les trois premiers sont déterminés par le dernier qui est le plus grand.

Chaque être est dépendant de la terre. La terre est dépendante du cosmos. Le cosmos est dépendant du *Tao*.

Le *Tao* n'est dépendant de rien.

26. Le centre et le fondement

Le leader capable de concentration, ayant des convictions fermes, peut diriger sans crainte des individus qui manquent d'assurance et sont en butte à des circonstances difficiles.

La concentration implique la possibilité de garder son équilibre quand on est au cœur de l'action. Le leader capable de concentration n'est pas tenu de se soumettre aux caprices passagers et aux impulsions des personnes du groupe qu'il dirige.

Les convictions du leader l'incitent au réalisme. C'est par là qu'il acquiert influence et crédibilité. Il a une bonne connaissance des situations et une conscience claire de ses devoirs et responsabilités.

Le leader concentré et convaincu du bien-fondé de l'action qu'il conduit est un leader stable, confiant en son potentiel.

Si le leader ne possède pas cette stabilité, il risque d'être facilement dépassé par le poids de ses responsabilités. Il pourra commettre des erreurs d'appréciation ou voir sa santé s'altérer.

27. Par-delà les techniques

Le voyageur expérimenté n'a pas besoin de partir en voyage organisé s'il désire visiter des sites nouveaux en toute sécurité.

Un discours politique authentique ne recourt pas aux promesses ni ne cherche à s'opposer à la masse.

Celui qui a une profonde connaissance des mathématiques ne résout pas ses problèmes, quelle qu'en soit la nature, avec un ordinateur.

Pour assurer la sécurité d'une demeure, les verrous, les barreaux, les serrures ou les dispositifs d'alarme sont des moyens superflus pour empêcher la visite des malfaiteurs.

La compétence du leader avisé ne s'appuie ni sur des techniques ni sur des astuces ni sur des exercices pratiques.

Chacun de nous doit avoir conscience de cet état de fait qui s'applique à toutes les situations.

Par son état de conscience, le leader doit créer un climat d'ouverture. Sa capacité de concentration et la fermeté de ses convictions lui confèrent stabilité, souplesse et durabilité dans l'exercice de son pouvoir.

La clairvoyance du leader crée la clairvoyance dans son entourage.

La présence du leader est nécessaire au groupe. Son rôle consiste à diriger et à favoriser le déroulement des événements. La présence de ses hommes lui est nécessaire, de même que la présence de la masse, car son devoir consiste à la servir. Si l'une ou l'autre partie vient à méconnaître le droit mutuel au respect et à l'amour, les deux parties faillissent à leur rôle.

Aucune ne parvient à la polarité créative de celui qui à la fois enseigne et apprend. Aucune ne peut comprendre le sens du déroulement des événements.

28. Guerrier, guérisseur et *Tao*

L'action du leader est semblable à celle d'un guerrier ou à celle d'un guérisseur.

L'action du leader est à l'image de celle d'un guerrier, car elle doit être marquée par la force et par l'esprit de décision.

C'est l'aspect masculin *yang* de la fonction de leader.

Pourtant, très souvent, l'action du leader évoque celle d'un guérisseur, par son ouverture, sa réceptivité et la chaleur qu'il dispense. C'est l'aspect féminin *yin* de la fonction de leader.

Ce mélange d'actes et de sentiments, de guerrier et de guérisseur est à la fois productif et stabilise son pouvoir.

Il existe un troisième aspect de la fonction de leader : c'est le *Tao*. Périodiquement, le leader se retire du groupe, recherche le silence, revient à Dieu.

Être, agir, être... puis, le *Tao*. Le leader se retire pour faire le vide intérieur après le tumulte des événements. Ce vide lui permet de remplir à nouveau son esprit.

Un guerrier ne prouve pas sa vaillance en acceptant toutes les occasions de la manifester. Un guérisseur compétent prend le temps de se réconforter lui-même autant qu'il va réconforter autrui.

Cette simplicité et cette saine gestion de son énergie sont un enseignement de grande valeur. Le groupe y est profondément sensible.

Le leader qui sait reconnaître l'instant où il doit écouter, celui où il doit agir, celui où il doit marquer un temps d'arrêt, peut se mesurer avec presque tous les genres d'individus, voire avec d'autres professionnels, d'autres leaders de groupe, avec des thérapeutes, ou avec les membres du groupe réputés les plus difficiles et les plus retors.

Si la conduite du leader est claire, il agira avec délicatesse sans heurter les sensibilités personnelles.

29. Faire pression est un paradoxe

Si l'on déploie une force excessive, on s'expose à des retours de bâton. Des interventions trop fréquentes ou des conseils trop pressants ne sont pas favorables à une bonne atmosphère de groupe. Pire, de tels procédés la détruisent si elle existe.

Même si le groupe est le meilleur qui soit, son évolution est toujours délicate. Il ne faut pas exercer une pression excessive pas plus qu'elle ne doit se faire à partir de discussions interminables ; il ne faut pas davantage l'anéantir en favorisant un climat belliqueux.

Le leader qui tente d'exercer un contrôle sur le groupe en faisant usage de la force témoigne qu'il n'a pas assimilé le sens du mot évolution. Le recours à la force lui fait perdre le soutien de ses membres.

Le leader qui fait pression sur le groupe pense qu'il va faciliter le processus d'évolution, alors qu'en fait il le bloque.

Le leader pense avoir institué une ambiance favorable dans le groupe ; en réalité, il n'a fait que détruire la cohésion en favorisant l'apparition de factions.

Le leader qui s'appuie sur la force pense que ses interventions permanentes sont un habile procédé ; elles sont en réalité frustes et inopportunes.

Le leader qui s'appuie sur la force pense que sa position hiérarchique lui confère une autorité absolue ; en réalité, une telle conduite altère le respect qu'il doit inspirer.

Le leader avisé s'en tient à une attitude concentrée ; il agit avec fermeté et conviction ; il recourt le moins possible à l'usage de la force pour être efficace.

Le leader refuse l'égocentrisme ; son pouvoir d'affirmation doit être plus important à ses yeux que son pouvoir d'action.

30. La force et le conflit

Le leader qui comprend les mécanismes du déroulement des événements ne fait qu'un usage très modéré de la force. Il dirige le groupe sans faire pression sur les hommes.

L'usage de la force engendre conflits et discussions. L'ambiance du groupe dégénère. Le climat devient hostile, sans ouverture ni profit pour quiconque.

Le leader avisé dirige le groupe sans lutter, pour orienter à son gré le cours des choses. Le leader agit avec doigté et délicatesse. Le leader ne se défend ni n'attaque.

Il faut constamment avoir présent à l'esprit que c'est la conscience, et non l'égoïsme, qui est à la fois le moyen d'enseigner autant que la matière enseignée.

Le leader égocentrique est en butte aux défis des hommes du groupe. Celui qui assume sa fonction avec altruisme et souci d'harmonie fait face aux difficultés et devient prestigieux.

31. La sévérité des interventions

Certains leaders pensent qu'il est nécessaire d'intervenir à l'improviste dans le groupe en se réclamant de leur puissance. Le leader avisé ne consent à employer ce moyen qu'après avoir épuisé tous les autres.

En règle générale, le leader est plus à l'aise si l'évolution du groupe se fait dans un climat de liberté, d'une manière naturelle. Ce n'est possible que si la délicatesse l'emporte sur la brutalité des interventions.

La brutalité des interventions est un signal d'alarme. Elle révèle que le leader manque de concentration et qu'il vit les événements dans un état émotionnel trop intense. C'est pourquoi on exige de sa part une exceptionnelle vigilance.

Les interventions brutales peuvent avoir des résultats spectaculaires, mais il faut se garder de s'en réjouir. Elles ont causé une blessure. L'évolution d'un être humain a été outragée.

Plus tard, la personne qui a été victime de cet outrage se fermera peut-être aux influences ; elle se cantonnera dans une attitude de défense. Elle opposera une résistance accrue ou gardera un profond ressentiment à l'égard de l'auteur de l'outrage.

Si le leader contraint ses hommes à faire ce que lui-même juge utile pour eux, il n'aboutit pas à la clarté et à la prise de conscience. Quand bien même ces hommes obéiront aux injonctions du leader, intérieurement ils se sentiront humiliés. La confusion s'installera dans leur esprit et ils fomenteront leur vengeance.

C'est pourquoi la victoire du leader en pareilles circonstances n'est en réalité qu'un échec.

32. L'unité

Le *Tao* ne se laisse pas enfermer dans une définition. On ne peut que se limiter à dire qu'il est le principe unique responsable de l'existence de chaque chose et de chaque événement.

Si le leader tient compte de l'existence de ce principe unique, s'il le respecte, s'il récuse les théories de moindre valeur, la confiance du groupe lui sera acquise. Si le leader attache une importance égale à chacun des événements qui advient dans le groupe qu'il dirige, il ne court pas le risque de constater l'existence de factions parmi ses hommes. L'unité règne.

Si le groupe entier se conduit naturellement avec une parfaite rectitude, il deviendra inutile d'instituer des lois et règlements pour dicter à chacun sa conduite.

Quand bien même ce principe unique ne se plie à aucune définition, il est possible d'expliquer ce qui advient à l'intérieur d'un groupe. Ce qui est souvent évoqué, ce sont les mécanismes de formation des comportements, les polarités, les courants et les blocages, les interventions inhibantes ou provocatrices, pour se limiter à quelques explications.

Ces trop nombreux discours théoriques détournent l'attention du groupe des événements présents et du sens de leur déroulement. Évoquer ainsi le processus d'évolution des événements aboutit à les bloquer et à altérer l'énergie du climat de groupe.

En pareille circonstance, le leader avisé cherche à reprendre clairement conscience du sens des événements en se référant au principe unique qui en sous-tend tout le déroulement.

A long terme, s'il accepte de se concentrer sur ce principe unique, le leader y puisera sa plus importante source de puissance. C'est à partir de cette unité qu'il est possible de pénétrer le sens du déroulement des événements.

33. Les ressources intérieures

L'intelligence permet de comprendre la conduite d'autrui ; c'est la sagesse qui permet de se comprendre soi-même.

La force est nécessaire pour diriger l'existence d'autres hommes ; pour diriger sa propre existence, une puissance authentique est requise.

Se satisfaire de ce que l'on possède permet de vivre simplement et de profiter tant de la prospérité que du temps libre dont on dispose.

Agir en fonction d'objectifs bien définis permet de les réaliser sans problème.

Si l'on est en paix avec soi-même, on ne dépense pas son énergie en conflits.

Si l'on sait ne pas opposer de résistance, la crainte de la mort s'efface.

34. Le Grand Tout

On peut découvrir le principe unique en tout lieu, à n'importe quel moment. Le rythme universel obéit à sa loi. Le principe unique n'apporte jamais une réponse positive ou négative.

Quand bien même le *Tao* est la source de toute forme de croissance et de toute forme de développement, lui-même ne tire aucun profit de rien. Sa présence est toujours bénéfique, sans contrepartie et sans préjugés.

Le principe unique n'est pas le privilège de quelques-uns. Il n'appartient à personne, personne ne lui appartient.

Son universalité fait sa grandeur. C'est le Grand Tout.

Le leader avisé respecte ce principe et refuse l'égoïsme. Il refuse de favoriser certains au détriment d'autres dans l'exécution du travail. Le leader avisé ne cherche pas à dominer ses hommes ni à exercer un contrôle sur leur vie personnelle. L'activité du leader ne se définit pas en termes de vainqueurs et de vaincus.

Le but de l'action du leader est de répandre la lumière sur le sens des événements. C'est pourquoi il doit agir avec un esprit de service, avec altruisme, sans porter atteinte aux droits de chacun dans le respect des intérêts communs.

35. La simplicité

Le leader ne se laisse jamais dépasser par le processus d'évolution du groupe.

Il reste fidèle à la loi du principe unique. A cette condition, son travail sera bénéfique, il se préservera des conflits et des troubles, sa présence sera permanente dans toutes les situations vécues par le groupe.

Le leader qui manque de profondeur ne peut comprendre la loi d'évolution des choses, bien que chaque chose reflète ses manifestations. Ce leader est submergé par les drames, les sensations et l'agitation. Toute cette confusion contribue à l'aveugler en altérant la clarté de son jugement.

Le leader qui persévère sans se décourager pour pénétrer le sens de l'évolution des choses parvient à une compréhension profonde de leurs lois de déroulement. Le flux se fait insensiblement et, quand le groupe se sépare, le leader ne cesse pas d'être dans de bonnes dispositions.

36. Polarités, paradoxes et énigmes

Toute forme de comportement contient son contraire :
— l'excès d'ambition conduit à l'effondrement ;
— une manifestation de puissance sous-entend la présence d'un sentiment d'insécurité ;
— ce qui grandit est contraint de s'amoindrir ;
— quiconque veut arriver à la prospérité doit faire preuve de générosité.

C'est pourquoi :
— le féminin survit au masculin ;
— le féminin favorise, le principe masculin est cause ;
— le féminin se soumet, avant d'envahir et de remporter la victoire.

Et :
— l'eau est la cause de l'érosion des roches ;
— l'esprit vient à bout de la force ;
— le faible finit par anéantir le puissant.

Le leader doit apprendre à regarder les choses rétrospectivement ; il doit apprendre à voir l'envers des choses et à les explorer en faisant apparaître leur sens profond.

37. Peser ses actes

Les hommes commencent par rester perplexes quand ils réalisent à quel point le vrai leader sait cibler son action tout en arrivant à des résultats très probants.

Mais ce leader possède la connaissance des mécanismes d'évolution de toute chose. L'action du *Tao* est nulle, mais le fait est que tout aboutit.

Si le leader s'agite inconsidérément, c'est un signal pour qu'il revienne à l'état de silence qui permet l'altruisme.

L'altruisme est la source de la concentration.

La concentration crée l'ordre.

Quand l'ordre règne, les limites mêmes de l'action se restreignent.

38. La puissance du leader

La puissance du leader consiste à percevoir clairement ce qui advient à l'intérieur du groupe et à agir en conséquence.

Des actions spécifiques n'ont qu'une moindre importance par rapport à la clarté d'esprit et à la prise de conscience du leader.

C'est pourquoi la puissance du leader ne se limite pas à l'application de formules ou de techniques.

La puissance du leader n'est ni un calcul ni une manœuvre, moins encore un moyen pour tenter de sauver la face.

Trois exemples illustrent les différents degrés de puissance d'un leader.

Le leader puissant apporte spontanément une réponse consciente aux événements présents. Cette réponse ne procède ni d'un calcul ni d'une manœuvre.

Le leader de moindre puissance essaie de faire ce qui est juste. Dans ce cas, il s'agit d'un calcul fondé sur une conception de la justice et d'une manœuvre basée sur une certaine idée de ce qui devrait arriver.

Le leader le moins puissant agit en fonction d'une morale imposée. Cette morale repose entièrement sur ce qui doit ou ne doit pas advenir. Une telle conduite relève à la fois du calcul et de la manipulation. Si elle recourt aux sanctions, elle rencontre des résistances. Non seulement elle ne répand aucune lumière sur les événements présents, mais elle aboutit fréquemment à l'échec.

Le leader qui perd le sens des réalités présentes ne peut agir spontanément. C'est pourquoi il tente de parer leur conduite d'une auréole de justice. S'il échoue, il recourt à des moyens contraignants.

Le leader avisé qui a dépassé le sens de l'urgence retrouve le calme ; en renonçant à l'effort, il parvient à la clarté intérieure et à la connaissance.

39. La source de puissance

L'évolution des événements est naturellement en accord avec la loi d'évolution des choses. Les événements se limitent à exister.

Le leader observe les processus naturels : la lumière céleste, la pesanteur terrestre, l'évolution des idées et de la perspicacité de chaque être, le vide de l'espace, la plénitude de la vie, la conduite des saints.

Qu'arriverait-il si ces processus relevaient d'un comportement névrotique ou égocentrique ? Le ciel deviendrait paresseux et vacillant ; la pesanteur terrestre serait variable d'un lieu à l'autre ; l'esprit perdrait le sens de la logique ; l'espace serait en proie à l'agitation ; l'existence ne serait qu'un échec ; les saints deviendraient des modèles sans valeur. Ce serait la déroute.

Le leader avisé a mieux à faire qu'à se complaire dans une attitude névrotique et égocentrique. La puissance naît de la connaissance des événements et d'une action adaptée aux circonstances. Paradoxalement, l'obéissance à l'ordre de la nature procure la liberté.

La création est un tout, vouloir la diviser est illusoire. A son image ou non, nous sommes les joueurs d'une équipe. La puissance naît de la coopération, l'indépendance naît du service, la grandeur du moi s'acquiert par l'altruisme.

40. La méditation

Le leader apprend à retrouver sa propre personnalité profonde.

Qu'il observe le silence : que se passe-t-il quand rien ne se passe ?

Peut-il faire la différence entre les événements qui se passent à l'heure qu'il est et la manière dont ils se passent ?

Peut-il sentir comment le cours des événements dérive de la manière dont ils se produisent ?

Le processus... et le principe.

41. La sagesse qui trouble

Si le leader avisé connaît le mécanisme d'évolution des choses, il peut moduler sa conduite en conséquence.

Le leader moyen connaît lui aussi le mécanisme de cette évolution, mais il reste hésitant. Il lui arrive d'y adapter sa conduite, mais il commet fréquemment des oublis.

Le pire des leaders connaît le sens de l'évolution des choses, mais il n'en tient pas compte dans son comportement. Il considère le principe unique comme un parfait non-sens. Comment ses actes seraient-ils autre chose que des futilités ?

Ce genre de leader allègue pour sa défense qu'un principe ne peut qu'être inutile s'il ne procure ni l'amour ni l'argent ni la puissance ; qu'un esprit silencieux est aussi un esprit muet ; que l'altruisme n'est pas la voie qui permet d'avancer ; que la vertu est le privilège des fous ; que la bonté n'est que faiblesse ; et autres arguments du même ordre.

Un problème se pose. L'évolution des choses est la seule allégeance du leader avisé. Ceux qui ne comprennent pas cette loi naturelle ne manquent pas de penser que la conduite du leader avisé est peu réaliste. C'est pourquoi le silence du leader avisé et son comportement jettent le trouble. Les mobiles de ce leader sont obscurs, il est difficile de comprendre son attitude.

Là encore il y a problème : parce que le principe unique n'est pas une chose et ne tolère aucune définition.

Il est malaisé de comprendre celui dont les croyances ne sont pas claires et évidentes pour tous.

42. Le processus créateur

Le Principe n'est pas une chose. Appelons-le *Zéro*.

Le Principe en acte est l'unité de la création. Cette unité est un tout unique. Appelons ce Tout *Un*.

La création est composée de couples de contraires ou polarités. Appelons *Deux* ces polarités.

L'interaction de ces polarités est la source de la créativité, elle est le troisième élément. Appelons-le *Trois*.

Ainsi, un homme et une femme forment le nombre *Deux*. Leur interaction, ou leur relation, aboutit à un enfant. C'est là le point de création. L'interaction exprime la manière dont chaque chose se produit.

Le leader avisé comprend la complémentarité des contraires et leur relation. Ce leader connaît le moyen de parvenir à la créativité.

Pour savoir diriger, le leader doit apprendre à exécuter. S'il veut atteindre la prospérité, le leader apprend à vivre avec simplicité. Dans les deux cas, l'interaction est la source de créativité.

Diriger sans exécuter est stérile. Essayer de gagner la richesse en accumulant toujours davantage exige une mobilisation permanente et ôte toute liberté.

Suivre une direction unique aboutit toujours à un résultat inattendu et paradoxal. On n'assure pas sa protection en organisant sa défense ; on ne peut par ce moyen qu'abréger sa vie ou mourir.

Il est très rare de trouver des exceptions au trouble suscité par la sagesse traditionnelle.

43. Les interventions mesurées

Les interventions mesurées, tout en étant claires, viennent à bout des résistances les plus farouches.

Si la mesure fait défaut, il faut essayer de faire marche arrière ou d'être productif. Si le leader est productif, les résistances s'estompent.

D'une manière générale, la clairvoyance du leader est mieux à même de faire la lumière sur les événements actuels que des interventions ou des explications, quels qu'en soient la fréquence et le nombre.

Peu de leaders parviennent à comprendre combien une action bien cernée peut être efficace.

44. Posséder ou être possédé ?

Œuvrez-vous pour parfaire votre évolution ou pour assurer votre gloire ?

Qu'y a-t-il de plus important ? Posséder toujours davantage ou parvenir à une clairvoyance accrue ?

Que vaut-il mieux ? Faire des efforts pour obtenir ce que l'on recherche ou abandonner la lutte ?

Gagner beaucoup pose problème. Rechercher des gains toujours plus importants pose problème.

Plus on possède, plus on peut obtenir, plus on est contraint de veiller au grain. Les risques de pertes s'accroissent. Doit-on parler de posséder ou d'être soi-même possédé ?

Mais si l'on abandonne les choses, on renonce également à passer sa vie à s'occuper de ces mêmes choses.

Essayez d'être calme pour découvrir votre insécurité intérieure. Le calme retrouvé vous fera sentir votre insécurité intérieure. Si vous possédez la sécurité intérieure, vos désirs seront exaucés, d'une manière ou d'une autre. C'est pourquoi votre hâte deviendra superflue, votre résistance n'en sera que plus forte et votre durée d'existence que plus longue.

45. L'apparence de l'insensé

Les actions les plus hautes paraissent souvent d'une simplicité enfantine aux hommes du groupe qui ne sont pas accoutumés à une telle conception de la fonction de leader. Et pourtant cette conception est riche de perspectives.

Le leader semble se contenter de rester assis, sans avoir la moindre idée de ce qu'il faut faire. Or, c'est précisément cette absence d'intervention de sa part qui permet au groupe d'évoluer et d'accéder au stade de la créativité.

Parfois, certains déçus parmi les hommes du groupe souhaitent la venue d'un expert qui s'exprime librement. Mais les propos d'un tel leader sont pour eux si évidents qu'ils leur paraissent naïfs. Jusqu'à son honnêteté finit par les plonger dans l'embarras.

Peu importe l'apparence insensée du leader. Si l'on a froid, on se frotte les mains pour se réchauffer. Mais si l'on transpire, on reste tranquille. C'est la loi du sens commun.

Le calme du leader triomphe de l'agitation du groupe. La clairvoyance est son moyen d'action fondamental.

46. L'idée de victoire est superflue

Le groupe qui fonctionne bien n'est pas un champ de bataille pour les égoïsmes individuels. Les conflits, bien sûr, existent toujours, mais l'énergie qu'ils contiennent se transforme en force créatrice.

Si le leader perd de vue la manière dont les choses adviennent, les querelles et les craintes qui s'ensuivront auront un effet dévastateur sur le groupe.

C'est un problème d'attitude. Dans un travail de groupe, il ne s'agit ni de perdre ni de gagner. Faire le point ne signifie pas faire la lumière sur les événements actuels. Faillir à la justice rend aveugle.

Le leader avisé sait que le plus important est de savoir composer avec les événements présents plutôt que de se tracasser sur ce qui pourrait être, mais n'est pas.

47. Le présent immédiat

Le leader avisé est informé de ce qui se passe dans un groupe en prenant connaissance sur le champ des événements qui adviennent. Ce procédé est plus fort que toutes les digressions théoriques sur l'état des choses, ou que des subtilités d'interprétation de la situation présente.

Calme, clarté et conscience sont plus efficaces que toutes les explorations possibles dans les méandres les plus obscurs du cerveau humain.

Pour stimulantes qu'elles soient, ces explorations détournent l'attention du leader et celle des hommes du groupe des événements actuels.

En étant constamment présent et conscient de l'évolution des événements, le leader peut limiter ses efforts et réaliser davantage.

48. Dépasser les limites

Les néophytes s'appuient sur des théories ou des techniques. Ils en arrivent à avoir l'esprit encombré par la multiplicité des choix possibles sans pouvoir en faire aucun.

Ceux qui ont dépassé cette phase de néophytes oublient ces possibilités multiples. Les théories et techniques apprises viennent se ranger à l'arrière du cerveau pour en constituer la toile de fond.

Il faut apprendre à se libérer l'esprit du trop-plein. Il faut apprendre à simplifier sa tâche.

Si l'on s'appuie de moins en moins sur ce que l'on connaît pour savoir ce qu'il convient de faire, on travaille de manière plus directe et plus puissante. On découvre alors que la qualité de la conscience est plus puissante que toutes les théories, que toutes les techniques ou que toutes les interprétations possibles.

Imaginez combien le groupe ou les hommes ainsi enfermés deviennent soudainement productifs quand ils ont décidé de repousser leurs limites.

49. La réceptivité à l'imprévu

Le leader avisé n'impose pas au groupe son programme ou son propre système de valeurs.

Le leader se met sous la conduite du groupe en restant réceptif à tout ce qui advient. Le leader ne porte pas de jugement sur quiconque et se montre attentif à tous les hommes « bons » ou « mauvais ». Peu lui importe qu'on lui dise la vérité ou qu'on lui mente.

Être ouvert et attentif est plus efficace que s'ériger en juge. Parce que les hommes sont naturellement bons et dignes de foi quand ils sont accueillis avec bonté.

Par l'effet de cette ouverture inconditionnelle à l'imprévu, le leader peut paraître naïf et innocent. Mais l'ouverture est simplement plus puissante que n'importe quel système de jugements qu'on puisse imaginer.

50. L'existence : la vie et la mort

L'existence est composée de la vie et de la mort. Favoriser l'une au détriment de l'autre aboutit à renier l'existence et à créer une tension. La tension incite les hommes à commettre des erreurs dans les situations difficiles. Celles-ci sont plus mortelles que l'existence même.

Trente pour cent des hommes aiment la vie et craignent la mort.

Trente autres pour cent préfèrent la mort et fuient la vie.

Les quarante pour cent restants craignent à la fois la vie et la mort.

Quatre-vingt-dix pour cent des hommes souffrent d'une tension intérieure parce qu'ils ignorent le mécanisme des polarités. La vie est l'état opposé à la mort, mais elles restent inséparables l'une de l'autre.Il est futile de préférer l'une à l'autre.

Dix pour cent seulement des hommes ont la sagesse d'accepter à la fois la vie et la mort comme des choses naturelles en profitant de l'existence comme d'une danse éphémère. Là comme ailleurs, la croissance et la chute sont omniprésentes, en permanence.

Le leader avisé sait que toute chose naît et meurt. Pourquoi alors se raccrocher ou se cramponner ? Pourquoi se lamenter ou reculer ? Pourquoi vivre en pensant à ce qui pourrait arriver ?

Le chien méchant mord les gens nerveux. Ceux qui poursuivent leur chemin avec concentration et conscience ne sont pas agressés.

Le leader avisé existe, sans aimer la mort ni la craindre. Cette liberté assure la sécurité du leader contre les agressions extérieures.

51. Principe et processus

Les choses et les comportements sont des phénomènes vibratoires. Le processus commence, se développe, et disparaît, conformément à la loi du principe unique.

Les hommes ont un profond respect pour le principe unique ; ils éprouvent un amour naturel pour les vibrations énergétiques qui obéissent à sa loi.

Les vibrations énergétiques et le principe unique agissent de concert. De leur union, une infinie variété de formes peut surgir. Mais aucun d'eux ne tire un quelconque profit de cette union créatrice, pas plus qu'aucun d'eux n'utilise sa puissance pour faire pression sur les événements ou les contraindre à prendre une forme précise. Il s'agit simplement d'une alternative obligée ; aucune autre voie n'est possible.

Cette action concertée entre le principe et l'évolution est le point essentiel de chaque vie et de l'action que chacun de nous doit mener.

52. La matrice

Tout ce qui existe est soumis à l'action de polarités. La polarité essentielle de la création a pour nom plus/minus, *yin/yang* ou féminin/masculin.

Cette polarité essentielle est en soi une source de créativité. C'est une matrice androgyne capable de générer toute chose existante.

Chacun de nous fait partie intégrante de ce tout. Chaque être est tributaire de ces polarités dont l'évolution est régie par la loi du principe unique. Chaque être est l'enfant de Dieu. Chaque être est une étincelle de la création tout entière.

Quiconque a conscience de cette origine acquiert la stabilité.

Quiconque place sa confiance dans un être, dans une chose ou dans un dogme ne peut acquérir la stabilité. Les êtres, les choses et les dogmes sont transitoires et en perpétuelle mouvance. On craint de perdre la chose à laquelle on a voué une adoration, on craint que la personne à laquelle on s'est soumis ne vienne à mourir, on craint que la foi dans laquelle on s'est investi n'ait perdu sa pureté originelle.

Le seul maître de chaque être doit être le principe unique.

Si je regarde un être, je vois le principe et le processus réunis. Je vois le mécanisme de leur action. C'est le fondement de la compétence du leader qui assume la responsabilité d'un groupe.

Quiconque a compris le mécanisme d'évolution des choses comprend du même coup pourquoi la souplesse est essentielle. Tout ce qui est soumis à un phénomène de croissance doit être souple. Toute force qui se veut durable doit être souple.

L'allégeance au principe et au processus d'évolution ôte toute crainte de la mort. Plus rien n'est à perdre. Chacun sait qu'il est à l'image de l'Éternité. Si la création m'a enfanté, la création est mon foyer. La mort n'est qu'un retour au foyer.

53. Le matérialisme

Le leader avisé mène une existence calme et pratique la méditation. La plupart des gens de ce monde sont en état de perpétuelle agitation. Ils consacrent leur énergie à accumuler richesses et possessions, sans jamais être satisfaits de ce qu'ils possèdent.

Le calme conduit à une prise de conscience plus grande. L'agitation génère un matérialisme outrancier.

La prise de conscience est la voie qui conduit à Dieu et à la perception de l'unité de la création. La société de consommation et les excès qu'elle comporte ne peut exister sauf par l'exploitation de son prochain.

Les biens de ce monde sont inéquitablement distribués. La plupart ont très peu. Tous manquent des moyens nécessaires pour parvenir à posséder ce qu'ils souhaitent. Personne ne l'ignore.

Et pourtant, ceux qui déjà sont saturés de richesses en veulent toujours davantage. Ils se font une gloire de l'immensité de leurs possessions. Ont-ils conscience de ce qu'est le vol ?

Dieu n'accorde pas un flot de richesses. Lorsque ce flot existe, il ne peut s'obtenir autrement que par la manipulation de nos semblables.

54. L'effet de vagues

Le leader cherche-t-il véritablement à exercer sur le monde une influence positive ?

Qu'il commence à voir clair dans sa propre vie. Qu'il y mette de l'ordre. Qu'il se ressource auprès du principe unique pour que sa conduite soit limpide et efficace. C'est par ce moyen qu'il s'attirera le respect et qu'il pourra exercer une influence.

Le comportement de chaque être agit comme un effet de vagues sur l'entourage ; c'est par là qu'il exerce une influence. Cet effet de vagues est un effet actif, chacun de nous influence autrui. Les peuples puissants exercent une puissante influence.

Quiconque est actif influence sa famille.

Une famille active influence la communauté.

Une communauté active influence la nation.

Une nation active influence le monde.

Par l'effet de vagues, un monde actif influence le cosmos tout entier.

Le leader a conscience qu'il exerce une influence ; il sait que cette influence se répand alentour par l'effet de vagues. C'est pourquoi il doit s'assurer que cette influence est aussi puissante que saine.

Comment s'assurer de la réalité de cet effet ?

Toute puissance émane d'un noyau fertile et puissant. Ce noyau, c'est le leader lui-même.

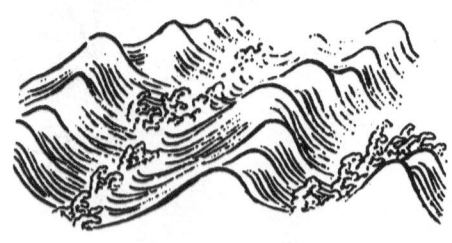

55. L'énergie vitale

Tous ceux qui triomphent de leurs blocages et de leurs conflits font l'expérience d'un courant libre d'énergie vitale.

Ils rayonnent comme des enfants, et, comme eux, sont inaccessibles au mal qu'on pourrait leur faire. Les insectes ne les piquent pas. Les chiens ne les mordent pas. Les fauteurs de troubles les laissent indifférents.

Leurs corps paraissent souples et détendus, mais leur force et leur résistance sont à toute épreuve. Leurs appétits sexuels sont normaux sans tomber dans l'érotisme. Ils chantent ou hurlent longuement sans s'altérer la voix.

Ils semblent être tombés amoureux, non d'une personne, mais de la création tout entière. Leur énergie est aussi abondante que celle de toute la création.

C'est une erreur de confondre agitation ou excitation avec le flux vital qui procure l'illumination. Les stimulants ou les aventures sentimentales sont excitantes, mais elles ne contribuent pas à renforcer l'énergie. Bien au contraire, l'excitation est une dépense d'énergie qui épuise la vitalité.

Quand une résistance s'oppose à la stimulation, l'excitation apparaît sous forme de tension. Si la stimulation cesse ou si l'organisme est en état d'épuisement, l'excitation disparaît.

L'illumination génère un flux perpétuel de vitalité. Aucune résistance ni aucun stress ne s'oppose à la diffusion constante de ce courant de vie dans l'organisme tout entier.

L'excitation vise la satisfaction des désirs. L'énergie vitale jaillit de l'éternité.

56. L'intégrité du leader

Le leader avisé sait que la nature profonde des événements ne se laisse pas circonscrire par les mots du langage. Alors pourquoi donner le change ?

Quand un leader s'exprime dans un jargon confus, c'est le signe qu'il ignore les mécanismes du déroulement des événements.

En revanche, le silence et la conscience du sens des événements peuvent exprimer l'indicible. La conscience est agissante. Elle éclaire d'un nouveau jour les événements présents. Elle dénoue les conflits et harmonise les tendances individuelles ou l'ambiance du groupe, s'ils sont en proie à l'agitation.

Le leader sait que tout ce qui existe est un tout unique. C'est pourquoi le leader est un observateur neutre qui s'abstient de prendre position.

Le leader est insensible aux présents ou aux menaces. L'argent, l'amour, la gloire — gagnés ou perdus — n'éloignent pas le leader de la voie qu'il s'est fixée.

L'intégrité du leader n'a rien d'utopique. Son fondement est la connaissance pragmatique des mécanismes de déroulement des événements.

57. Agir moins, être plus

Le leader dirige un groupe sincère et ouvert.

Son rôle est de faciliter le déroulement des événements en les éclairant d'une lumière nouvelle. Son ingérence doit être le plus possible limitée. Toute ingérence, même brillante, le place dans une situation de dépendance.

Moins il y a de règles, meilleures elles sont. Les règles réduisent la liberté et la responsabilité. L'application des règles revêt toujours un aspect contraignant et manipulatoire qui affaiblit la spontanéité et étouffe l'énergie du groupe.

Plus le leader refuse de recourir à la contrainte, plus le groupe acquiert une force de résistance sans cesse croissante. Les manipulations ne feraient qu'inciter certains membres à fuir. Toute loi fait naître un hors-la-loi. Ce n'est pas un bon moyen pour diriger un groupe.

Le leader avisé institue un climat de groupe clair et limpide. A la lumière de la conscience, les actions de chaque membre du groupe sont naturellement limpides.

Si le leader pratique le silence, il est le point de mire du groupe. Si le leader s'abstient d'imposer des règles strictes, le groupe découvrira spontanément ce qui répond à ses besoins. Si le leader agit avec altruisme, le groupe se limite à faire ce qui doit être fait.

Le vrai rôle du leader consiste à faire moins et à être plus.

58. Le déroulement du processus

L'évolution du groupe se déroule naturellement par un procédé d'autorégulation. Le leader ne doit pas s'ingérer dans ce mécanisme. Il est conçu pour aboutir.

Les efforts du leader pour contrôler ce processus d'évolution en général sont voués à l'échec. Soit ils bloquent le processus lui-même, soit ils le rendent chaotique.

Le leader apprend à faire confiance aux événements. Si c'est une période de silence, qu'il laisse ce silence fructifier ; il sera productif. S'il l'orage gronde, qu'il le laisse gronder ; le calme reviendra.

Le groupe est-il mécontent ? Le leader ne peut lui apporter le bonheur. Quand bien même il le pourrait, ses efforts pourraient priver le groupe d'une lutte très créatrice.

Le leader avisé connaît la manière de faciliter le processus d'évolution du groupe car le leader lui-même est un processus d'évolution. L'évolution du groupe et celle du leader se déroulent de manière identique et obéissent au même principe.

Le leader sait comment exercer une profonde influence sans forcer le cours des choses.

Ainsi, aider les événements à se réaliser est plus puissant que faire pression pour en orienter le cours à son gré. Clarifier ou modeler des comportements exige plus de puissance que d'imposer une moralité. L'impartialité est plus puissante que le préjudice qu'il pourrait causer. Son rayonnement est un encouragement pour ses hommes, mais en éclipsant les autres hommes, il les inhibe.

59. La source du talent

Qu'il s'agisse de diriger un groupe ou sa propre vie quotidienne, la conscience est indispensable. Il faut avoir conscience des événements et de leur raison d'être. La connaissance de leurs mécanismes d'évolution permet d'agir en connaissance de cause. Dans de telles conditions, le leader agit d'une main ferme, avec des pensées claires ; il est énergique et efficace.

Qu'il n'oublie jamais qu'il est lui aussi un processus d'évolution conforme à la nature. Avoir conscience des mécanismes d'évolution des choses implique d'abord la conscience de soi. Chaque vie individuelle évolue selon le même principe qui régit toute autre évolution. Chacun est enraciné dans le sol de la création universelle.

Puisque chacun de nous est semblable à n'importe quelle autre chose existante, il s'ensuit que chacun de nous est ordinaire. Mais le fait d'avoir conscience de cette similitude profonde entre toutes les choses, même de nature différente, est extraordinaire. Connaître les mécanismes d'action de cet état d'universalité, savoir moduler ses actes en conséquence, voilà la source de la puissance du leader, la source de son endurance et de son excellence.

La conscience ou la perspicacité sera également la source de son talent. Le leader doit apprendre à parvenir à une conscience toujours plus vaste.

60. Refuser de provoquer les choses

Le leader dirige le groupe avec délicatesse, comme s'il préparait un mets pour des palais raffinés.

Autant qu'il le peut, le leader accepte que l'évolution du groupe se manifeste spontanément, selon ses lois propres. Il résiste à la tentation de soulever des questions ou de faire apparaître au grand jour des émotions qui, sans lui, resteraient cachées.

Si le leader provoque les événements, il déchaîne des forces à un moment inopportun et par un effet de contrainte que rien ne justifie. Ces émotions sont peut-être l'expression de mentalités différentes. Elles peuvent aussi bien être des énergies mal définies ou chaotiques qui, en réponse à la contrainte qu'elles subissent, explosent et viennent frapper n'importe quelle cible sans discernement.

Ces forces sont réelles. Elles sont présentes à l'intérieur d'un groupe. Le leader ne doit pas faire pression ; il doit simplement leur permettre de se manifester en temps voulu.

Lorsque des problèmes latents ou des émotions se manifestent naturellement, ils se résolvent d'eux-mêmes d'une manière tout aussi naturelle. Ils ne sont pas nuisibles. Ils ne sont en réalité nullement différents des pensées ou des sentiments que l'on trouve dans le groupe.

Toute forme d'énergie se manifeste spontanément, prend forme, s'accroît, se résout d'une manière différente pour finalement disparaître.

61. L'humilité

Un grand leader n'est pas supérieur aux autres.

Paradoxalement, la source de sa grandeur consiste à savoir comment se conduire avec humilité, sans préjugé, en se montrant réceptif et en témoignant d'un sens du service.

Imaginez que la force vitale soit semblable à l'eau de la rivière et de la mer. La mer est plus grande que la rivière, mais son niveau est plus bas, elle est ouverte et réceptive. La rivière agitée et bouillonnante pénètre dans la mer où elle est absorbée et métamorphosée.

Imaginez encore que le leader soit l'élément féminin, qu'il soit situé à un moindre niveau, qu'il soit ouvert, vide et réceptif. Les membres du groupe sont l'élément masculin ; ils sont à un niveau plus élevé, tendus et pleins. L'élément féminin reçoit l'élément masculin et absorbe les vibrations masculines. Aussitôt l'élément féminin vient envelopper l'élément masculin qui, lui, s'est épuisé pour faire place à un mouvement doux et ferme.

Le leader avisé a le souci d'être utile ; c'est pourquoi il est réceptif, productif et prêt à se conformer aux désirs du groupe. Les vibrations des membres du groupe dominent et dirigent ; le leader emboîte le pas. Bientôt la conscience des membres du groupe qui émettent des vibrations fermes se transforme.

Les relations sont marquées par la réciprocité. C'est l'affaire du leader de savoir pénétrer le processus d'évolution du groupe ; les membres du groupe ont besoin d'être bien accueillis ; ils doivent sentir qu'ils sont l'objet d'une attention particulière.

Les besoins des deux parties sont satisfaits si le leader a la sagesse de servir et de se soumettre en faisant preuve d'ouverture et d'humilité.

62. Le savoir ou l'ignorance

Il n'est pas nécessaire d'intégrer un groupe ou d'être un leader avisé pour aboutir à des réalisations. La vie est un processus évolutif qui se déroule naturellement. Tôt ou tard, les conflits se résolvent d'eux-mêmes, que l'on connaisse ou non les mécanismes d'évolution des choses.

Il est vrai que la connaissance de ces mécanismes donne une puissance d'expression accrue et une conduite plus efficace.

Même s'ils ne possèdent pas cette connaissance, les êtres grandissent et s'améliorent. Le manque de conscience n'est pas un crime ; il n'est que l'absence d'un talent très utile.

La connaissance de ces mécanismes donne au leader un pouvoir réel et un talent bien supérieurs à tous ceux provenant de titres ou de grades.

C'est pourquoi les peuples de toute culture et à toute époque ont honoré ceux qui avaient connaissance de ces mécanismes d'évolution.

63. L'affrontement

Le leader avisé connaît la manière de mener son action pour la rendre efficace.

Pour ce faire, il sait qu'il doit être perspicace et impartial. La perspicacité permet de comprendre ce qui advient en faisant disparaître l'imprudence. L'impartialité permet la concentration nécessaire pour moduler les réactions aux événements.

Le leader accorde un égal respect à chaque personne qui s'adresse à lui et à chaque problème auquel il est confronté.

Il ne doit négliger aucun affrontement en le qualifiant de futile. Il doit, par contre, surmonter son anxiété ou sa crainte d'être dépassé par les circonstances ou d'avoir à faire face à une situation embarrassante.

Face à des attaques ou à des critiques, le leader réagit en faisant la lumière sur les événements. Il y parvient par la concentration, en ayant conscience que l'affrontement n'est rien d'autre qu'un jeu dans le cours de son existence et dans celui de son *ego*. Il doit faire jaillir la vérité.

S'il a conscience des fluctuations qui affectent le groupe, il est averti de l'émergence de situations bien avant qu'elles ne se concrétisent. Une situation de tout ordre, même vaste et très complexe, est au départ simple et d'une relative importance.

Le leader se garde d'éviter ou de rechercher les affrontements. Il se limite à rester réceptif. En cas d'affrontement, il s'efforce d'apporter une solution au moment où il possède encore les moyens de venir à bout des difficultés. Différez l'échéance jusqu'au moment où une décision ferme devient nécessaire pour rétablir l'ordre. Cette stratégie simplifiera les situations virtuellement difficiles.

Si le leader n'a pas préjugé de ses talents ou tenté de rendre les gens tels qu'il le souhaite, peu d'hommes du groupe rechercheront l'affrontement.

64. Le début, le milieu et la fin

Le leader apprend à pressentir le moment où les événements commencent. A ce stade, ils sont relativement faciles à diriger. Il suffit d'interventions de minime importance pour les maîtriser facilement et éviter de plus grandes difficultés. Le danger majeur consiste à interrompre le point de départ du processus évolutif en déployant une force excessive.

Le leader avisé prévoit les choses avant qu'elles n'arrivent. Un arbre dur et ferme commence comme une jeune pousse docile. La construction d'une bâtisse commence par une seule pelletée de terre. Un voyage de mille lieues a commencé par un pas.

Quand un événement a pris forme, quand l'énergie qu'il contient est prête à éclater, prenez le plus de recul possible. Des interventions inopportunes ne feraient que jeter la confusion ou entraver le libre cours des événements présents. N'essayez surtout pas de vouloir faire en sorte qu'un événement vienne s'inscrire dans un schéma préconçu.

De nombreux leaders s'ingénient à entraver la bonne marche des événements au moment même où ils arrivent à terme. Ils s'impatientent. Ils veulent obtenir des résultats précis. Ils deviennent anxieux et angoissés, alors que l'instant est propice à la concentration et à la prise de conscience. Ne vous dispersez pas. Ne vous tracassez pas pour qu'on vous reconnaisse le mérite d'avoir réalisé quelque chose.

Comme le leader n'attend aucun résultat précis, quel que soit l'aboutissement, il ne le ressent pas comme un échec. Par une attention concentrée, en favorisant le cours naturel des choses et des faits, il constate que les événements aboutissent à une conclusion satisfaisante.

65. Théorie et pratique

Les maîtres des leaders n'avaient que faire de la complexité de certaines théories. Ils pratiquaient et enseignaient un style de vie fondé sur la conscience et la sagesse.

Tous ceux qui conçoivent le monde en termes théoriques ont souvent des convictions complexes. Ils ont du mal à voir clair. Il est difficile de collaborer avec eux.

Si l'on s'adresse à un groupe en employant une argumentation complexe, le groupe risquera de ne pas comprendre ou de mal comprendre. Chacun se limitera à prendre des notes et à se remplir l'esprit d'opinions toutes faites.

Alors que si vous faites des efforts multiples et répétés pour parvenir à une conscience claire des faits actuels, vous parviendrez à la clarté et à l'illumination intérieures.

Savoir distinguer la théorie de la pratique évite de nombreux ennuis.

Adoptez un certain style de vie, œuvrez en toute conscience avec le principe unique, coopérez avec le *Tao*. Vous aurez l'expérience de l'harmonie universelle.

66. Réceptivité et humilité

Pourquoi l'océan est-il la plus vaste étendue d'eau ? Parce qu'il est situé à un niveau moindre que les rivières et les courants, et parce qu'il les accueille en son sein.

Les qualités de celui qui doit diriger les autres consistent d'abord à apprendre à se soumettre. Le leader avisé reste dans l'ombre ; il se limite à faciliter le processus d'évolution d'autres personnes. Très peu remarquent les grandes choses qu'il a réalisées. Il ne suscite ni ressentiment ni résistance car il n'exerce aucune pression, ne cherche pas à orienter ni ne recourt à des manœuvres.

Les membres du groupe apprécient à sa juste valeur un leader qui choisit de leur faciliter la vie. Ils le préfèrent à celui qui leur impose un programme d'action élaboré sans leur concours. L'ouverture de comportement du leader lui permet d'affronter n'importe quel problème, de toute nature. Comme il s'abstient de prendre position, nul ne se sent diminué, personne ne pense à s'insurger.

67. Les trois qualités du leader

Étrange paradoxe : alors que le principe unique prouve la grandeur de l'évolution universelle, ceux qui obéissent à sa loi comprennent qu'ils sont des êtres ordinaires.

Un égocentrisme profond ne fait pas la grandeur d'un individu. Le fondement de la création tout entière est une source de vie plus grande que n'importe quelle exaltation dans la solitude.

Trois qualités sont d'une valeur inestimable pour un leader :
* la compassion envers tous ;
* la simplicité matérielle ou la frugalité ;
* le sens de l'équité ou la modestie.

Une personne compatissante se conduit en respectant le droit à la vie de chacun. La simplicité matérielle donne l'abondance pour qu'on la partage. Paradoxalement, un esprit d'équité est l'authentique grandeur de chaque être.

C'est une erreur d'avoir de la considération pour une personne préoccupée uniquement d'elle-même et de ses propres intérêts. C'est une erreur de croire que l'excès de biens de consommation contribue au bien-être en créant des emplois. C'est une erreur d'imaginer que la valeur d'un être présomptueux et arrogant est supérieure à celle d'autrui.

Toutes ces attitudes sont égocentriques. Elles ne font qu'isoler un être de la réalité de l'existence. Elles engendrent une attitude rigide, puis la mort.

En revanche, la compassion, l'esprit de collaboration et d'équité permettent de faire face à la vie. Parce que nous ne sommes tous qu'unité. Quand je me préoccupe de vous, je renforce l'harmonie énergétique du tout. Voilà la véritable nature de la vie.

68. Les opportunités

Les plus grands arts martiaux sont les plus nobles. Ils permettent à l'agressé de terrasser son agresseur.

Les plus grands généraux ne se précipitent pas inconsidérément dans n'importe quelle bataille. Ils s'efforcent de tendre des pièges à l'ennemi pour l'inciter à commettre des erreurs qui le conduiront à sa perte.

Les plus grands administrateurs n'aboutissent à rien en imposant des contraintes ou des mesures restrictives. Ils recherchent les opportunités.

Le véritable rôle du leader est de créer des motivations de très haut niveau en suscitant des opportunités, non en imposant des obligations.

Tel est le processus naturel des événements. La vie elle-même n'est qu'une opportunité, non une obligation.

69. Le combat

Si un climat de guerre s'instaure entre le groupe et vous, soyez attentif à la stratégie du chef de guerilla.

Ne provoquez jamais le combat. En cas de contrainte, n'opposez aucune résistance ; faites marche arrière. Cette technique sera plus profitable que vouloir excéder vos limites.

Une intelligence claire est votre force ; vos armes ne sont pas les armes courantes. Si vous marquez un point, n'y attachez pas un excès d'importance. Si vous remportez la victoire, restez bienveillant.

Avant d'avancer, assurez-vous de ne rencontrer aucune résistance.

Celui qui attaque manque de concentration ; il sera facilement renversé. Quel que soit votre adversaire, n'oubliez jamais que vous ne devez en aucun cas lui manquer de respect.

70. Rien n'est nouveau

Cette manière de vivre et de diriger des groupes est facile à comprendre. Elle est simple à traduire en actes.

Pourtant, rares sont les leaders qui comprennent la valeur de cette approche. Rares sont ceux qui la mettent en pratique.

Soyons directs : elle est trop simple et pas assez récente pour retenir longuement l'attention. Plus généralement, les nouveautés les plus récentes sont les seules à retenir longuement l'attention.

Le leader avisé s'en tient strictement à la loi du principe unique qui gouverne l'évolution des événements. Il ne fait rien qui soit nouveau ou original.

Le leader avisé ne fait appel qu'à un nombre très limité d'adeptes. Son choix se dirige vers ceux qui savent que la sagesse traditionnelle est un trésor masqué sous une apparence banale.

71. Le savoir universel

Personne ne possède un savoir universel. La conscience de cette limitation relève d'une sagesse plus grande que s'imaginer à tort que son savoir est vaste.

Simuler des compétences relève de la névrose. Heureusement, quand les symptômes sont manifestes, on peut les guérir d'une manière simple : mettez-y un terme.

Tous les leaders ont probablement fait l'expérience, à un moment ou à un autre, de cette simulation.

Le leader avisé a appris combien il est difficile de soutenir un savoir simulé. S'il fait preuve de sagesse et s'il désire éviter ce genre de difficulté, il ne se prête pas à cette simulation.

Dans tous les cas, être capable de dire « je ne sais pas » crée un sensation de soulagement.

72. La conscience spirituelle

La conscience spirituelle permet de surmonter la peur de vivre, si fréquente aujourd'hui. Quand on ne peut s'inspirer de valeurs suscitant crainte et respect, l'angoisse reste informulée : le malaise diffus persiste.

Acceptez de vous inspirer des religions traditionnelles ; qu'importe si certains en prennent ombrage. Dépassez les préjugés que peut inspirer le mot Dieu. Qu'on le veuille ou non, la tradition contient l'immense force de nos racines spirituelles.

Le leader avisé donne une dimension spirituelle à sa conduite et vit en harmonie avec les valeurs qu'elle implique. Il existe un moyen de connaissance supérieur à la raison ; il existe un soi plus grand que l'égocentrisme.

Le leader est un témoignage de la puissance de l'altruisme et de l'unité de la création.

73. Liberté et responsabilité

Il existe deux sortes de courage. La première est un courage actif ; il permet de tuer quelqu'un. L'autre est un courage intérieur qui donne la force d'affronter la vie.

Lequel est supérieur à l'autre ?

Décidez vous-même de votre choix. Il n'appartient qu'à vous seul. Chaque forme a ses avantages et ses inconvénients. Le *Tao* ne marque aucune préférence.

Rappelez-vous que *Tao* signifie manière : celle dont les choses arrivent. Mais la manière dont les choses arrivent ne signifie pas « que dois-je faire ? ». Personne ne peut vous dicter votre conduite. C'est là qu'est votre liberté. C'est là aussi qu'est votre responsabilité.

Au lieu de demander l'avis des autres, apprenez à avoir une plus grande conscience du présent. Vous deviendrez capable de comprendre, sans l'aide de quiconque, comment les choses adviennent. Vous pourrez alors décider du choix de votre conduite.

Le *Tao* n'est pas un chevaucheur de principes ou un guide d'action. La responsabilité de nos actes nous incombe, mais notre mode de conduite obéit à la loi de la nature.

Cette loi est générale, elle s'applique aux événements de toute nature. Elle est spécifique, elle s'applique à n'importe quelle phase de n'importe quel événement.

Mais personne ne peut décider pour vous de la conduite à tenir dans une situation donnée. Ce lot est propre à chacun.

74. Juge et partie

Le leader n'a pas à être juge et partie. Son rôle ne consiste pas à sanctionner les « mauvaises » conduites.

Avant tout, il faut admettre que la sanction n'est pas un moyen efficace pour susciter l'obéissance.

Quand bien même elle le serait, quel leader oserait fonder son enseignement sur la crainte ?

Le leader avisé sait que chacun de nos actes est inéluctablement suivi de conséquences. Le rôle du leader est de faire la lumière sur ces conséquences naturelles et non de réprimander la conduite proprement dite.

Si le leader essaie de substituer sa loi à la loi naturelle en s'instituant juge et partie, il ne s'ensuit qu'une grossière imitation d'un processus très subtil.

A l'extrême, le leader découvre que l'instrument de la justice sanctionne doublement : punir les autres est aussi punir le travail.

75. La cupidité

Aucune prospérité n'existe dans le groupe si le leader se taille la part du lion quand il s'agit de s'attribuer le mérite d'un travail de qualité.

Le groupe se rebelle et résiste si le leader ne fait qu'user de consignes strictes pour arriver à des résultats conformes à ses désirs.

Face à un leader qui récrimine durement, les membres du groupe répondent par une attitude de passivité et d'inertie.

Le leader avisé n'est pas un leader cupide, égoïste et exigeant, constamment sur la défensive. On peut lui faire confiance pour qu'il aide les événements à évoluer dans le sens de la loi de la nature.

76. Souplesse et fermeté

A sa naissance, un être est souple et gracieux.

A sa mort, un être est devenu rigide et bloqué.

Observez la vie des plantes et des arbres : pendant la période de croissance maximale, ils sont relativement souples et flexibles. Quand leur croissance est achevée ou quand ils commencent à dépérir, ils deviennent durs et cassants.

Quand un arbre a grandi, il est devenu rigide ; on le coupe pour en faire des bûches.

Si le dirigeant d'un groupe se montre cassant, il pourra peut-être assurer des tâches bien précises et répétitives ; il ne sera pas capable de faire face à la dynamique d'évolution du groupe.

Tout ce qui est souple et gracieux est orienté vers sa croissance. Tout ce qui est rigide et bloqué s'atrophie et meurt.

77. Les cycles

Les événements naturels sont cycliques, ils sont en perpétuelle mutation d'un état à l'état contraire.

Imaginez un arc et une flèche. Quand l'archer tire sur la flèche, les deux bouts de l'arc qui étaient largement séparés se rapprochent. L'espace étroit entre la corde et le bois s'élargit. La corde de l'arc, qui était au repos, se tend.

Quand l'archer détend la flèche, le processus s'inverse une nouvelle fois au moment où la tension se relâche.

La voie de la nature est identique : elle détend ce qui est tendu, elle emplit ce qui est vide, elle réduit l'excédent.

L'action d'une société fondée sur le matérialisme et sur la conquête de la nature cherche à triompher de ces cycles naturels. Si un peu est bien, plus doit être mieux, et l'excès paraît le meilleur. Pendant le même temps, ceux qui ont peu finissent par avoir moins encore.

En servant les autres, en se montrant généreux, le leader connaît l'abondance. En refusant l'égoïsme, le leader aide les autres à se réaliser. En facilitant les choses avec un esprit désintéressé, sans souci des louanges ou de rétribution, le leader assure sa puissance et sa gloire.

La conduite de ce leader est efficace parce qu'elle repose sur la compréhension des oppositions et des cycles.

L'efficacité de sa conduite n'apparaît clairement que rétrospectivement.

78. La force et la douceur

L'eau est fluide, douce au toucher, et malléable. Mais l'eau érode les roches qui sont dures et non malléables.

En règle générale, tout ce qui est fluide, doux et malléable triomphe des résistances et du manque de souplesse.

Le leader avisé sait que la soumission triomphe des obstacles et que la douceur fait fondre les défenses les plus dures.

Le leader ne cherche pas à combattre la force de l'énergie du groupe ; il fait preuve d'un esprit de conciliation, il se soumet, il absorbe sans s'opposer. Un leader est exposé à subir des attaques multiples. S'il n'était pas semblable à l'eau, il manquerait de souplesse et irait à sa perte. La souplesse d'attitude est l'étoffe du vrai leader.

On arrive à un autre paradoxe : la souplesse est une force.

79. La victoire ou la défaite

S'il vous arrive d'avoir une discussion avec un membre du groupe et que cette discussion ne se passe pas comme vous l'auriez souhaité, ne vous retranchez pas derrière des compromis en faisant taire vos sentiments personnels.

Cédez avec grâce. Ne cessez pas de faciliter l'évolution des événements.

Peu importe que vous ayez tort ou raison, que vous soyez vainqueur ou vaincu. Votre rôle ne consiste pas à détecter les failles de la conduite des autres. Vous n'avez pas à vous sentir rabaissé si vous devez laisser la victoire à d'autres.

Votre rôle consiste à faciliter l'évolution des événements présents, que vous soyez perdant ou gagnant.

Puisque tous les êtres ne sont qu'un seul Être, il ne s'agit pas de prendre parti en se rangeant d'un côté ou de l'autre. Quand tout est dit, quand tout est fait, le leader continue à s'occuper des événements présents en usant de tous les moyens dont il dispose.

80. Vivre simplement

Si vous voulez vivre libre, vivez simplement.

Servez-vous de ce que vous avez et soyez satisfait de vous trouver là où vous êtes. N'essayez pas de résoudre vos problèmes en changeant de lieu, en changeant de compagnons de travail ou en changeant de carrière.

Laissez votre voiture au garage. Si vous possédez un fusil, rangez-le. Vendez votre ordinateur compliqué et recommencez à vous servir de papier et crayon. Relisez vos classiques plutôt que n'importe quelle publication récente.

Nourrissez-vous de produits du terroir. Choisissez des vêtements simples et solides. Vivez dans un lieu de modestes dimensions, où l'ordre règne, facile à entretenir. Ayez un agenda ouvert avec des périodes libres de contraintes. Ne négligez pas une discipline spirituelle et perpétuez les traditions familiales.

Bien sûr, le monde est riche de nouveautés et d'aventures. Chaque jour propose de nouvelles opportunités.

Alors ?

81. La récompense

Mieux vaut dire la vérité, dans toute sa simplicité et sa rudesse, que tenir des propos agréables à entendre. Le groupe n'est pas un concours de rhétorique.

Mieux vaut agir au nom d'une personne que s'assurer la supériorité au cours d'un débat. Le groupe n'est pas un lieu de controverses.

Mieux vaut réagir sagement aux événements présents que tout expliquer en fonction de quelques théories. Le groupe n'est pas l'examen final d'un cycle d'études.

Le leader avisé ne cherche pas à se constituer une couronne de lauriers. Il aide les autres dans la voie de l'accomplissement. Ils sont nombreux. Partager la victoire avec d'autres est très profitable.

Le principe unique qui sous-tend la création tout entière nous apprend qu'un bienfait authentique est profitable à tous sans rabaisser personne.

Le leader avisé sait que la récompense de son œuvre réside dans la valeur de celle-ci, telle qu'elle apparaît à autrui.

CRÉER

LE TAO DU MANAGEMENT

Bob Messing : Après avoir assumé des fonctions dirigeantes dans diverses entreprises, Bob Messing est actuellement président-directeur général de sa propre société de produits chimiques. Il est également directeur de l'Institut des systèmes de puissances à Boston (Massachusetts) et fait partie du bureau consultatif de l'École de psychologie professionnelle appliquée de l'Université de Rudgers (New Jersey). Il vit actuellement à Palm Beach, en Floride, avec son épouse, l'artiste Joan Wenzel.

Lorsque j'ai moi-même abordé l'étude du *Tao*, j'étais un jeune directeur général tout imprégné des programmes de formation dispensés pendant les années 60. Ces programmes donnaient un rôle de premier ordre aux notions de « sensibilité » et de « développement personnel ». Cette époque a exercé sur moi une profonde influence, essentiellement intuitive. Je me demande encore aujourd'hui pour quelles raisons tant de choses d'importance fondamentale ne sont soumises à aucun changement réel et profond.

Lorsque j'ai par ailleurs repris contact avec le *Yi-King*, j'ai constaté que son enseignement contenait une valeur pratique et qu'il pouvait, de ce fait, servir de guide pour tous ceux qui assument une fonction à hautes responsabilités. J'ai également compris que l'art et l'adresse nécessaires aux dirigeants dépassent largement les seules aptitudes d'un « patron » ou d'un « chef », parce que l'état des besoins, autant que celui des ressources du XXe siècle, donne la possibilité aux dirigeants de tous niveaux — voire implique la nécessité — d'être productifs. C'est ainsi que j'ai pu me faire une idée des profondes satisfactions et des récompenses tangibles découlant de ce parcours professionnel qui, par ailleurs, ne manque jamais d'être hérissé de dangers et d'embûches.

Le Taoïsme est un enseignement mystique qui remonte à près de cinq mille ans. Il met en évidence l'importance d'une évolution harmonieuse de la vie humaine dans son aspect physique, social et spirituel et la réalisation personnelle d'un individu à travers les événements du quotidien. Si un dirigeant accepte et comprend le sens de cette voie, s'il parvient à atteindre un état d'harmonie avec l'ordre universel, il vit en symbiose avec son époque et avec son environnement. Il est donc en mesure de voir clairement en lui-même d'abord, de faire preuve d'une plus grande perspicacité vis-à-vis de son entourage (associés, subordonnés, supérieurs, fonctionnaires administratifs, clients, fournisseurs, pour n'en citer que quelques-uns) et de se consacrer à la mission qui lui incombe de fait.

Nous pouvons dire sans risque d'erreur que les enseignements et la Voie du *Tao* s'adressent directement aux fonctions dirigeantes puisque cet enseignement et cette règle d'action exigent aussi bien une attitude de réceptivité à la réalité, un jugement impartial, que le contrôle du temps d'action et de non-action et le refus de fonder son action sur une attitude subjective et arbitraire.

Outre l'obligation de résultats, le manager d'aujourd'hui est confronté à la polyvalence dans une société entièrement dépendante et tributaire d'une évolution technologique de haut niveau. Il est dans l'obligation de développer ses capacités et son sens psychologique pour gérer les changements tout en restant capable d'en maîtriser l'importance, l'orientation et l'ampleur. C'est en lui-même qu'il trouvera les moyens de développer ces aptitudes et ces prises de conscience. Aux heures décisives, un manager est seul avec lui-même.

Le parcours professionnel d'un dirigeant est ponctué d'obstacles, de périls et d'embûches dans la voie qui conduit au succès et à la réalisation de soi-même. L'épuisement, les problèmes familiaux et conjugaux, l'abus de substances médicamenteuses et une réduction de la longévité consécutifs au stress ne sont que quelques-uns parmi d'autres « dangers personnels » auxquels sont confrontés les responsables d'aujourd'hui. La perte de sa fonction, l'altération de la confiance en soi en cas de résultats médiocres sont des périls permanents pour quiconque a choisi de s'orienter dans ce genre de carrière. Le *Tao* lui donne alors les moyens d'exploiter ses ressources intérieures pour atteindre à une authentique réussite professionnelle, la réalisation de soi sur un plan humain, et parvenir à un sentiment de satisfaction.

Le *Tao* préserve de l'orgueil, du matérialisme, du manque de sincérité, du désir de prestige. Plus généralement, son action est dirigée contre toute forme de comportement ou tout trait de personnalité pouvant conforter l'égoïsme individuel. Réussir ne veut pas dire « être des héros ».

Le parcours exigé par la loi du *Tao* est inscrit dans une éthique de comportement. Quand un dirigeant aura décidé de s'y conformer, il saura éviter les ascensions rapides et élevées suivies de chutes proportionnellement aussi dures. Le *Tao* n'est pas la voie des héros de « feu de paille ». C'est celle de la réalisation personnelle ; une voie d'harmonie, permettant de concrétiser son potentiel personnel.

Les ressources auxquelles doit faire appel tout homme, et un dirigeant en particulier, sont celles qu'il trouve en lui-même. Elles seules confèrent un savoir-faire et un état de conscience permettant au responsable de gérer tant ses ressources personnelles que celles de l'établissement qu'il dirige. C'est là la Voie du *Tao*.

Note de l'auteur

Tout au long de cet ouvrage, nous employons le mot de « manager » au masculin. Que les nombreuses femmes qui sont activement impliquées dans une carrière à responsabilités et qui sont concernées par des objectifs de productivité veuillent bien ne pas considérer ce choix comme une offense, fût-elle implicite ou légère.

1. Le créateur. *Ch'ien*

Pour être créatrice, la force d'un manager doit être conforme à la loi du *Tao*. C'est donc à travers la personnalité du manager et à travers les structures qu'il aura instituées que cette force qu'il représente parvient à la créativité.

Lorsque les bases de cette force sont établies, la mission du manager sera d'en assurer la croissance, la réalisation en actes et la consolidation. Toutes ces étapes sont nécessaires pour parvenir à une attitude créatrice. Si l'une d'elles vient à manquer, les fondements n'ont pas la solidité permettant une authentique créativité.

Un manager ne doit jamais confondre force et violence dont les natures sont fondamentalement différentes.

Le manager a la responsabilité de concrétiser la mission dont il est investi. Son devoir lui impose d'y consacrer le maximum de son temps et de son énergie ; il ne peut donc se contenter de n'être présent qu'à des occasions exceptionnelles.

Une attitude arrogante est indigne d'un manager. Si l'arrogance peut être un ultime recours pour assurer une victoire, elle n'est d'aucune utilité en cas de défaite. Pour un manager, l'arrogance est synonyme de blocage et de limitation de son potentiel créatif.

2. Le manager réceptif. *K'un*

Quiconque a la charge d'assurer un service doit avoir une attitude réceptive. C'est un rôle de second plan qui représente parfaitement comment un manager doit concevoir et appréhender les fonctions qui lui sont confiées.

Le manager a le devoir de développer sa capacité réceptive, il doit accepter de se soumettre aux exigences des circonstances sans se départir d'une attitude empreinte de dévouement, de modération et de bienséance.

Une attitude réceptive est conforme aux lois universelles. C'est pourquoi elle permet au manager de comprendre clairement les causes de désordre.

L'action du manager doit être marquée par un souci d'équité. Il ne doit jamais oublier qu'il a charge de réaliser des objectifs et qu'il doit s'y consacrer avec rigueur et droiture.

3. La difficulté initiale. *C'hun*

Chaque expérience comporte une phase initiale marquée par la difficulté. Lorsque la créativité et la réceptivité se confondent dans l'action créative, cette fusion des deux attitudes engendre la difficulté initiale. Cette vérité est éternelle parce qu'elle est à l'image des lois universelles.

Lorsque le manager est confronté à pareille difficulté, il s'assure la victoire par une attitude de persévérance, par un réajustement de son programme d'action ainsi que par le choix judicieux de ses collaborateurs.

La confusion générée par la difficulté fera alors place à l'ordre.

Dans la réalisation de ses objectifs, un manager ne se départira jamais d'un souci de prudence et de prévoyance. Il acceptera de se soumettre aux désirs de ses subordonnés pour s'assurer de leur confiance à son égard.

Lorsque le manager fait choix d'un tel comportement en présence des difficultés initiales, il parvient à l'attitude créative qui lui assure la victoire.

4. L'ignorance. *Mêng*

Un usage inadéquat des seules facultés de l'intelligence altère les capacités de discernement du manager. Il s'ensuit un état d'ignorance et de confusion.

Une telle démarche incite le manager à rechercher la solution d'un problème alors que cette solution est déjà en sa possession.

Le manager doit avoir une attitude ouverte, calme, sincère et consciente de ses devoirs. Il refuse d'avoir recours à des moyens insidieux qui sont incompatibles avec les responsabilités qu'il doit assumer.

Lorsque le manager est confronté à cette phase d'obscurité, une conscience claire de sa propre ignorance lui permettra de déterminer le choix d'action qui s'impose.

Ce passage est nécessaire. C'est grâce à lui qu'il parviendra à une juste appréciation des solutions aux problèmes du moment.

5. L'attente. *Hsü*

Lorsque le manager est confronté à une situation difficile, il choisit une attitude d'attente. C'est par l'attente qu'il exprime sa force, son discernement et son pouvoir de manager.

L'attente est une phase de préparation et d'assimilation.

Un manager ne doit jamais préjuger de sa force, pas plus qu'il ne doit fonder ses espoirs de réussite sur un hasard heureux.

Une attitude vigilante, prudente, une remise en question de soi en attendant le moment opportun sont à la base d'une appréciation exacte des difficultés d'une situation.

Lorsque le moment propice succède à cette phase d'attente, le manager dispose des moyens pour ajuster son action aux nécessités.

6. Le conflit. *Sung*

Un climat de contestation et de discussion sur des sujets de moindre importance, où chacun cherche à jouer en finesse, est contraire à l'harmonie.

De telles pratiques compromettent la position du manager, ses relations avec son équipe et toutes les structures d'organisation.

Lorsqu'il suit la Voie du *Tao*, le manager parvient à une perception claire et précise de sa propre personnalité et de ses aspects les plus nuisibles. Une force intérieure authentique est source de prudence et de pondération sans manifestation d'agressivité.

C'est dans sa seule force intérieure et non à l'extérieur qu'un manager doit chercher les moyens qui font régner la justice.

Chacun sait que l'homme qui sort victorieux d'un débat et celui qui *doit* traduire cette victoire en actes doivent avoir des compétences différentes.

7. Le militant. *Shih*

Lorsque les circonstances l'exigent, un manager doit être un militant. Il lui incombe de faire le choix des sanctions et des moyens pratiques pour les mettre à exécution. C'est un chef militaire investi d'un pouvoir. C'est pourquoi il doit aussi avoir compétence pour modifier ce qui peut faire obstacle à l'application de ses directives.

En période de paix, la présence d'un manager doté des qualités d'un chef militaire, fût-il le plus prestigieux, ne s'impose pas.

Rétablir la paix en période de danger n'est pas toujours possible. Un gouvernement qui repose sur la force est souvent l'œuvre de perturbateurs et de fauteurs de troubles.

Lorsqu'il doit assumer ce rôle de chef militaire, le manager doit agir avec un souci d'exactitude rigoureuse. Si ses initiatives ne sont pas une réponse précise aux besoins, les conséquences seront désastreuses. Il pourra perdre des collaborateurs de valeur et à l'extérieur il perdra l'estime de ses alliés.

En sachant différer son action à bon escient, il peut éviter des erreurs de tactique.

Lorsque l'ordre est rétabli, l'heure n'est plus aux sanctions ni à leur application. C'est alors que le manager récompense les actions méritoires et châtie celles de nul ou de moindre mérite.

8. L'union. *Pi*

Le manager doit réaliser l'union et la solidarité avec ce qui est juste et loyal. Il doit arriver à l'intime certitude que cette union repose bien sur des fondements réels et authentiques.

S'il souhaite parvenir à cet état d'union et de solidarité avec son entourage, c'est d'abord à l'intérieur de lui-même qu'il doit le réaliser.

Le manager est connu à travers l'image qu'en donnent ses collaborateurs. S'il accepte de s'entourer d'hommes ignorants ou sans potentiel, son image de marque sera médiocre.

Pour être réalisée, l'union véritable exige les qualités d'un chef. C'est pourquoi un manager doit s'assurer la collaboration d'un vrai leader ou d'un conseiller compétent. Il n'y a rien d'humiliant à solliciter aide et assistance.

9. L'éducation par les humbles.
Hsiao Ch'ü

Le management ascendant peut être un moyen d'évolution. Un choix de cette sorte comporte le risque d'une évolution de moindre envergure pour l'organisation et pour les hommes qui l'animent.

Cependant, le manager qui choisit de marcher avec et parmi ses hommes garde une attitude d'humilité en sachant ce qu'est la grandeur. Toute possibilité d'évolution pour un manager passe par cette humilité.

C'est pourquoi une grande finesse psychologique est indispensable au manager qui doit être capable de porter un jugement loyal sur lui-même.

10. La marche. *Lü*

La marche signifie l'acheminement vers le progrès.

Un manager a besoin d'avoir une connaissance claire de ses objectifs. Son action révèle sa détermination, sa force inflexible et sa totale sincérité.

Durant cette marche vers le progrès, le manager refuse toute action irréfléchie. L'absence ou l'insuffisance d'informations ne conduisent qu'à des déboires.

A l'heure du danger, le manager donne l'exemple de la maîtrise de soi.

11. La paix. *T'ai*

Paix signifie harmonie.

L'harmonie est la base de l'évolution. Ce qui est petit disparaît, ce qui est grand arrive. Quand l'harmonie existe, le groupe tout entier progresse.

Savoir mettre à profit les circonstances favorables pour répartir judicieusement les tâches permet de créer un état d'harmonie.

Un comportement laxiste n'est jamais créateur d'un état d'harmonie. Pire, le laxisme détruit l'harmonie. Le manager s'en tient à une attitude souple et pondérée, c'est ainsi que ses opposants deviendront ses adeptes.

Une main de fer dans un gant de velours permet au manager d'instituer une autorité solide.

Son objectif essentiel est de faire régner l'harmonie en la préservant de toute atteinte.

12. La stagnation. *P'i*

Lorsque l'harmonie est impossible à instituer, le règne de la stagnation s'installe ; la stagnation est le contraire de l'harmonie. L'harmonie et la stagnation sont deux états contradictoires par nature ; l'absence de l'un entraîne la présence de l'autre. En période de stagnation, ce qui est grand s'éloigne, ce qui est petit s'instaure.

Le rôle du manager est de rétablir l'équilibre entre ces deux forces opposées. S'il cherche à dissimuler les difficultés qu'il éprouve, c'est le signe qu'il ne sait pas que son entreprise traverse une phase de stagnation qui rend impossible toute progression.

Quelles que soient les causes de cet état de fait, qu'elles relèvent de la structure de l'entreprise ou qu'il faille les imputer à la responsabilité d'un seul individu, il faut impérativement les reconsidérer pour prendre un nouveau départ sur des bases nouvelles. Le manager doit renverser le cours des événements en créant l'harmonie.

Le manager a grand avantage à être correctement informé du bon déroulement des événements dans son entreprise.

13. La communauté avec les hommes et l'assimilation. *T'ung Jên*

Le manager parvient à instaurer un état de communauté et d'assimilation avec les hommes de son groupe par sa propre personnalité, non par sa position hiérarchique.

Cette assimilation aux hommes du groupe doit être aussi sincère qu'adroite car elle constitue la base de l'évolution des structures de l'entreprise.

Le manager n'est pas un ami des beaux jours. Il est l'expression de la vérité aux heures favorables comme aux heures difficiles.

Le manager n'oublie jamais que la possibilité d'assimilation au groupe varie en fonction des individus auxquels elle s'adresse. C'est pourquoi elle devient irréalisable dans certains cas. Comme technique de management, l'assimilation est fondée sur une attitude de correction réciproque ou sur des mobiles d'ordre différent, sous réserve qu'ils soient toujours conformes à la raison. Le fondement de l'assimilation du manager aux hommes de son groupe ne doit jamais reposer sur des sentiments personnels.

Une communauté authentique ne peut être instituée qu'à partir d'une volonté mutuelle de sincérité et de créativité. Cette communauté permet l'évolution intérieure du manager, de même qu'elle favorise l'expression des potentiels individuels.

Lorsque ces conditions sont réalisées, l'évolution intérieure du manager devient possible. Grâce à cette évolution, le manager saura répondre aux changements de situation par une attitude adéquate, et il pourra envisager des objectifs de vaste envergure.

14. Le grand avoir. *Ta Yu*

Le grand avoir représente la victoire et la récompense des efforts au service d'un management efficace.

L'attitude du manager est marquée par la souplesse et la fermeté ; c'est ainsi qu'il permettra à ce qui est grand de grandir. Sa stratégie repose sur des fondements stables et solides.

Cette fermeté concerne le comportement du manager et les structures d'organisation. C'est pourquoi elle exige une préparation intérieure en éliminant tout ce qui n'est pas essentiel.

Le manager n'obtient la récompense quotidienne de ses efforts qu'à travers une réelle capacité quotidienne de renouvellement.

15. L'humilité. *Ch'ien*

L'humilité consiste à disposer de richesses importantes tout en se conduisant comme si l'on ne possédait rien.

En l'absence d'humilité, le manager et son groupe perdent leur prestige, le dynamisme de l'entreprise est compromis, le respect d'autrui est refusé.

L'humilité a une valeur propre, elle permet la résistance dans la durée. C'est pourquoi elle doit présider à toutes les situations, favorables ou non.

Une parfaite humilité est toujours une source d'enrichissement. La suffisance est la base du ressentiment.

Le manager joint la fermeté à l'humilité dans sa conduite. Il travaille avec acharnement, son attitude est empreinte d'une égale humilité avec tous ses collaborateurs, qu'ils soient haut placés ou simples subalternes.

Le manager ne mésestime jamais les conséquences positives de l'humilité.

16. La joie et l'enthousiasme. *Yü*

Disposer de grandes richesses sans se départir d'une attitude d'humilité suscite l'enthousiasme.

Pour le manager, l'enthousiasme n'est pas un prétexte pour tolérer la présence d'hommes sans valeur. Dans un tel cas, l'enthousiasme est plus un frein qu'une stimulation.

La conduite du manager obéit à la loi du *Tao*, non à des motivations ou à des penchants personnels. C'est à cette condition que l'enthousiasme sera préservé.

Si le pouvoir du manager est institué sur des bases solides, l'enthousiasme devient une source d'expansion.

17. La suite. *Sui*

Savoir suivre signifie savoir s'adapter. L'adaptation est un facteur d'évolution.

Le manager est le moteur de l'entreprise, il est seul à disposer du pouvoir de décision et d'action. Si son action est conforme à ces mobiles, l'enthousiasme régnera parmi ses collaborateurs.

S'il sait adapter son action aux désirs des hommes qu'il dirige, il peut progressivement instituer des structures favorables à l'exercice de son pouvoir. Son rôle personnel consiste à savoir faire un choix entre les moments où il faut agir et ceux où il convient de surseoir à toute initiative. De même, il incombe au manager de reconnaître l'instant de décision de celui où il convient de marquer un recul. Cette adaptation requiert une grande vigilance de sa part.

Si l'adaptation du manager est inadéquate, il risque de perdre de vue les réalités et, du même coup, d'altérer le bon fonctionnement des structures de son groupe. Pour que l'adaptation aboutisse à une consolidation du pouvoir du manager, il doit refuser de s'écarter de ce qui est juste et créer un climat de confiance mutuelle.

Le manager ne peut exiger que les autres s'adaptent à lui si lui-même ne s'est pas, au préalable, adapté aux autres.

Le *Tao* est un rempart contre l'ignorance et les excès.

18. La corruption. *Ku*

Si le manager ne vise qu'à créer l'enthousiasme dans son entourage, un climat de corruption s'installe. Or, il sait que la corruption qui affecte les structures et les hommes du groupe est le prélude aux réformes.

Le manager analyse attentivement les principes dont s'inspirent celles-ci. Il sait qu'il doit agir car il est impossible de traiter un état de corruption dans un climat de paix totale.

Cette action nécessaire place le manager dans une position périlleuse et difficile. Le redressement auquel il doit procéder ne doit être ni trop faible ni excessif. Il est préférable qu'il possède au préalable des informations précises sur l'existence effective de l'état de corruption.

Des situations de cet ordre sont souvent le moment opportun pour faire appel à la compétence et à la clairvoyance des personnes de son entourage. Le manager peut ainsi obtenir les informations dont il a besoin pour agir et mettre fin à la corruption dans les secteurs où elle s'est installée.

Dans ces moments, la gloire et le profit ne sont pas les objectifs du manager. Les valeurs intérieures et les vertus sont incompatibles avec la corruption.

Lorsque le manager atteste de son efficacité à traiter la corruption, il s'ensuit un grand progrès et pour le manager et pour le groupe tout entier.

19. La supervision. *Lin*

La supervision est le cœur du management. C'est la cheville ouvrière.

La supervision est un facteur de créativité et d'expansion. Elle est la base du processus de dynamisation et de ses conséquences concrètes. La bonne marche de tous les services est assurée, les éléments nocifs sont éliminés.

Le manager refuse la négligence et l'impatience. Il sait reconnaître les véritables opportunités et en tirer le juste avantage. S'il supervise dans un but de créativité et de dynamisation, il ne se heurte à aucun obstacle.

Les difficultés quotidiennes ne sont pas des obstacles, le manager ne les considère pas comme telles. Une progression trop rapide ne peut qu'aboutir à une régression brutale.

Il s'entoure constamment de conseillers et de collaborateurs. La supervision est l'expression fondamentale du management. Le résultat est la synthèse du commencement et de la fin.

20. L'observation. *Kuan*

Le manager est un observateur avisé, son attention est toujours en éveil.

Le sens de l'observation requiert un esprit clairvoyant, toujours conscient que les situations peuvent dégénérer. Si le manager possède des qualités d'observateur, il peut prévenir le déclin en prenant les dispositions nécessaires.

Si le manager constate la présence de la sincérité, sa confiance sera acquise. S'assurer sa confiance, c'est du même coup lui donner les moyens d'éliminer les influences nocives qu'il aura constatées.

Un esprit réceptif, une action rapide reposent sur des aptitudes d'observation et de tact de la part du manager qui refuse les informations erronées et n'accepte pas l'existence de telles situations.

En pareil cas, le manager se préoccupe de son évolution personnelle autant que de celle de chaque individu de son groupe. C'est ainsi qu'il assure des fondements solides à ce qu'il construit.

21. La fermeté. *Shih Ho*

La fermeté consiste à mener une action avec un esprit parfaitement lucide grâce à une totale compréhension de chaque situation. C'est la condition première d'un bon management.

L'efficacité du manager est subordonnée à une connaissance et à une compréhension claire et complète des situations qu'il affronte. La qualité de son action en dépend.

La fermeté consiste à « mordre au travers », au cœur d'une situation. Il n'est pas question de « grignoter » pour arrondir les angles ou de « ronger l'os » en cherchant à éliminer les résidus qui sont restés attachés.

La fermeté exige impérativement une compréhension claire et complète des situations de fait. Le manager méprise le mensonge et reste fidèle aux solutions conformes à un esprit d'équité.

22. L'élégance. *Pi*

L'élégance est l'image de l'harmonie et de la beauté.

Une méthode de management fondée sur l'observation permet d'arriver à une vision limpide de la réalité. Une perspective claire et le calme intérieur du manager créent un climat d'harmonie. Le manager doit veiller à ce que son calme intérieur ne dégénère pas en laxisme.

Le manager sait qu'une perspective claire des situations peut lui ménager des moments de répit et de calme. Cette clarté étant différente de celle qui provient de l'illumination, le manager doit en faire un usage plus prudent. La véritable élégance favorise l'expansion, elle ne redevient un moyen de progrès que si l'on en fait un usage pertinent.

A ce point de son action, le manager s'emploie à diffuser savoir et sagesse. Il réfute les artifices extérieurs afin que les préoccupations d'élégance restent modérées et ne constituent pas un obstacle à une perspective claire des situations.

L'élégance authentique est un compromis entre la clarté des situations et le calme intérieur du manager. C'est par ce biais que celui-ci assure son évolution spirituelle sans compromettre sa capacité de décision qui doit constamment être assortie d'une nécessaire réflexion.

23. La décadence. *Po*

La décadence est un état qui autorise à disposer de tout sans rien posséder en propre.

Si l'action du manager n'est qu'une réponse à ses désirs personnels, il est contraint d'avancer car les événements l'y forcent. Il lui est impossible de reculer sous peine de perdre la face. Jeter le manche après la cognée mène au désastre.

On définit le plus souvent la décadence en termes de réalités concrètes ou financières. Mais son impact le plus profond sur le manager est un impact spirituel et humain.

24. Le retour. *Fu*

Le retour signifie revenir en arrière. Le retour constitue également un moyen d'expansion.

Le manager sait reconnaître le moment où un retour s'impose. Il ne doit pas insister dans une voie si le moment qu'il choisit est défavorable. Son insistance pourrait aboutir à laisser passer une opportunité d'action.

Le manager doit être vigilant pour déterminer le moment où un retour s'impose. Pour savoir le reconnaître, le manager doit conduire son activité avec ordre et méthode. Il rétablira progressivement le cours normal des choses ; un rétablissement trop rapide serait instable par nature.

Pour le manager et son groupe, le retour reste toujours un choix possible sauf s'il commet l'erreur d'accorder une importance excessive à ses désirs personnels ou si sa clairvoyance est altérée par l'influence de son entourage.

Le retour favorise l'évolution intérieure du manager mais le choix du moment opportun pour amorcer ce retour doit être très judicieux.

Si ce retour n'est pas fait avec fermeté, il sera forcément suivi par d'autres. Le manager digne de ce nom ne manque pas d'être confronté à des phases de turbulence qui l'obligent à de fréquents retours en arrière.

C'est pourquoi il doit être bien informé, savoir tirer la leçon de ses échecs et ne jamais interrompre ses efforts.

25. La fidélité. *Wu Wang*

Le manager doit se conduire avec une parfaite sincérité. Il doit aussi faire preuve de créativité et de dynamisme. Ces qualités ne doivent jamais pouvoir être mises en doute.

Fidélité signifie loyauté. Le manager élimine les influences de l'entourage s'il est capable d'agir en temps opportun et s'il sait adapter son effort aux exigences du moment.

Il refuse d'avoir recours à des manœuvres ou à des stratagèmes qui l'incitent à partir à une illusoire chasse au trésor. Avant de recevoir, il faut apprendre à donner.

La fidélité peut être très bénéfique si elle est authentique... elle peut aussi générer des déboires dont l'intensité ne sera pas moindre.

26. S'inspirer du grand. *Ta Ch'u*

Le manager se ressource pour accroître sa force retrouvée. Il cherche à la préserver de tout risque de destruction ou de corruption. Toute force, quelle qu'en soit la nature, ne procure la stabilité qu'à la seule condition de rester un moyen d'évolution et de croissance.

Cette voie n'implique aucune contrainte. Quiconque puise son inspiration aux sources les plus sublimes est capable d'atteindre un haut degré d'évolution.

La force favorise l'équilibre et la stabilité. Si cette force parvient à son plus haut point d'évolution, elle devient source de perfectionnement. En revanche, si l'usage de cette force n'est ni judicieux ni conforme à sa nature d'origine, le malheur en résulte. Pour que cette force soit un facteur de stabilité, il faut s'assurer au départ de sa véritable nature.

Le manager suit son chemin avec des pensées sincères et une attention concentrée. Il refuse de se laisser détourner de cette voie.

27. La nourriture. *I*

La nourriture est le point de rencontre entre les moments d'action et de non-action. Il incombe au manager de choisir l'opportunité de chaque moment avec un souci d'équité, de même qu'il doit respecter ces choix. Il doit mettre à profit les phases de non-action pour en faire des phases de plénitude.

Le manager est un observateur silencieux ; c'est ainsi qu'il parvient à distinguer la vérité de l'erreur. Il s'attache à ce qui est juste et proscrit ce qui est injuste.

Le manager recherche sa nourriture et les moyens de parvenir à un état de plénitude grâce à ses ressources intérieures. C'est pourquoi il refuse de s'attarder sur des choses dépourvues d'importance.

Le manager doit être très vigilant au début. Il doit refuser d'agir s'il n'est pas suffisamment informé ou s'il agit sous l'influence d'un désir personnel qui manque de réalisme.

28. L'excès. *Ta Kuo*

Lorsque le manager est confronté à des excès, il doit faire preuve d'une extrême vigilance et s'abstenir de toute hésitation.

Une grande force peut causer de grands dommages si elle est employée sans discernement. Celui qui en aura fait un tel usage porte la responsabilité des dommages causés ; c'est pourquoi le manager évite de recourir trop fréquemment à l'usage de la force. Il peut y parvenir en prenant conscience des moments où il doit faire marche arrière et en sachant quels moyens mettre en œuvre en pareille circonstance.

Un excès de faiblesse est aussi nuisible qu'un excès de force. Le manager est soucieux de créer l'harmonie, il cherche à s'adapter en souplesse aux circonstances afin de parer aux dangers. S'il parvient à une conscience claire des risques qu'il encourt, le manager aura l'attitude ferme et souple qui le préservera de la chute dans l'excès.

Un excès de puissance n'est jamais exempt de conséquences que l'on ne doit pas minimiser.

Le manager doit prendre conscience de cette réalité. C'est par là qu'il évitera de s'attirer — directement ou indirectement — de grands déboires.

29. Les pièges. *K'An*

Piège est synonyme de péril. Le manager sait quelle attitude adopter face au danger puisqu'elle est dictée par l'usage. La règle de conduite exige de se conformer à ce qui est juste si l'on veut éviter d'être confronté à des situations périlleuses.

Chercher à parer un danger implique la croyance à la réalité d'un obstacle. La conscience du danger est la règle de conduite du manager puisqu'elle l'oblige à renforcer son attention et l'incite à une action juste.

Croire à l'obstacle, croire à la nécessité d'agir pour sortir de l'impasse créée par l'obstacle relève d'une grande simplicité. C'est un moyen d'évolution qui peut être hautement profitable pour le manager et pour son groupe.

S'il est fréquemment confronté à des pièges, c'est parce qu'il est constamment exposé à des obstacles. Dans ce cas, le manager est l'artisan de sa propre chute.

30. Le feu. *Li*

Source d'illumination et de purification, le feu exerce sur chaque être une influence bénéfique. Il confère une capacité d'évolution ainsi que des qualités de discernement.

Le feu favorise l'évolution du manager dans des conditions précises : il faut que l'origine de la force qu'il crée autant que l'usage qui en est fait soient clairs pour tous. Cette force est générée par l'illumination intérieure, point d'origine de toutes les autres illuminations.

L'illumination intérieure — celle qui inspire les actes du manager — et l'illumination extérieure — celle qui émane de sa présence — permettent la clairvoyance, la réceptivité aux influences et une clarté de comportement. L'illumination permet de mener une action dans le respect de ce qui est juste. Si l'action du manager est sous-tendue par l'illumination, elle porte le sceau de l'équité et favorise une issue favorable. Le manager doit constamment rester en quête de cette illumination, c'est en elle qu'il puise l'inspiration pour agir comme son rôle l'exige.

En l'absence d'illumination, le manager doit faire preuve d'une vigilance constante. C'est auprès de ses collaborateurs qu'il doit chercher l'illumination qui lui fait défaut. Son esprit devient plus ouvert, la compréhension mutuelle s'instaure. C'est par ce biais qu'il peut transformer sa faiblesse en puissance.

Le manager ne cesse de préserver cette illumination; c'est son moyen de parer aux troubles générés par les excès. Mais s'il est uniquement préoccupé par l'illumination qui émane de sa présence, il perd son prestige; sa capacité d'action est compromise. Dans le management, il est possible de prévoir des solutions de rechange quand l'illumination fait défaut.

31. La sensibilité. *Hsien*

La sensibilité signifie aptitude à ressentir et pouvoir d'influencer. Elle est l'expression de l'harmonie. La sensibilité constitue à la fois un potentiel évolutif et un motif de danger.

Une spontanéité totale est le fondement de l'action du manager. Il refuse de subir les influences de l'entourage ou d'obéir à ses désirs personnels. Un manager qui ne parvient pas à un état de sensibilité totale est exposé à l'humiliation.

La sensibilité authentique n'est pas tributaire des subtilités de langage ou du désir de préserver son image de marque.

32. La constance. *Hêng*

La constance est le produit d'une longue persévérance alliée à une attention sans faille. Au service du management, la constance est un moyen d'action qui mérite la confiance du manager.

Si le feu est une lumière intérieure et extérieure qui permet de concrétiser les potentialités individuelles, la persévérance est le guide d'action du manager quand la fermeté est de rigueur. Celui-ci n'admet ni la paresse ni le relâchement des efforts.

La persévérance est la voie infaillible vers une évolution positive.

On trouve de nombreux exemples de managers ou de leurs collaborateurs qui possèdent ces qualités de persévérance mais qui ne cessent de dévier de cette voie. C'est pour eux un moyen d'arriver à la célébrité mais, ce faisant, ils ne font que hâter leur chute, professionnelle ou personnelle.

Si le manager comprend réellement la signification de la persévérance, son esprit s'ouvre à des vérités différentes.

La voie de la persévérance le guide à l'heure de l'action car si elle n'est pas assortie d'une action, la persévérance devient vide de sens. Une évaluation d'où l'action est absente renforce le sentiment de sa propre importance ; l'aboutissement est toujours désastreux, de même que la défaite succède immanquablement au sommet de la gloire.

Se laisser ainsi berner n'est pas un moyen de management. La loi du *Tao* est à l'opposé de telles pratiques.

33. La retraite. *Tun*

Le manager bat en retraite quand il se rétracte. En pareille circonstance, il doit faire un usage modéré de la force dont il dispose. Cette stratégie est favorable à l'évolution du manager puisqu'elle lui permet de garder son énergie intacte en se préservant des influences extérieures.

La loi du *Tao* recommande une nouvelle fois d'être très vigilant au début.

Le manager ne doit pas agir de manière arbitraire sous peine de sombrer dans la confusion. Il doit avoir la maîtrise de sa force et accepter les réalités de fait.

En alliant la force à la souplesse, il préservera son indépendance et sa liberté d'action. Ce style de management relève d'un choix personnel du manager.

34. Le grand pouvoir. *Ta Chuang*

Le grand pouvoir est la force intérieure permanente qui est la base d'une action efficace. C'est pourquoi on l'appelle ainsi.

Le manager qui possède le grand pouvoir choisit des objectifs hors du commun et réalise les buts auxquels les autres ne peuvent prétendre. Il dépasse la banalité quotidienne pour se consacrer à l'exceptionnel.

S'il vient à manquer de réalisme, s'il s'écarte de la loi du *Tao*, s'il méconnaît le danger ou s'il néglige d'apporter la réponse adéquate, l'exercice du pouvoir aura des conséquences néfastes puisque son pouvoir sera dénué de valeur authentique.

Le manager qui s'engage dans cette voie sans, au préalable, avoir eu recours à la prudence et à l'attention indispensables, s'expose à des échecs ou à des situations dangereuses, voire périlleuses.

Le manager qui a la chance de détenir le grand pouvoir ne doit jamais se départir d'un souci d'équilibre. Grâce à un autocontrôle, il dispose de richesses intérieures supérieures à la force qu'on exige de sa part ; sa puissance est suffisante pour ne pas avoir besoin de manifestations excessives.

La faiblesse doit être contrebalancée par une fermeté inébranlable, sous peine que la force potentielle du manager et de son groupe ne reste lettre morte au moment d'en faire usage. Un manager faible et incapable d'assumer son rôle de dirigeant doit faire appel à un conseiller.

Le manager affermit son pouvoir en s'inspirant de ce qui est juste ; il agit après réflexion, s'implique dans sa tâche avec opiniâtreté et poursuit son combat aussi longtemps que les circonstances l'exigent.

La Voie du *Tao*... la vertu et un esprit de justice conduisent à la concrétisation du grand pouvoir.

35. Le progrès. *Chin*

Le progrès est un style de management dynamique fondé sur une compréhension du sens profond des événements et sur une illumination toujours plus grande.

Une attitude d'obéissance, une bonne gestion de son temps, la préoccupation constante de vérité font renaître l'illumination intérieure du manager et permettent de dissiper toute confusion.

Si l'illumination lui fait défaut, le manager doit chercher à l'acquérir avant de commencer sa marche vers le progrès. Il ne manifeste aucune hâte pour l'acquérir aussi longtemps que la confusion règne. C'est auprès des hommes de son entourage qu'il trouvera l'illumination qu'il recherche.

Si le manager a conquis cette force intérieure, il diffuse une impression de paix et de sérénité. Chaque situation exige de lui qu'il possède l'illumination et qu'il en fasse usage. Rien ne peut altérer l'illumination authentique.

36. L'obscurcissement de l'illumination. *Ming I*

Si la marche vers le progrès aboutit à une action ferme non ponctuée de reculs, c'est un signe de puissance excessive. Cet état de fait est préjudiciable à la qualité de l'illumination du manager et constitue une menace pour le pouvoir dont il est investi.

Le manager ne cherche pas à garder secrète l'illumination qui sous-tend son action mais il s'attache à en faire un usage très judicieux. Lorsque la lumière s'obscurcit, son illumination intérieure et celle qui lui est donnée par son entourage doivent être d'une perfection sans faille.

Une illumination qui ne s'applique pas aux situations de fait est préjudiciable au pouvoir du manager.

S'il subit un préjudice, il sera contraint de faire marche arrière sans dévoiler son illumination intérieure. Les obstacles extérieurs auxquels il est confronté ne sont pas forcément ressentis comme tels par le manager. En cas de danger, une attitude de repli et le secret sur son illumination seront sa réponse au préjudice subi.

Le *Tao* appelle cette réponse « le contrôle du dommage subi ». C'est une stratégie très efficace en management. L'illumination doit constamment être réanimée, gardée en réserve pour être accessible immédiatement en cas de besoin.

37. La maîtrise de soi. *Chia Jên*

Le manager recherche constamment un degré de perfection plus élevé et une maîtrise de soi plus poussée. Il observe attentivement son entourage pour en faire un sujet de réflexion.

S'il néglige cette quête de la perfection, il favorise l'instauration d'un climat de paresse, de ruse et d'indulgence envers lui-même. Dans un tel climat, l'ordre est anéanti et le manager humilié.

Pour parvenir à l'équilibre, il doit unir la fermeté à la souplesse. Cet équilibre lui permet de découvrir la voie noble dans laquelle il doit s'engager s'il veut aboutir à des buts altruistes.

Autocontrôle, altruisme et perfection de soi sont les mobiles essentiels du manager.

38. L'absence d'harmonie. *K'uei*

Tout manager est confronté à une opposition. Chacun sait que le meilleur moment pour la maîtriser en est le commencement, mais on peut également le faire quand elle a atteint son apogée.

Le rôle du manager est de créer l'union entre des forces de natures opposées. C'est à l'intérieur de lui-même qu'il doit chercher les moyens de la solution. Lorsqu'il admet que ce recours est efficace, lorsqu'il a maîtrisé ses désirs et ses sentiments personnels, il est à même de restaurer l'harmonie.

L'absence d'harmonie peut advenir spontanément, sans qu'elle soit la conséquence inévitable d'une absence d'harmonie préalable. Le manager altère sa force intérieure s'il concentre ses efforts sur l'extérieur, s'il accepte ce qui n'est pas conforme à la vérité. Il met fin à une situation sans être informé de son début. Le remords peut être utile lorsqu'il faut mettre fin à une situation d'opposition mais seulement s'il est présent au début et à la fin d'une situation.

Le manager doit être très vigilant dans le choix de ses collaborateurs. Il doit s'assurer de leurs aptitudes et de leur droiture, sinon l'opposition sera latente. Il ne doit pas accepter de gouverner à huis clos.

Lorsqu'il lui faut mettre fin à des situations conflictuelles, il doit procéder ouvertement en s'assurant qu'il agit, au moment opportun. Il doit savoir tirer parti des différends de moindre importance pour résoudre les différends d'importance primordiale.

Dans l'exercice de l'autorité, il convient d'apporter un soin tout particulier aux petites choses. Les problèmes de première importance devront être résolus avec autant de soin pour prévenir leur évolution et les maîtriser.

39. La pause. *Chien*

L'action du manager doit être ponctuée de pauses ; faire une pause signifie cesser d'agir. Le manager cesse d'agir quand il est au cœur du danger.

A ce stade de son action, il lui est difficile de marquer des points. Le danger est à son plus haut degré, l'influence des événements est accablante. S'il marque une pause, le manager pourra faire face au danger et l'anéantir.

Le manager contrôle le danger par le silence, il le maîtrise par des actes. Le silence et l'action sont les deux pôles de la pensée du *Tao*.

Si le manager est en période de faiblesse, l'heure de la pause devra être choisie avec attention. S'il accepte les conseils de son entourage, s'il s'associe avec des hommes dignes de cette fonction, il gagnera en sagesse et en savoir.

Le manager a avantage à se conformer aux enseignements de la loi du *Tao*. Cette loi lui apprend à faire preuve de fermeté au départ afin de se protéger contre les troubles puisqu'il est une cible de premier ordre.

40. La libération et la liberté. *Hsieh*

Un précepte essentiel de management exige de savoir mettre à profit les opportunités du moment.

Savoir revenir en arrière et, à ce stade, ne pas s'engager dans une direction précise, ne relève pas d'un effort humain. Ce recul s'impose de lui-même, à un moment déterminé ; il est dicté par le cours des choses. Néanmoins, lorsque cet instant survient, l'effort humain s'impose.

Le manager doit employer ses ressources intérieures pour faire face au péril... et pour engager, en toute liberté, l'action qu'il souhaite. Si la promptitude amène d'heureux résultats, la nonchalance aboutit à l'échec.

Chacun de nous, quelle que soit sa condition, est capable de parvenir à la libération. Si une personne faible, sans soutien, est confrontée à un danger important, elle doit rejoindre des hommes qui sont épris de justice. C'est auprès d'eux qu'elle apprendra la manière de faire usage de la force qu'ils lui apportent.

A elle seule, l'intransigeance ne constitue pas une force suffisante pour parvenir à la libération. La force ne peut être efficace en présence de la faiblesse.

L'équilibre entre le laxisme et la rigueur s'obtient par la loi du *Tao*. Cette loi apprend à sublimer toutes les difficultés.

La perspicacité, le savoir, l'illumination et la reconnaissance authentique sont les critères qui déterminent les chances de succès ou d'échec en matière de management.

41. La diminution. *Sun*

Le manager doit s'employer à réduire les excès. Pour mener à bien ce qu'il a entrepris, il doit toujours tendre vers ce but.

Dans la pratique, il est de première importance pour le manager de mener à terme ce qu'il a mis en œuvre.

C'est une loi fondamentale dont on peut attendre des conséquences aussi positives que subtiles. La colère, la cupidité ou un climat général de turbulences incitent à méconnaître les réalités de fait et à mal cibler les objectifs.

Un effort quotidien pour réduire les excès engendre une possibilité quotidienne de réalisation.

La vigilance au début, la réflexion dans la réduction des excès, la sincérité dans l'action, accroissent la force du manager et créent la perfection depuis le commencement jusqu'au terme de chaque action entreprise.

42. L'augmentation. *I*

Un management efficace pourvoit aux insuffisances par une action positive. Ces insuffisances peuvent concerner les individus ou la structure du groupe.

En pareille circonstance, l'objectif consiste à éliminer les habitudes contraignantes. Il s'agit donc d'un management individuel. L'augmentation est obtenue par une réduction des méthodes de base du management qui requièrent constamment commencements et conclusions.

Il est vain de préjuger des conséquences possibles du commencement si l'on néglige le but final ; il est tout aussi vain d'évoquer les risques encourus si l'on accepte d'aider autrui sans au préalable s'être penché sur son développement personnel. Le management commence toujours par un management individuel.

« Faites ce que je vous dis, ne faites pas ce que je fais » n'est pas la Voie du *Tao*.

43. La séparation. *Kuai*

Le manager doit mépriser les obligations mondaines.

Les situations propices à la consommation d'alcool, à la débauche, aux pièges qui guettent les mieux nantis sont défavorables à ceux qui ont le devoir d'observer une ligne de conduite stricte et rigoureuse. L'esprit humain affectionne se trouver dans de telles situations.

Si le manager comprend réellement les enjeux en question, il fait preuve de la tolérance, de la souplesse et de la perspicacité qui s'imposent. C'est pourquoi il saura se détacher des obligations mondaines en les reléguant à leur juste place. L'illumination surgira alors immédiatement et spontanément.

Il est souhaitable que le manager ne recourt qu'exceptionnellement à un usage excessif de sa force. La séparation est un processus naturel dans lequel la raison prévaut sur l'autorité.

L'impulsivité conduit le manager à s'engager dans une voie à mi-chemin entre le laxisme et l'intensité.

Ultime avertissement : le manager doit être vigilant et circonspect pour qu'il ne devienne pas l'esclave des mondanités à son insu.

44. La rencontre. *Kou*

On trouve fréquemment un certain type de managers peu vigilants... adeptes des mondanités, auxquelles ils se soumettent, voire se complaisent, sans être capables de les prévenir.

Les usages mondains, comme les obstacles, guettent constamment le manager. S'il se conforme aux enseignements du *Tao*, il s'efforcera de les éliminer dès qu'il y est confronté.

L'énergie consacrée aux usages mondains aboutit à des conséquences néfastes. Elle fait office de frein. Outre qu'elle ne manque jamais de faire obstruction au bon déroulement des événements, il est difficile de maîtriser son impact.

On peut définir l'arrogance comme l'attitude du manager qui se laisse dominer par ses obligations mondaines.

45. Le rassemblement. *Ts'ui*

Rassembler ce qui est juste est une source de profit à long terme pour le manager.

Le rassemblement lui permet de concentrer sa force et son énergie. Le manager capable de corriger ses propres erreurs et celles des personnes de son entourage est digne de considération.

Qui se comporte en simple spectateur devant le cours des événements, qui se limite à exprimer ouvertement et publiquement ses remords de n'avoir su aboutir qu'à un échec est un manager de moindre envergure, parce qu'il a manqué d'attention au commencement.

Puisqu'il n'est pas donné à tout le monde d'être un manager de grande envergure, le manager que nous appellerons commun, avec ses faiblesses, peut aspirer à la joie, à l'illumination, à la réalisation de soi, s'il consent à prendre appui sur la force et la sagesse de personnes de son entourage.

46. La poussée vers le haut. *Shêng*

La dynamique du management peut être exactement décrite comme l'escalade du point le plus bas vers le point le plus haut. Cette définition implique un objectif très lourd de sens pour le manager et pour son groupe. Cette poussée vers le haut est un facteur d'évolution très important, à condition que cette évolution se déroule d'une manière graduelle et méthodique.

S'il consent à s'inspirer de l'enseignement des maîtres, s'il refuse de faire usage de moyens détournés, le manager s'engage dans la voie de sa réalisation personnelle. Aucun obstacle ne viendra s'interposer dans son parcours vers l'objectif qu'il s'est fixé.

Dans un climat d'ignorance, d'arbitraire, de manque de clarté dans les objectifs, la poussée vers le haut aboutira à la confusion et non à l'illumination. Le manager parvient à sa réalisation en s'inspirant de l'enseignement de maîtres, comme s'ils étaient encore présents.

C'est en ces termes que l'on peut définir au départ les objectifs d'un management dynamique. Il faut fuir la complaisance envers ses propres erreurs et les satisfactions de moindre valeur.

47. L'épuisement. *K'un*

L'exercice du management n'échappe pas à la loi de l'épuisement. C'est une impasse difficilement évitable qui guette fréquemment les hommes et le groupe auquel ils appartiennent.

Le manager des beaux jours se contente de blâmer les autres et de se perdre en lamentations. Sa principale préoccupation est en général d'ordre matériel. Même s'il est physiquement épuisé, il peut sortir de l'impasse si son esprit — son moi profond — a gardé sa vigueur.

S'assurer la victoire finale sur les événements et parvenir à la réalisation de soi, voilà qui n'advient jamais à la sortie d'une période d'épreuves. L'épuisement est toujours suivi d'une croissance progressive.

Chaque fois qu'un manager est confronté à des embûches ou à des difficultés de tous ordres, s'il oppose une attitude fondée sur l'arbitraire ou insuffisamment informée, il ne fait qu'accroître l'épuisement ; il s'achemine vers l'autodestruction. Le progrès doit être réalisé dans un climat d'harmonie.

48. Le puits. *Ching*

Tous les managers ont un rôle important à assumer dans l'évolution des individus qui les entourent — subordonnés, associés ou supérieurs hiérarchiques.

Il est cependant plus simple d'affirmer que la plus importante perspective d'évolution est celle du manager lui-même. C'est un prélude à toute possibilité d'exercer une influence sur autrui.

Si le manager se préoccupe de réaliser l'évolution d'autrui avant la sienne propre, non seulement son aide sera nulle, mais il ne fera que hâter sa propre perte.

En revanche, s'il cherche à favoriser la réalisation d'autrui en s'inspirant de la sienne propre, le succès sera assuré pour les autres et pour lui-même. La réalisation de chaque individu du groupe sera authentique.

L'évolution personnelle est un aliment inépuisable qui contribue à l'évolution de tous et de chacun.

49. La révolution. *Ko*

Tout manager doit se débarrasser des exigences de son *ego* s'il aspire à évoluer et à parvenir à la créativité.

De même, il doit se débarrasser des désirs émanant de son moi profond. Ce faisant, il éliminera des aspects de sa personnalité qui ont cessé d'être adaptés aux exigences des réalités ; la transformation devient possible pour lui et pour le groupe tout entier.

C'est la révolution silencieuse du grand homme. Elle permet d'acquérir les qualités pour réformer autrui et le groupe.

La sincérité, l'altruisme, la force émanant de l'illumination sont les valeurs que le manager et les hommes qui l'entourent doivent rechercher.

50. Le chaudron. *Ting*

Dans la voie vers sa réalisation, le manager recherche d'abord l'illumination puis il se consacre à la parfaire. Il s'astreint pour cela à une discipline qui accroît sa force et donne un sens à sa vie.

Cette discipline est bénéfique et favorise son évolution. Il doit l'observer strictement et rigoureusement. Il n'a pas le droit de dévier du parcours prévu.

Il faut rejeter ce qui est désuet, s'attacher à comprendre le sens profond de la vie et chercher à prévenir le danger. L'illumination surgira immédiatement et anéantira la soumission au protocole.

L'illumination s'acquiert progressivement en observant la discipline imposée sans se départir d'une vigilance constante.

51. L'action. *Chên*

L'action est au cœur du management ; elle en est l'expression la plus authentique. En termes plus clairs, le manager réalise son évolution à travers le style de son action au service du management.

Lorsqu'il est impliqué dans une action permanente, l'évolution de ses pensées intérieures détermine la nature et la qualité de son comportement, ce qu'on appelle plus couramment l'expérience des affaires.

Le manager obéit à la loi du *Tao*... Celle-ci exige une pensée claire et positive. Mais elle est aussi l'aliment qui la génère. Si cette pensée est le fondement de sa pensée, son action sera franche et directe. Le manager ne se heurtera à aucun obstacle.

Pendant les périodes de faiblesse, le manager devra faire appel à la force des hommes qui l'entourent. La prudence est conseillée pendant qu'il n'est pas en position de force.

Si l'action est conduite en se conformant aux lois du *Tao*, son déroulement ne sera pas altéré par la mouvance des circonstances et les vicissitudes du hasard.

52. Le silence. *Kên*

Lorsqu'il marque une pause, le manager reste silencieux, intérieurement et extérieurement. L'action qui fait suite attestera de la valeur de ce silence. Le silence qui prélude à l'action est différent du silence des périodes de non-action.

Savoir décider en temps opportun de la nécessité d'une pause permet de juger de la qualité de l'action entreprise ; cette pause permet aussi d'apprendre à conduire l'action. Pour ce faire, l'alternance d'action et de non-action est nécessaire.

Le manager en quête de la Voie du *Tao*, qui veut parvenir à l'autoréalisation, ne se satisfait pas de victoires éphémères et de succès faciles.

Diriger par la faiblesse ou par des discours sans substance n'est jamais bénéfique. La loi du *Tao* apprend à reconnaître l'instant où une pause est de rigueur.

53. Le progrès graduel. *Chien*

La Voie du *Tao* qui permet de se réaliser et d'arriver à concrétiser des objectifs est un parcours subtil..., un travail de longue haleine.

Se diriger soi-même et diriger autrui dans la marche vers l'objectif fixé ne peut être par nature que progressif.

Le succès rapide n'est pas la Voie du *Tao*. Une progression graduelle conforme à la nature, une avance méthodique permettent d'élaborer la meilleure manière de rechercher la vérité et de parvenir à comprendre pleinement le sens de la vie.

Le manager n'accepte pas d'arriver à l'âge mûr sans s'être préoccupé de sa réalisation personnelle.

54. La soumission aux nécessités. *Kuei Mei*

Il est vain d'attendre des satisfactions si l'action du manager est guidée par son état émotionnel.

Le manager qui obéit à la loi du *Tao* n'agit pas sous l'empire de ses émotions s'il aspire à comprendre le sens profond des événements.

La découverte de ce sens profond accroît sa sensibilité. S'il recherche des satisfactions authentiques, il doit exercer son pouvoir avec rigueur.

Pendant qu'il attend l'instant propice, il s'efforce de discerner clairement les multiples opportunités qui s'offrent à lui. C'est pourquoi savoir se diriger soi-même et diriger autrui permet de pallier les risques d'erreur.

55. La richesse. *Fêng*

Si le manager a su parvenir à l'état où l'action et l'illumination se conjuguent harmonieusement, la Voie du *Tao* lui apparaît claire et dénuée d'obstacles.

Deux mots suffisent à définir la réalité authentique de cette richesse ; ces mots sont plénitude et grandeur. Cette richesse permet l'évolution. Le manager pense et agit en fonction de critères d'efficacité. L'illumination et l'action témoignent de l'idée de grandeur. La richesse est devenue réalité.

Le manager recherche l'illumination en s'appuyant au début sur la compétence d'autrui. La présence de la force au début de l'action crée la richesse.

Dans ce cas, comme dans tous ceux qui relèvent de l'activité de management, il convient de refuser l'association avec des hommes sans valeur. Une telle association n'aboutirait qu'à paralyser l'illumination, sans favoriser sa croissance. On ne saurait trop conseiller d'apprendre autant de fois que nécessaire la signification de ce principe.

Rechercher la quiétude en se confinant dans la solitude, se reposer dans l'autosatisfaction en choisissant d'ignorer les réalités ne permet jamais d'aboutir à la richesse. Tous les managers ont avantage à refuser ces choix.

La loi du *Tao* apprend à obtenir la richesse et le prestige personnel par une attitude équilibrée et des résultats concrets. Ces critères expriment les valeurs fondamentales du management. C'est pourquoi il est de première importance d'être en mesure d'apporter des solutions adaptées dans chaque secteur, d'être capable d'assumer une autonomie de comportement pour éviter d'être contraint de se soumettre aux exigences des événements.

56. Le voyage. *Lü*

On peut assez bien définir l'action et la dynamique du management comme un voyage effectué de pied ferme et sans boiter. L'illumination accompagne constamment le voyageur qui s'attache à en faire un usage judicieux.

En un certain sens, le management est un parcours à sens unique. Le voyageur ne cherche pas à s'attarder plus que de raison dans les lieux qu'il traverse. Ce voyage est utile à son évolution.

Le voyageur ne doit pas être perturbé intérieurement ; il doit être clairement informé des situations de fait pour que son parcours soit pleinement bénéfique.

Il n'est pas davantage utile d'accorder une importance excessive aux dangers causés par la faiblesse, par un manque de clairvoyance, par un comportement trop rigoureux envers autrui, ou plus simplement par des erreurs d'appréciation ou de conduite.

Le manager dont l'action est en harmonie avec la loi du *Tao* fait face à ses responsabilités sans esprit de destruction ; sa présence est constante, mais il sait dépasser les contingences pratiques du présent immédiat.

Bon voyage. Le manager doit savoir le mettre à profit.

57. La souplesse et la soumission. *Sun*

Il n'est pas toujours possible de créer un climat de compréhension mutuelle favorable à l'action.

Souplesse et soumission encouragent la résistance et la progression graduelle ; elles permettent aussi d'acquérir un jugement pénétrant. Cette image évoque l'image du vent ; il dynamise l'évolution, mais son action n'est pas fondée sur la force.

En pareille situation, le manager est contraint de recourir à des initiatives concrètes ; il doit avancer d'une manière méthodique et persévérer jusqu'au terme de la tâche qui lui incombe.

Pour suivre la Voie du *Tao*, le manager doit savoir discerner le moment où la rapidité d'action est nécessaire, du moment où il doit modérer son empressement. Il sait ce qui peut conduire à de bons résultats ; il sait de même reconnaître l'instant où il doit cesser d'agir.

58. La joie. *Tui*

La joie est le plaisir que procure l'exercice du management en accord avec la loi du *Tao*. C'est un moyen d'évolution.

Le manager qui réalise cet accomplissement parvient à connaître la réalité profonde et authentique de la joie. S'il obéit à la loi du *Tao*, il n'est pas à l'affût des plaisirs qui proviennent uniquement des possessions matérielles et de la richesse.

Quel manager aspirez-vous à être ? Celui qui possède la joie provenant d'une force équilibrée et bien gérée, ou au contraire celui qui se complaît dans l'autosatisfaction en sauvant la face ?

Le *Tao* est très clair quant à la qualité de la joie à laquelle on aspire.

59. La dispersion. *Huan*

La dispersion signifie manque d'organisation et désordre. De nos jours, les responsables du management connaissent bien de semblables situations.

La tâche fondamentale du manager, celle qui est de la plus haute importance, consiste à ne jamais négliger de remédier au désordre là où il s'est installé.

Dans ce cas, diriger consiste à avancer avec discipline, à posséder la maîtrise de soi si l'on veut retrouver une situation claire et limpide. Pour ce faire, le manager doit revenir à son état premier. Paradoxalement, c'est une situation favorable à son évolution.

Le danger est dépassé quand la méthode mise en œuvre et la conduite du manager sont en accord avec le principe du *Tao*. Si cette période est particulièrement difficile, celui-ci ne doit ni perdre le contrôle des événements ni se laisser dominé par le stress.

60. La discipline. *Chieh*

Le manager fait appel à la discipline pour fixer des limites à ne pas dépasser. Tous sont confrontés à la nécessité et au défi d'utiliser la discipline (et l'obéissance), notamment dans les situations difficiles.

L'exercice du management conforme à la loi du *Tao* permet à chacun, où qu'il soit, de trouver la paix. Les difficultés ne troublent pas l'esprit de ceux qui acceptent volontiers de régler leur conduite sur les principes du *Tao*.

Il faut prendre conscience que, même si la discipline est un moyen d'évolution, ne pas savoir s'adapter aux changements en s'accrochant à une forme unique de discipline constitue un danger.

Chacun de nous consacre beaucoup d'efforts pour parvenir à des actions homogènes en réponse aux exigences des situations. La discipline vécue comme un moyen d'adaptation aux circonstances présentes est le but essentiel du management.

Le manager ne doit jamais oublier la valeur et la richesse potentielles d'une discipline souple et spontanément acceptée.

Le manager ne doit jamais recourir à la force de la discipline pour « court-circuiter » le danger en espérant une heureuse issue.

61. La vérité intérieure. *Chung Fu*

La loyauté est l'expression de la vérité intérieure. Lorsqu'elle est présente, les responsabilités du management sont assumées avec une joie profonde dans un climat d'harmonie avec l'entourage.

Si le manager refuse de se conformer aux préceptes du *Tao* quant à la nécessité de la loyauté, son pouvoir sera affaibli et non adapté aux situations. Son action risque d'être suivie d'échec.

Se limiter à vivre en accord avec la loi du *Tao* en période exempte de difficultés, c'est s'engager dans la voie de la médiocrité. Il est avantageux pour le manager d'affronter d'importants obstacles ou de vivre le stress généré par la difficulté des situations.

Observer avec loyauté les principes du *Tao*, se conduire avec un souci de justice confère aux responsables du management la possibilité d'atteindre la perfection dans leur conduite et dans leur esprit. Grâce à la loyauté, les responsables du management refusent toute négligence tant au début qu'à la fin de chaque action entreprise.

Telle est la signification de l'efficacité et du travail bien fait.

62. La prépondérance du petit.
Hsiao Kuo

La prépondérance du petit est l'aliment de ce qui est grand.

Pour réaliser ce processus d'évolution, il convient de garder une attitude calme et perspicace.

Lorsqu'il est confronté à des problèmes ou à des situations de moindre importance, le manager choisit de répondre par la souplesse. C'est une capacité d'adaptation au management, puisque consacrer ses efforts à ce qui est important alors qu'on est incapable de résoudre des problèmes mineurs équivaut à mettre en péril ce qui est grand. La faculté d'adaptation est un talent capital en matière de management.

A titre de conseil : s'attarder outre mesure sur la prépondérance du petit est une erreur — ce n'est qu'une étape transitoire pendant laquelle il convient d'éviter l'excès et/ou l'insuffisance.

63. L'accomplissement. *Chi Chi*

Comme dans le cas de l'illumination et du danger, la compréhension et la difficulté s'équilibrent réciproquement. C'est la phase d'accomplissement.

Pour y parvenir, il incombe au manager de faire preuve de prévoyance pour devancer le danger, puis d'affermir durablement ce qu'il aura institué.

L'accomplissement du manager favorise sa capacité d'évolution ; une action arbitraire et audacieuse génère la confusion et bloque le processus d'évolution qui conduit à l'accomplissement personnel.

Il faut se servir de l'illumination au début pour prévenir le danger ; même si celui-ci est déjà présent, il ne constitue pas encore un grand péril. Le prévenir longtemps à l'avance est toujours un moyen efficace en management.

Lorsque l'accomplissement se réalise, il faut refuser la logique du raisonnement et se tenir à l'écart du danger.

Un bon jugement et l'équilibre réalisé permettront de comprendre le sens profond de la vie et de la nature des choses.

64. La recherche de l'accomplissement. *Wei Chi*

Si l'accomplissement n'est pas encore atteint, se diriger soi-même et diriger les autres apparaît alors comme une nécessité.

Pour que l'accomplissement se réalise, il faut prendre conscience de la quête, et tendre vers ce but unique. Il faut le vouloir, le chercher.

La quête de la paix du *Tao* exige une recherche constante de la vérité et de l'accomplissement.

TABLE DES MATIÈRES

Pour vous mettre sur la Voie... 9
Petite bibliographie à l'usage de ceux qui aimeraient aller plus loin sur le Tao 17
Petit lexique de concepts chinois 19
Le Tao de l'Être 27
Le Tao des Affinités 113
Le Tao du Leader 229
Le Tao du Management 305